JN236936

起業の教科書

次世代リーダーに求められる資質とスキル

SBI大学院大学 学長
北尾吉孝 [編著]

東洋経済新報社

はじめに

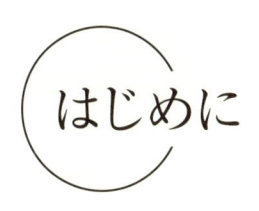

　本書は、私が平成20年に文部科学省の認可を得て創設した、SBI大学院大学（以下本学と記す）の諸先生と私による共著である。それぞれの先生に、それぞれの専門分野を担当する形で原稿を用意していただいた。しかし、全体を通して読むとそれなりの統一性があり、読者に訴える思想がある。こうしたものがどこに由来するかといえば、諸先生が本学の建学の精神に共感をいだき、賛同され、その趣旨を講義を通じて具現化することに真摯に取り組んで下さっていることの結果であると私は考えている。
　そこで、本学の設立の趣旨を記しておく。
　孟子に「成徳達材」という言葉がある。吉田松陰の「士規七則」にも「徳を成し材を達するには師恩友益多きに居り。」とある。「成徳」とは精神を涵養し、大成すること。「達材」とは才能・能力を錬磨、向上させること。この両方があって人物となる。ところが戦後の教育は技術、技能、知識の習得、すなわち達材のみに力点がおかれ、成徳が欠落した。
　こうしたバランスを欠いた戦後教育は、マッカーサー占領軍の日本弱体化政策、すなわち一切の歴史・伝統や精神的なもの、日本的なものを排除していこうという政策に起因すると私は考えている。
　日本は占領軍の当初の思惑どおり、戦後六十余年を経て危機的様相に陥ってしまった。政治は総理や大臣が短期間で次々と辞任し、挙句の果てには政権交代とその後の小党乱立状態など混迷の様相を呈し、1990年代に入って世界の優等生であった経済ですら、バブル崩壊後、先進諸国で初めてデフレーション（対前年消費者物価上昇率が下落する）を経験し、1人当たりのGDPも1993年の世界第2位から2008年には世界第19位に後退した。今なおデフレーションからの脱却もままならない。

また、教育の現場では、学級・学校崩壊、学力低下、いじめが問題となっているし、さらに近年は親殺し、子殺し、児童虐待、老人虐待、自殺の増加といった新しいタイプの社会問題が顕在化してきている。

　こうした諸問題の根本的原因は戦後の教育にあると、私どもならびに本学の諸先生は考えている。だから本学では「成徳」のための学問、すなわち道徳的見識を育てる「人間学」という学問を教えることを1つの大きな柱としている。

　本学のもう1つの柱は、人間学と対比すれば「時務学」とでも呼ぶべきものである。

　ここでの時務学は、時代を活かすにいかにすべきかという時務、時局をそのまま学問の活舞台にすることで多少でもつかんでもらうことを主眼にしている。

　「時務を識る者は俊傑(しゅんけつ)にあり」(『十八史略』)という言葉があるが、時代の動きを明察し、時局を洞察し、英知と実行力のある見識(すなわち胆識)を以っていかなる事変にも悠然として処してゆける人物はそうそういるものではない。しかし、我々はそういう人物を育成する努力をしなくてはならない。

　本大学院大学へは、起業しようという志を持った若者に入学してもらいたいと考えている。そして、SBIグループで培ったノウハウと資金を提供することにより優秀な卒業生の起業を助けるつもりである。日本経済の健全な発展のみならず、国際的な場においてもリーダーシップを発揮してもらえるような、人の指導者たるに相応(ふさわ)しい人物を育てたいと熱望している。

　そうした指導者に率いられた企業の社員やその家族、そしてその企業を取り巻く様々なステークホルダー(利害関係者)を少しでも善き方向に感化することができれば教育者冥利に尽きるといえよう。

　まさに一燈照隅、万燈照国である。

2010年6月

北尾　吉孝

目次 (Contents)

はじめに …………………………………………………………………… 1

第1部 経営者はどうあるべきか

Chapter 1　ベンチャー経営者に求められる資質　8

1　経営者の資質が企業の成長性を決める ——— 8
2　成功のために正しい考え方を身につける ——— 12
3　企業に求められる社会貢献への考え方 ——— 16

Chapter 2　事業を成し遂げる「人間力」　22

1　いざ、起業へ ——— 22
2　日常ふだんの心得 ——— 25
3　危機に対処する ——— 27
4　組織をまとめる ——— 30

第2部　起業に向けた準備

Chapter 3　成功するビジネスの着眼点　36
1. 創業時における着眼点 ── 37
2. 成長へ向けての着眼点 ── 43
3. 株式上場についての着眼点 ── 48

Chapter 4　ビジネスモデルの重要性と考え方　58
1. ビジネスモデルとは ── 58
2. ビジネスモデルの考え方 ── 64
3. ビジネスモデルの策定 ── 72

Chapter 5　事業を安定させる収支計画　84
1. 計画の種類 ── 84
2. 事業収支計画策定の前に ── 87
3. 戦略的経営目標（財務の視点）の立て方 ── 91
4. 事業収支計画策定のステップ ── 97
5. 事例から見る3パターンの収支シミュレーション ── 105
6. B/S（貸借対照表）経営 ── 117

Chapter 6　ベンチャー企業の戦略からみた事業計画書　125
1. 事業計画書を作成するにあたって ── 125
2. 事業計画書とベンチャー企業の戦略：戦略の相互依存性 ── 129
3. 市場戦略：成長するためのビジネスチャンスの考え方 ── 133

- 4 財務戦略：成長を支える資金調達と資本政策の考え方 — 140
- 5 組織戦略：成長のインフラとしての組織の考え方 — 146
- 6 まとめ — 153

第3部 起業へのプロセス

Chapter 7 資金調達の選択肢と関門　156

- 1 金融機関からの借入について — 156
- 2 公的融資制度と助成金について — 170
- 3 投資家：ベンチャーキャピタルからの資金調達 — 180

Chapter 8 起業を円滑・確実にする「営業力」　191
〜出会いと巻き込みによる成功法

- 1 営業の重要性に気づけ — 191
- 2 "起業ごっこ"から始めよ — 197
- 3 起業の恐怖を乗り越える — 202
- 4 いよいよ起業へ踏み切る — 209
- 5 営業発ネットワーク型起業へ — 214
- 6 営業力を身につける — 217

Chapter 9 起業の法務　225

- 1 起業と「法に臨む姿勢」 — 225
- 2 会社法と起業 — 226
- 3 会社の持続可能性（サステナビリティ）と経営管理 — 235
- 4 会社の発展段階とIPOのプロセス — 248

Chapter 10 アジア展開の三大拠点 　　　　　255
　1　中国は「経済強国世界No.1」を目指す ──── 255
　2　韓国ビジネス ～韓流文化ビジネス～ ──── 267
　3　インドビジネス ──────────── 275

おわりに ……………………………………… 286

執筆者紹介 …………………………………… 288

編集協力・装丁／株式会社ライブ

第1部 経営者はどうあるべきか

Chapter 1 ベンチャー経営者に求められる資質

Chapter 2 事業を成し遂げる「人間力」

Chapter 1

ベンチャー経営者に求められる資質

1　経営者の資質が企業の成長性を決める

◆経営者の「器」

　経営者に求められる不可欠な資質とは、いったい何であろうか。その会社が成長するかしないかは、それを率いる経営者の「器」によって決まるといえよう。そして、その「器」を形成する根源的な要素として、その経営者の持つ倫理的価値観が挙げられる。

　事業を構築する、会社を経営するということは、いうまでもなく人間の営みである。人間の営みである以上、経営者の持つ倫理的な価値観はその会社の経営方針、経営戦略、将来性、またその企業が社会から受ける評価などの様々な点において、最も大きな影響を及ぼすことになる。したがって、経営者の持つ倫理的価値観とは、企業を支える根底をなすものと考えられる。

　これは何も、会社に限らずあらゆる組織にいえることである。大変大きな組織体になるが、たとえばわれわれが日々経済活動を行っている資本主義体制も、倫理的価値観によって根底から支えられている。ドイツの歴史・社会学者、マックス・ウェーバーは『プロテスタンティズムの倫理と資本主義の精神』の中で、「ヨーロッパにおいて資本主義を生み出し、発展させた精神的な支柱は、体制内に存在する各人の正直、勤勉そして節約を重んじるプロテスタンティズムの倫理的価値観にあった」と述べている。企業というミクロ

な組織であろうと社会や体制というマクロな組織であろうと、その根底には必ずその組織の構成要素である人間の倫理的価値観がある。
　では、この正しい倫理的価値観とは何であろうか。
　『論語』には、

「不義にして富且つ貴きは、我に於いて浮雲の如し」
　道に背いてまで財産や地位を手に入れることは、はかなく取るに足らないことだ。

という言葉がある。また、日本の資本主義的経営の確立に大いなる貢献をした渋沢栄一翁は「成功などは、人間として務めを全うした後に生じる糟粕のようなもの」と言っている。
　企業活動とは、正しい仕事を正しい方法で成し遂げることであり、利得とは、その結果として得られるものであろう。まず、この基本を経営者たる者は、しっかり胸に刻んで欲しい。
　こうしたことは、何も東洋の哲学で言われているだけでなく、米国の経営学者ピーター・ドラッカー氏も、
　「経営とは、人を通じて正しいことを行うことである」
と述べている。「正しいことを行うこと」が経営の基本なのである。

◎高い志を持つ
　企業を経営するにあたっては、その企業を率いる者が高い志（こころざし）を持つことが大切であり、この志とは、己の理想を目指してそれに到達しようとする意志である。志の高さや、志を抱いている己の意志の厳しさによって、経営に対する心持ちや、自らを律する強さも変わってくるのだ。
　「志」という言葉は、「士」の「心」と書く。「士」は、多数を表す「十」と、そうした多数の人々を取りまとめる者である「一」からなり、多くの人々を率いる指導的な立場に立って重い責任を担い、自らの意志を実現する、という含意があると考えられる。したがって、「志」という言葉は、ただ自分一人

の心を発露するということではなく、本来は、多数の人々と共に努力し、公に仕える心を持つ、ということを意味しているといえよう。

ただし、何も大事業を起こすことや、歴史上の人物になることだけが「志」を持つということではない。『論語』の中で孔子が自らの志を、

「老者はこれを安んじ、朋友はこれを信じ、少者は之を懐けん」
　年配者からは安心され、友人からは信頼され、若い者からは慕われる、そのようにありたいものだ。

と述べているように、自らの周囲の人々を支え、公に仕える心を持つだけでも立派な志である。公のために自分が成し得ることを、生涯を通じてやり抜くこと、後に続く人への一助となるような遺産を残すこと、あるいは子供を育てること、人を育てることも、志に値する大事業であろう。人を育て、時代を背負い社会を担う人材にしていくということは、高い志を持って初めてできることなのだ。

それではいったい、「志」の根源はどこにあるのだろうか。

人間というものは動植物を食して生命を維持し、また美しい自然を開発することで経済活動を営んでいるのであるから、人以外の生き物の犠牲の上に成り立っている訳である。そしてまた、人は、社会の中で他の人と交わり、互いに干渉することがなくては人として存在することはできない。古代ギリシャの哲学者アリストテレスは「人間は社会的動物である」と言ったが、たとえどれほどの経済的成功を収めようとも、人というものは"他者"によって初めて生かされている、ということを忘れてはいけない。そうした自覚を持つことが公のために生きるという使命感、「志」を持つことにつながるのである。

だがしかし、この「志」というものは非常に壊れやすいものである。その人の生涯を通じて持ち続けるのは難しい。司馬遼太郎の『峠』の中にも、「志ほど世に溶けやすく壊れやすいものはない」という一節があるが、この言葉どおり、志というものは非常に壊れやすいものなのである。あの『三国志』

の諸葛孔明も、五丈原で自らの死を予期した際に、あとを継ぐ息子にしたためた遺言状の中で「澹泊(たんぱく)に非ざれば、以って志を明らかにするなく、寧静(ねいせい)に非ざれば、以って遠きを致すなし」と述べ、私利私欲を捨て澹泊な気持ちを持たなければ、志を持ち続けることはできないと論している。落ち着いてゆったりとした心を持たなければ、遠大な境地にはなかなか至らないのである。

しかし最近では、「志」と「野心」を履き違えている経営者が非常に多い。私どもは何百という会社に投資をしているが、投資を決断する前にはその会社のトップと私の面談時間を必ず設けている。ビジネスモデルや市場の将来性等の調査、検討はスタッフがすでに行っているが、最終的な投資の決断に際しては、その経営者の「志」が本当のものなのかを見定め、トップの「器」を見極めることで私自身が決めている。直接に面談をしてしばらく話をしていると、「志」と「野心」を取り違えていないかがすぐにわかる。

では、「志」と「野心」の違いとは何か。

先程も触れたが、「志」とは、公のために生きることであり、基本的に"利他的"なものである。世のため人のために生きるからこそ、「志」のなかには後世に評価され、引き継がれていくものも出てくる。一方、「野心」とは、"利己的"なものであり、その活動はその人が生きた一代で終わる。ところが、同じように企業を経営し、成長させたとしても、「志」と「野心」の違いがわからない人がたくさんいるのである。人も企業も社会の中で他人に活かされているのだから、自分の金儲けだけを正義だと考えた人は、やがて己を見失い、いずれどこかでつまずいてしまうだろう。

『論語』には、「徳は孤ならず、必ず隣あり」という言葉がある。徳の高い人は決して孤独ではない。そこには志を同じくし、同じように徳の高い人材が必ず集まってくる、という意味である。また、鉄鋼王・カーネギーの墓碑銘には、「己より賢明なる人物を周辺に集めし男、ここに眠る」とある。企業経営は一人ではできない。従ってどれだけ有能で、徳性の高い同志を周りに集められるか、ということに企業の成功はかかっている。

そのような人々を集めるためにも、自らが正しい倫理的価値観と高い志を持つことが大事なのである。

2　成功のために正しい考え方を身につける

　物事の判断を誤らないため、そして経営を適切に執り行い事業を成功に導いていくために重要なことは、正しい思考の原則を身につけることである。安岡正篤先生は、思考の3原則として「長期的な思考」「多面的な思考」「大局的な思考」の3つを挙げている。

◘長期的な思考で考える
　まず第1原則が、「長期的な思考」である。短期的によいことが、長期的にも必ずよいとは限らない。

「遠き慮りなき時は、必ず近き憂いあり」（『論語』）

と言うが、判断を下すときには、短期的思考に陥らずに、必ず中長期的な視野で物事を考えていく必要がある。阪急電鉄の創立者、小林一三氏は、「百歩先を見る者は狂人扱いを受け、現状のみを見るものは落伍する。十歩先を見る者のみ成功する」という至言を残している。この言葉は、経営者にとって先見性が欠くべからざるものであることを示した考え方である。
　実際のところ、多くの人は中長期的な視点をなかなか身につけられない。短期的な利害にとらわれて判断しがちだからである。ところが目先の利害にとらわれていると、利益だと思っていても、結果的には大きな害につながってしまうことが往々にして起こる。「損して得とれ」という言葉もあるように、むしろ短期的には損しても、長期的にはプラスで、社会的な貢献度も大きいという方向を選択すべきである。社会的貢献度が大きいからこそ事業も伸びるからである。
　社会的貢献が伴わない事業は、伸びるはずがない。なぜ松下電器（現パナソニック）やソニーが大企業になれたのか。なぜ本田技研工業が米国で業績を伸ばしたのか。また最近の例であれば、なぜユニクロがあれほど多くの人

から受け入れられているのか。一言でいえば社会的貢献が大きかったからである。社会的貢献が大きい事業は伸びるのである。その意味では私益は公益に通じるのであり、企業は社会の公器である。

ところが、現実の企業経営はどうであろうか。毎期、決算をしていかなければならないだけに、目先の判断にとらわれがちである。そうした傾向は投資や研究開発などの面に端的に見られる。たとえば、研究開発に数年以上という長い時間を要することは珍しくない。しかし、特にサラリーマン経営者の場合は、自分の任期中に業績を落としたくないという考えにとらわれ、自分の任期を無事に全うしたいという安全志向に陥り、会社の発展を純粋に考えられない側面が生まれやすい。また、サラリーマン経営者の場合には任期が短いことも関連する。そうした中で、大過なく自分の任期を終えて無事に退職金を得て、会長、さらには相談役となっていくルートを頭の中に描いてしまうからである。

そのため、任期中に業績が落ちて社長である自分が酷評されてもかまわないから会社のために長期的な視点で取り組む、あるいは自分はこれだけの投資を企業の将来のために行うという信念をもちそれを貫く経営者は少ないように思う。

粉飾決算の果ての倒産劇にも、自分の任期さえなんとかなればという発想が存在しているのではないか。とにかく、大過なく過ごし、その後問題が露呈しても自分は無関係のように振舞っている。そうしたことが成り立ってしまうのは、世の中の尺度が間違っているからである。

この「長期で考える」ということは、未来のことを長期的に考えるという意味だけでなく、過去に遡って考えるという意味も持つ。長期的な視点で考えていく際には、過去の事例から類例を考えれば理解しやすい。不思議なことではあるが、多くのことはたいてい似たことが過去に起きている。だから「温故知新」という言葉が今でもよく使われるように、古典や歴史を勉強する意味がここにあるのだ。

しばしば誤解されがちなのは、何かの問題にあたった際にまったくの一から考えることがよいと思ってしまうことだ。技術でも芸術でも、あるいはサ

ービスでも、まったくの無から考え出されたということは皆無に等しい。あったとしても、的外れになることの方が多い。むしろたいていのものは、過去にあったものから改良されたり、継ぎ足されたり、というかたちで進歩していく。

　人間、あるいは社会というものは、常に過去の叡智の集積があって進歩につながっている。それは、昨日と今日の日々の行いでもいえる。常に積み重ねがある。まったくそういうものがないとしたら、人類がはじめて出現したときと同じレベルになってしまうだろう。

　だから、「歴史は繰り返す」という言葉のとおり、その繰り返しに学びつつ、物事を常に長期的な視点で考えていかなければならない。

◆多面的な思考で考える

　第2原則として、長期的な視点とともに重要なのが「多面的思考」である。色々な角度から考えることである。多面的に物事を見るということも、なかなか困難なことである。人は、判断を下す時には、自分の持つ知識や経験以上の判断はできないので、普段から色々な人の意見に耳を傾け、書物を読むことが必要である。

　私は、自分の意見を言う前に色々な人に意見を聞く。ポストや地位は関係なく、そこに参画している多くの方々の意見を聞くと、それぞれ様々な意見を持っていることがわかる。自分が正しいと思っていたことが誤りだと気づくこともある。自分の頭だけで考えていると、どうしても自分の考え方の癖に引きずられて偏った見方になりがちであり、だからこそ人に尋ねるという行為が重要となる。色々な意見を聞いた上で、ニュートラルな立場に立って、最終的に自分で判断すればよいのだ。

　また、多面的なものの見方や考え方を養うためには、色々な書物を読むことも大変重要なことである。その一例として、特に私がこれまで経営上の判断において役立ったと思うのは、「経済学説史」を学んだことである。近代のヨーロッパにおいては、国内市場を輸入品から保護し、輸出を振興して財貨を貯めることをよしとする「重商主義」や、農業の役割を特に重視する「重

農主義」といった経済運営の国家政策があったが、近代経済学の祖とされるアダム・スミスの『国富論』は、経済活動は自由放任にすることが最もよい結果を生むのだ、と説くことで、国家が経済に介入する「重商主義」を論破することを意図して書かれた。新興ブルジョワジーが新しい産業を興すためのバイブルとしてこの『国富論』が読まれ、その結果産業革命が起こった。

　このように経済の分野に限らず、歴史を動かしていく論争というものがある。こういったものを学んでいくと歴史の連続性を学べるとともに、比較検討しながら多角的に物事を見る力が養えるのである。だから、学ぶということは非常に大事なことであるが、最近の経営者があまり勉強に時間を割かなくなったことは、大変に残念なことである。

◆大局的な思考で考える

　原則の3つ目は「大局的な思考」である。高度に文明が発達し、社会が複雑化した現在、この先を見通すことは簡単ではない。デジタルの時代になって、インターネットで地球上のどこからでも情報が受け取れ、また買い物もできるようになろうとは、過去の物理的障壁があった時代には想像もできなかった。このように世界がまるっきり変化し、過去に常識だったことが役に立たないことも多々ある。そこで重要なのは、物事の本質を見る、という原則だ。

　たとえば、パソコンや携帯電話が行き渡り、インターネットが普及する中で、そのいちばん本質的なことは何か。

　その本質は、どれだけの情報を誰に与えても単価が上がらないということだった。伝送コストがまったく変わらない。この点が非常に画期的であった。私がSBIグループの事業を、インターネットに特化した金融だと決めた動機もここにある。

　何事においても、枝葉末節にこだわることなく根本を常に把握し、考察するように努力していくことが大事である。「着眼は大局、着手は小局」という言葉があるように、まず、全体を概観することである。そうせずに枝葉末節

にとらわれた発想をすると、問題を見誤る結果になってしまう。大局に着眼すると、何から手をつければよいかがわかってくる。ところが、物事にプライオリティをつけられない人が少なくない。明らかに枝葉末節であるとわかっていても、さも大事そうに取り上げて延々と議論する。これは時間の無駄であるばかりではなく失敗の温床にもなりうる。物事の大局はいったい何かという全体観をもって、重要なところから手を打っていくことが基本となる。

　しかもその中でも、根本的な部分から取り組む姿勢が肝要である。そのためには、大局観と併せて、物事の核心や根本をつかむ洞察力が求められる。物事の根本を大切にすることは、儒学において大切な心構えの1つである。

　『論語』のなかに

「君子は本を務む。本立ちて道生ず」

という言葉がある。人はすべて末梢のことや形だけにとらわれず、何事についても根本を把握するように努力すべきであり、根本のことをやっていれば、後は自然に方法論が出てくるはずだ。そして、根本とはいったい何なのかを見きわめるために、枝葉末節ではなく、もっと大局を見る。その中で根本をきちんと押さえよという教えである。儒学が「務本の学」と呼ばれてきた所以はここにある。

　以上のように、長期的思考、多面的思考、大局的思考の「思考の3原則」を根本的なものの考え方として身につけることが経営者には求められる。

3　企業に求められる社会貢献への考え方

◻企業とは何か

　さて、ここで企業とは何かということを少し考えてみよう。企業とは、いうまでもなく個人の集合体としての組織である。個人が一人ひとりで活動するより、集まり、集合体として組織化した方がずっと大きな力を持つことが

できるのである。また、企業は「法人」ともいわれるが、個々人が人格を有するように「法人」も「法人格」を有する。

この企業組織は現代では資本主義社会の中核的な経済的制度になっており、企業は社会という全体の中の一部という表現もできる。企業活動はもともと様々な社会的な影響をもたらしている存在であり、企業は社会的存在そのものであり、社会の1つの要素なのである。企業がこうした存在である以上、企業はその私益と公益の利益双方のためにその企業を取り巻く利害関係者の間の利害の調和を図り、社会との連帯のうちにゴーイングコンサーンとして存在していかなければならない。

では、どのように企業は社会と調和しながら成長していくことができるのだろうか。

◇社会と調和した新しい企業経営を目指すために

・社会性の認識

最初に、企業はその社会性を認識することが求められるということである。企業は社会の一構成要素であり、社会に帰属しているからこそ存続できるのである。だからこそ企業は、社会の維持・発展に貢献しなければならないという認識である。

・社会的信用の獲得

次にこうした認識の下で、社会的信用を得なければならないということである。社会的信用を得るためには、自社がどういう価値観、経営理念やビジョンを持ち、誰のために何をしようとしているのかを明確にし、それを社会に広く知らしめ、そのとおりの企業活動を実行していかなければならない。すなわち企業は、その価値観、経営理念、ビジョンといった概念的枠組みを明確に規定し、またそうした枠組みの中で、具体的に事業を行っていくための事業領域と、その領域の中で勝ち抜くための競争戦略、ターゲットとする顧客セグメント、事業ポートフォリオ等々を定めていかなければならない。

そして、こうしたすべてのことを広く自社の内外に表明し、共鳴者を作っ

ていかなければならない。そして何より重要なことは、こうして表明することと実際にやっていることとの間に乖離がないことである。そういう状況であれば、顧客や取引先や株主といったステークホルダーから評価される。たとえいくら多額の広告費をかけ、商品やサービスの素晴らしさを宣伝しても、実際に提供する商品やサービスの質が悪くては有言不実行で、かえってマイナス効果となろう。

この意味で、社員の顧客対応も重要である。社員の対応が悪ければ不誠実な会社というレッテルが貼られ、ブランドイメージは大きく傷つくことになる。したがって社内の業務体制や教育体制を整備する必要があろう。

・「社徳」を高める

そして、最後のプロセスとしては、社会的信用を得たのち「社徳」を高めていくことが求められる。

人に人徳があるように、企業には「社徳」があると私は考えている。企業組織は法人と呼ばれ、法律上では人格があるとみなされる、権利義務の主体である。自然人と同じようにその人格が社会主義や公正に悖るものである場合は厳しい社会的制裁を受ける。また自然人の場合、その人に人徳があれば周囲から尊敬されると同様に、法人にも徳があれば、すなわち「社徳」があれば社会から尊敬されるということである。

◆CSRに見る社会貢献

CSR（Corporate Social Responsibility）という言葉も、CSR元年といわれた2003年以降、新聞や雑誌に頻繁に登場するようになった。CSRをタイトルの一部にした書籍もたくさん出版されている。大手企業では、CSR担当組織の設置やCSRレポートの発刊ということまで始め、今やまさに経営者の合言葉になった感がある。

CSRは日本語では企業の社会的責任と訳されているが、実は古くから企業経営者の間で盛んに論じられてきたことである。私も、松下幸之助さんがPHP研究所から1975年に出版された『明日の企業に何があるか』という書

で、企業の社会的責任について感慨深く読んだことを覚えている。数年前に『企業の社会的責任とは何か？』というタイトルで復刻版がPHP研究所から出版され、その本を再び読んだ。その内容が今日においてもまったく新鮮であり、今日的な議論を踏まえても的を射たものであることに改めて驚くとともに、松下さんの偉大さに心打たれた。

松下さんは同書で、企業の社会的責任とは本業を通じて社会に貢献していくことで、他のいろいろな社会的責任もまたこの基本の責任から派生してくるものだと言われている。その派生してくる社会的責任の中で、第2の責任と言われているのが「人を育てること」なのだ。松下さんは、企業が社会的責任を果たしていくためには人を育てることが不可欠であるとし、人材育成の基本は、「企業の真の使命は何かということを正しく自覚し、それを常に社員に訴える」ことと言われている。

その他の社会的責任として、松下さんは「地域社会や周囲の環境との調和」、「公害の防除、絶滅」、「過疎過密の解消に配慮」、「自由にして公正な競争の推進」、「適正な利益を上げていくこと」等々を挙げておられる。この松下さんの挙げられていることが、CSRのほぼ全てであり、付け加えるとしたら次の2点である。

第1点は、法令遵守と正しい企業倫理に基づく行動ということである。近年の企業不祥事の多発という事実に鑑み、付け加えておくべきことだともいえる。ビジネスの現場においては、徹底したコンプライアンス対応や法令で禁止されていない事柄でも、社会通念や自らの倫理観に悖るような行動をとることがないよう、行動基準の策定までする必要がある。

2点目は、日本では1990年代に入って盛んになったフィランソロピーやメセナといったかたちでの社会的責任の果たし方である。

フィランソロピーとは、事業活動で得られた利益を各種の寄付やその他の慈善活動、地域社会のコミュニティー活動やボランティア活動への参加といったことで社会に還元することである。

他方、メセナは芸術・文化への貢献に焦点を絞った社会貢献活動を意味する。こうした活動はそれぞれ主として米国企業、欧州企業で盛んに取り組ま

れた。

　先程の松下さんもそうであったが、日本では昔から企業は事業を通じて社会的責任を果たすという考え方が主流である。私自身もこうした活動には積極的に取り組むべきだと考え、私どもSBIグループでは児童福祉問題の解決に向けて、2005年に被虐待児の自立支援などを行うSBI子ども希望財団を設立した。2010年２月には公益財団法人としての認定も受けている。また、SBI大学院大学を通じた人材育成も、重要な企業の社会的責任の１つと考えている。

　昨今の日本の企業のCSR活動は、本業とは別に企業が社会的責任を全うするために実践するものであるという考えが主流であった。しかし、米国ハーバード・ビジネススクールのマイケル・E・ポーター教授が「社会貢献コストは戦略的投資である」と言われたように、現在はもっとCSR活動を積極的にとらえ、企業価値の持続的な増大のための戦略的な投資であるとも考えられるようになってきた。さらに最近では、企業はその事業活動を通じて顧客を変革し、結果として新たな社会的価値を創造し、社会変革につなげるといった考え方さえ出始めている。

　こうした考え方の変化は、企業を取り巻くステークホルダーの価値観が変化したことに主として起因すると考えられる。つまり、地域社会はもちろんのこと顧客や株主、そして従業員や取引先までが社会性を重視するようになってきたといえよう。私どものグループでも、CSR活動の社会的意義を強調するのではなく、むしろ経営的な意義において、私どもの価値観と照らし合わせる形で理解を深めてもらっている。

　私どものグループでは、「企業価値」を顧客価値、株主価値、人材価値の総和としているが、CSR活動により、これらそれぞれの価値を向上させ、これら３つの価値が相互に連関しながら企業価値の向上を促進していく、という考え方である。

・顧客価値
　社会貢献企業としての認知度の向上を通じて、ますます社会性を重視する

顧客の消費行動や投資行動にポジティブな影響を及ぼすことにより高められる。たとえば私どもは、先に述べたようにグループを挙げて児童福祉活動に取り組んでいるが、財団の活動を通じて私どもに興味をもっていただく機会が増えると考えることもできる。

・**株主価値**

たとえばコンプライアンスを徹底的に重視する企業では、不祥事による株価暴落のリスクは、そうではない企業に比べ、相対的に少なくなるだろう。また、SRI（Socially Responsible Investment：社会的責任投資）ということも欧米諸国で先行し、近年日本でも徐々に注目されてきており、CSR活動の面で評価が高い企業を組み入れたSRIファンドの組成が相次いでいる。SRIファンドの組み入れ銘柄になることがCSR活動の目標や、より積極的なインセンティブとなっている面もある。

・**人材価値**

CSR活動は既存役職員のモチベーションやロイヤルティを高めるのに役立つ。なぜなら自分の働いている会社が社会から社会貢献企業として評価されることで、当然役職員の仕事から得られる満足度が大きくなるからである。また、優秀な人材の獲得の上でも社会貢献度の高い企業は有利である。最近の新卒学生では、就職を考える時、社会的な企業であるかどうかを重視するようになってきている。

松下さんが言われているように、本業を通じた社会貢献こそがCSR活動の根幹を成すものであり、本業を通じてこれら3つの価値の継続的な増大を図ることが何よりも大切であるということを改めて認識したい。そしてそれは正しい経営理念のもとに、役職員が一丸となって誠実に日々仕事をするということで可能となるということを指摘しておきたい。

Chapter 2

事業を成し遂げる「人間力」

　中国古典は人間の営みに関する万般の知恵を網羅している。経営に当てはまるものも多い。そのなかから、「これくらいは頭に入れておいたほうがよい」と思われる名言をいくつか取り上げてみよう。

1　いざ、起業へ

◆チャンスを待って動く

「君子(くんし)は器(き)を身(み)に蔵(ぞう)し、時(とき)を待(ま)ちて動(うご)く。何(なん)の不利(ふり)かこれあらん」（『易経(えききょう)』）

　能力や才能を磨いて、しっかりと身につけておく。しかも、やたら見せびらかさない。そしてチャンス到来と見てとるや、さっと行動に移って目的を達する。そういう生き方を心がけるのが君子なのだ。

　現代はパフォーマンスの時代である。わずかばかりの能力を飾り立てて、自分を売り込むことに躍起(やっき)になっている。ところがよくしたもので、そういう人に限って「やらせてみたらダメだった」ということになりやすい。
　へたなパフォーマンスなどに走らないで、あせらず、騒がず、じっくりと自分を磨きながら、チャンスを待ちたいものだ。

　『菜根譚(さいこんたん)』という古典もこう語っている。

「長いあいだうずくまって力を蓄えていた鳥は、いったん飛び立てば、必ず高く舞い上がる。他に先がけて咲いた花は、散るのもまた早い。この道理さえわきまえていれば、途中でへたばる心配もないし、功をあせっていらいらすることもない。」

たしかに、その通りではないか。

チャンスは必ず来るのである。それを活かすためにも、ふだんからしっかりと実力を磨いておきたい。

◆ 熟慮と断行が成功のカギになる

「慮(おもんぱか)らずんば胡(なん)ぞ獲(え)ん。為(な)さずんば胡(なん)ぞ成(な)らん」(『書経(しょきょう)』)

思慮深くなければ成果をあげることはできない。断固実行しなければやり遂げることはできない。

後段の「為さずんば胡ぞ成らん」は、まさしく「なせばなる」の精神である。これが欠けていたのでは、どんな仕事でも、突破口を切り開くことはできない。

ただし、『書経』は「なせばなる」だけを一面的に強調しているわけではない。前段の「慮らずんば胡ぞ獲ん」とは、利害得失をよく検討し、しっかりした作戦計画を立ててかかれというのである。

つまり、熟慮と断行、この２つが事業を成功させるカギになるのだ。

私ども日本人は、従来「なせばなる」を得意としてきた。こういう伝統はこれからも大切にしていきたい。反面、作戦計画の立案や策定は、どちらかというと苦手で、ややもすると見切り発車になりがちであった。

熟慮を欠いた断行では、いたずらに損害をふやす恐れがある。熟慮にも磨きをかけていきたい。

◆ 利と害を秤にかける

「智者(ちしゃ)の慮(りょ)は必(かなら)ず利害(りがい)に雑(まじ)う」(『孫子(そんし)』)

智者は必ず利と害の両面から物事を判断する。

Chapter 2 事業を成し遂げる「人間力」

前項で、熟慮の大切なことを述べた。では、何を熟慮するのか。
参考にしたいのが『孫子』のこのことばである。

利と害とは、プラスとマイナス、さらには有利と不利といってもよい。物事にはつねにこの両面がある。一方だけ目がいくと、判断を誤る恐れが生じる。誤りのない判断を形成するためには、両面に目を配る必要があるのだ。

この問題は、その人の性格にも関係してくるかもしれない。

何事にも楽観的なタイプは、とかく有利な面に目を奪われて、不利な面を軽視する。その結果、判断の甘さをさらけ出して、肝心なところで足をすくわれる。

逆に、悲観的に物事を見る人は、ややもすると不利な面にこだわって、有利な面を見ようとしない。そのため、せっかくのチャンスを逃してしまう。

どちらも不可である。

両面に目を配ってバランスのとれた判断を形成し、断行へと結び付けていきたい。

◆人の道を踏みはずしてはならない

「仁は人の心なり、義は人の道なり」（『孟子』）

> 「仁」は人の心にそなわっているものであり、「義」は人の踏み行うべき道である。

まず「仁」であるが、わかりやすくいえば、「思いやり」である。相手の気持、相手の立場になって考えてやる。これが「仁」の心にほかならない。これがあることによって、周りに人も集まってくるのである。

逆の場合を考えてみよう。「仁」に欠けている心の冷たい人がいたとする。たぶん、そういう人のもとには誰も近づいてこない。当然、人間関係の中で孤立し、情報も入ってこなくなる。

こうなったのでは、リーダーとしてはなはだ具合が悪い。

また、「義」とは人間として守らないといけない正しい道である。「義」を踏みはずしても法で罰せられることはない。だが、「あいつは人間じゃない」

と周りの非難を浴びる。

とくに利益を追求するときに、この「義」を踏みはずすことが多い。そんなことをすれば、いっぺんに信用を失ってしまう。

孔子も、「利を見ては義を思う」と語っている。「何があっても義を踏みはずさない」という覚悟で経営に当たってほしい。

2　日常ふだんの心得

◆つねに緊張感を持続させよ
「君子は安くして危うきを忘れず」（『易経』）
> 君子は、平穏なときにあってもつねに気持を引き締めて、危機に対する備えを怠らない。

これも昔から言い古されてきた問題であるが、現実には、せっかくの教えも、あまり活かされてこなかったように思われる。学習効果はあがっていない。

君子にはそのことがよくわかっているので、つねに不測の事態に対する備えを忘れない。だから、事件が起こり危機に見舞われても、あわてず、騒がず、迅速に対応することができるのだという。

長岡藩牧野家の家訓に「常在戦場」とある。常に戦場に在る覚悟で仕事に取り組め、というのだ。先人たちは平和な日々にあってもこの覚悟を忘れなかった。

現代は先の読みにくい時代である。しかも、時代の潮目も激しく変わっている。いつ不測の事態が起こるかわからない。

そのときになってあわてないように、「常在戦場」の覚悟で毎日の仕事に取り組むことが望まれるのである。

◆ちょっとした油断が命取り
「千丈の堤も、螻蟻の穴を以って潰ゆ」（『韓非子』）

千丈もある高い堤防も、螻(けら)や蟻(あり)の掘った小さな穴が原因となって、やがて決壊に至る。

どんな細事も見逃さないで、早めに手を打ち、禍を未然に防がなければならないのだという。

たしかに、些細なことが積み重なって大きな事件に発展していく。そうなると、誰がやっても解決がむずかしいし、へたをすると、手の施しようがなくなってしまう。それよりは些細な段階で手を打つのが賢明な対応だということになる。

これは口で言うほど簡単ではない。

毎日の仕事は同じことの繰り返しが多い。つい惰性に流されて、緊張感がゆるみ、注意力も散漫になっていく。そういう心の隙がやがて大きな事件を引き起こすことになるのだ。

「後悔、先に立たず」である。つねに緊張感を高めて毎日の仕事に取り組みたい。

◆継続こそ力なり

「人一たび(ひとひと)してこれを能(よ)くすれば、己(おのれ)はこれを百(ひゃく)たびす。人十(ひとじつ)たびしてこれを能(よ)くすれば、己(おのれ)はこれを千(せん)たびす」(『中庸(ちゅうよう)』)

> 優れた人物が一回でできたことでも、百回も繰り返せば、われら凡人でもできるようになる。能力のある人物が十回でできたことでも、千回も続ければ、できるようになる。

われら凡才を励ましていることばである。

人間の素質や能力には個人差があることは認めざるを得ない。では、素質の劣る者は、いくら努力しても優れた者に追いつかないのか。そんなことはないと、説く。

たしかに、周りを見回せば世の中には素晴らしい能力に恵まれている人もいる。だが、そういう人が必ずしも大成するとは限らない。逆に、私どもの

ようにさほど能力に恵まれない平凡な人間でも、努力を重ねていけば何事かを成し遂げることができる。歴史を繙いても、そんな例が珍しくない。

「兎と亀」のたとえもあるではないか。

初めから「自分はダメだ」と決めつけないで、やってみることである。そして一度始めたら、途中で投げ出さないで、亀さんのような歩みでもいいから、続けていくことである。

成果はおのずからあがるものと信じたい。

◐ 駆け引きは心得ておきたい

「智械機巧は知らざる者を高しとなし、これを知りて用いざる者を尤も高しとなす」（『菜根譚』）

「智械機巧」とは、人を陥れるための悪だくみ、駆け引きを指している。

駆け引きなどというと毛嫌いする人がいるけれども、実は、これには二つの種類がある。

第一は、仕事を成し遂げ、事業を成功させるための駆け引きである。これはリーダーたる者、身につけておかなければならない。そうでないと、ただのデクノボーになってしまう。

第二は、「智械機巧」のように、人を騙したり、人を陥れたりする駆け引きである。こういうものを使うと、いっぺんに信用を落としてしまう。

ただし、自分が使わないからといって、相手も使ってこないという保証は何もない。相手の仕掛けにはまらないためには、汚い駆け引きでも、その手口くらいは心得ておく必要がある。

そうでないと、リーダーとしての職責を果たすことができない。

3　危機に対処する

◐ 困難には泰然と対処したい

「人の患難に於ける、只だ一箇の処置あり。人謀を尽くすの後は、却って須

らく泰然(たいぜん)としてこれに処(しょ)すべし」『近思録(きんしろく)』

> 困難に見舞われたら、対処する道はただ一つである。なすべき手立てを尽くしたら、あとは天にゆだねて泰然と対処しなければならない。

思わぬ問題が起こって、逆境に突き落とされるときがある。そんなとき、どう対処すればよいのか。これはそれに対するアドバイスである。

こんなとき最もまずいのは、動転して我を失い、じたばた動き回ることである。これではかえって事態を悪化させてしまう恐れがある。

望まれるのは、まず事態を冷静に受けとめることである。そのうえで打つべき手を打つのである。ここで最善の手立てを尽くさなければならない。

ただし、人間のすることであるから、最善を尽くしたつもりでも、万全だということはありえない。最後にはどうしても天や神様にゆだねざるをえない部分が残るのである。

人間にできることは、天や神様にゆだねる部分をできるだけ少なくすることである。あわてず、騒がず、そんな対応を心がけたい。

ちなみに『中庸(ちゅうよう)』という古典もこう語っている。

「君子は、淡々と職責を果たしたうえで、結果は天にゆだねる。これに対し、小人は危険なことに手を出して、幸運を期待する。」

「小人」とはダメな人である。「小人」の真似だけは願い下げにしたい。

◆苦労をバネに自分を磨く

「苦中の苦を受けざれば、人の上の人たること難し」『通俗編(つうぞくへん)』

> 苦労のなかでも、とりわけ厳しい苦労を体験した人物でなければ、人の上に立つことはむずかしい。

いざというとき役に立つのは、たんなる知識ではなく、経験によって裏打ちされた知恵である。こういうものは、時には挫折したり、時には失敗したりしながら、修羅場をかいくぐることによって身につけていくよりない。

『菜根譚(さいこんたん)』もこう語っている。

「逆境にあるときは、身のまわりのものすべてが良薬となり、節操も行動も知らぬまに磨かれていく。
　順調にあるときは、目の前のものすべてが凶器となり、体中骨抜きにされても、まだ気がつかない。」
　人は苦労のなかでこそ磨かれていくのだという。
　かつて連合艦隊を率いて米国と戦った山本五十六にも、「男の修行」という一文がある。
「苦しいこともあるだろう。云いたいこともあるだろう。不満なこともあるだろう。腹の立つこともあるだろう。泣きたいこともあるだろう。これらをじっとこらえていくのが、男の修行である。」
　グチや不満をぐっと呑みこんで立ち向かっていけ、男ならやってみな、というのである。
　現代はどうか。苦労を嫌って、とかく易きにつきたがる風潮がないでもない。これではいざというとき、踏んばりがきかなくなる。
「苦労をバネにして自分を磨け」と言いたい。

◆筋の悪いカネには手を出すな

「財に臨みては苟も得んとするなかれ。難に臨みては苟も免れんとするなかれ」（『礼記』）

　　金銭をちらつかされたときには、見境もなくとびついてはならない。困難に直面したときには、やたら逃げ腰になってはならない。

　人間は弱い存在である。目の前に利益や金銭をちらつかされると、うっかりとびつきたくなる。とくに切羽つまったときである。急場しのぎに、つい手を出してしまう。それで身の破滅を招いたというケースがあとを絶たないように思われる。
　問題は、その見きわめである。筋の通らないものや、いかがわしいものは、きっぱりと断わる勇気を持ちたい。
　後段は困難に直面したときであるが、これについてはすでに述べた。

人生に困難はつきものである。大きな困難に直面したときほど、いっそう自分を奮い立たせ、勇気凛々と立ち向かっていきたい。
　そこから新しい展望も開けていくのである。

◪気持ちを切り替えて再チャレンジ
「非を既往に悔いんと欲すれば、唯だ過ちを将来に慎め」(『帝範』)
　　過去の過ちをいつまでも思い悩んでいるよりは、これから先、過ちを犯さないように、気をつけたほうがよい。

　人間は、神様のような完璧な存在ではないから、誰でも、過ちも犯せば失敗もしでかす。問題はそのあとである。
　どうすればよいのか。
　潔く認めて責任をとり、反省を加えて同じ過ちを繰り返さないようにすればよいのである。これがまっとうな身の処し方というものだろう。
　ただし、『帝範』の言うように、反省し、責任をとったら、あとはくよくよ思い悩む必要はない。早く気持ちを切り替えて、人生に再チャレンジしたいところである。
　そんな前向きな生き方を心掛けて、人生行路を乗り切っていきたい。

4　組織をまとめる

◪まず自分の姿勢を正したい
「その身正しければ、令せずして行なわる。その身正しからざれば、令すと雖も従わず」(『論語』)
　　上に立つ者が自分の姿勢を正しくすれば、命令するまでもなく実行される。自分の姿勢が間違っていると、どんなに命令しても実行されない。

　リーダーはどうあるべきか。このことばこそリーダー学の基本であり、出発点だと言ってよい。

いつの時代でも、リーダーのしなければならないことは、組織をまとめ、部下を育て、やる気を出して頑張ってもらうことである。自分が頑張っているだけでは、与えられた責任の半分も果たせないかもしれない。

リーダーは責任の重い立場である。それを自覚すれば、いやでも自分の姿勢を正さざるを得ないではないか。そのためにも、つねに責任の重さを自覚し、日々に向上を心がけなければならない。

そうあってこそ、リーダーとしての説得力が身についてくるのである。

現代のリーダーに説得力が乏しいのは、何よりもこの自覚に欠けているせいではないかと思う。

◆寛と厳のバランスをとりたい

「寛にして畏れられ、厳にして愛せらる」（『宋名臣言行録』）

　寛で臨みながら部下から畏れられ、厳で臨みながら部下から愛される。

これもリーダーのあり方について語ったことばである。

ふつう、寛で臨むと愛され、厳で臨むと畏れられるのが一般である。だが、理想は逆なのだという。

では、どうすればこの理想に近づくことができるのか。

寛で臨みながら畏れられるのは、そのなかに厳の要素を入れておくからである。また、厳で臨みながら愛されるのは、そのなかに寛の要素を入れておくからである。つまりこのことばは、寛と厳のバランスをとって部下に臨むことをすすめているのである。

今の日本の社会は寛に偏りすぎて、厳で臨むことをためらう風潮がある。かつてはどこの会社にも厳しい上役がいたものだが、近ごろは物わかりのいい上役ばかりふえて、厳しい上役の姿を見かけなくなった。これでは組織としての統制がとれなくなる。

むろん、寛で臨むのはいいのである。だが、そのなかに信賞必罰の厳を入れておき、「寛にして畏れらる」のレベルをめざしたい。

◆部下があっての上司である

「一手独り拍つは、疾しと雖も声なし」(『韓非子』)

　　片手で拍手したのでは、どんなに強く打っても音は出ない。

　何を言わんとしているのか。ほかでもない、リーダーのあり方である。
　リーダーというのは、自分がどんなに有能で、どんなに頑張っても、それだけではダメ。部下の協力があって、初めて責任を果たしていくことができるのだという。
　ところが、なまじ有能なリーダーほど、一人で仕事をかかえこんで、忙しがっていたりする。これでは部下の協力が得られないばかりか、かえって反発を買う恐れがある。
　部下があっての上司なのである。部下を活かすも殺すも上司しだい。そのあたりをよく考えて、名リーダーのレベルをめざしてほしい。

◆組織の勢いを重視せよ

「善く戦う者は、これを勢に求めて、人に責めず」(『孫子』)

　　戦の上手なリーダーは、何よりもまず勢いに乗ることを重視し、兵士一
　　人ひとりの働きに過度の期待をかけない。

　『孫子』の名言である。
　たしかに、組織全体に勢いがあるときは、それ行け、やれ行けというわけで、一の力を三にも四にも発揮することができる。そんなときは、組織が暴走しないように手綱を引き締めるくらいで、ちょうどよいのかもしれない。
　逆に、組織に勢いがないときは、せっかく一の力を持ちながら、半分も発揮できないで終わってしまう。
　この違いが大きいのである。
　会社などに行ってみると、勢いに乗っている組織なのかどうか、すぐに見当がつく。勢いのある組織は、社員の顔が明るいし、態度もきびきびしている。その点、勢いのない組織は、社員の顔つきもたるんでいるし、雰囲気も

暗い。

　少し極端な言い方をすると、受付の応対を見ただけでも、その違いがわかる。

　「今、うちの組織に勢いがない」と見たら、そのときこそリーダーの出番である。知恵をしぼり、手立てを講じて勢いをつけることを考えなければならない。

　以上、中国古典の人間学について、その一端を紹介してみた。

　語られているのは原理原則であって、頭で理解する分には、何もむずかしいことはない。むずかしいのは実行に結びつけていくことである。

　「なるほどなあ」と頷けることばがあったら、少しでもいいから実行を心掛けてほしい。

第2部 起業に向けた準備

- Chapter 3 成功するビジネスの着眼点
- Chapter 4 ビジネスモデルの重要性と考え方
- Chapter 5 事業を安定させる収支計画
- Chapter 6 ベンチャー企業の戦略からみた事業計画書

Chapter 3

成功するビジネスの着眼点

　ベンチャー企業を立ち上げて成功させるには、起業から企業へと発展させるために各フェーズごとに適した事業展開を行うことが求められる。私自身がこれまで手がけてきたインターネット・テクノロジーベンチャーの起業から株式上場、そしてグループ会社2社の上場に関わってきたこと、そしてさらに最近立ち上げた環境エネルギーベンチャーの起業体験をもとに、本章では成功するビジネスの着眼点について述べてみたい。

　起業とは、一般には、
　第1フェーズ（資金調達によって新たに企業を設立する）
　第2フェーズ（立ち上げた企業として顧客獲得する）
　第3フェーズ（株式市場に上場する）
　第4フェーズ（上場企業として成長する）
という4つのフェーズに分けられる。変形例としては、上場せずに上場企業に売却することもある。また、成功した過去の様々な起業例から、産業革命との相関が高いことがわかる。このため本章では、最初に起業にとって重要な社会環境すなわち起業家が直面してきた産業革命史、特にデジタル情報革命史について概観する。次に、IT業界を例にとって重要な標準化競争について述べる。実体験をまじえた起業の各フェーズにおける実際の経営課題とその具体策について検討する。

1　創業時における着眼点

◧ 企業家にとって重要な「使命感」

　企業家にとって最初に重要なことは、社会における使命感である。

　私は、これまで多くの企業家と交流してきた。ゴードン・ムーア（インテルの創業者）、ビル・ゲイツ（マイクロソフト創業者）、ポール・バラン（インターネットの起源となったパケット交換の発明者、テレビット社、パケットテクノロジーズ社、ストラタコム社、Com21社の創業者）、ロバート・メトカフ（イーサネットの発明者、3Comの創業者）、ロン・シュミット（ツイストペア線イーサネット10Base-Tの発明者、シノプティックス社の創業者）などの企業家たちには共通点がある。彼らは、好奇心が旺盛で自らが起業し企業へと成長させることで社会を変えようという使命感に溢れているということである。金持ちになりたいとか、威張りたいとか、他人に命令されたくないとかいった類の人は誰もいない。その意味で、企業家たちと直接交流して私がつくづく思うことは、彼らの使命感は自らが産業革命の担い手であるという自負と自覚からきているということである。起業して成功する確率は千分の1くらいであるとも言われているが、最も重要なことは、成功確率を考える以前に自らが産業革命の担い手となる使命感があるかということである。

◧ 過去の産業革命と企業家たち

　人類は、紀元前300年代のアリストテレス以来、天動説を約2000年の長きにわたって信じてきた。しかし、約400年前のガリレオ・ガリレイによる地動説の実証を契機に、近代科学が確立し、ニュートン力学が誕生してから科学技術の時代を迎えた。そして、これまで過去に3度の産業革命を経験してきたが、そこには、科学技術の発展だけではなく、企業家が時代を大きく変えてきた人間ドラマがあったことを忘れてはならない。

　以下に、人類の産業革命史を概観してみたい。

① 英国から始まった第 1 次産業革命（動力革命）

　大航海時代、英国の経済発展はオランダとの競争上東インド会社を設立し、1601年3月に最初の航海で4隻の船団を組んだところから始まる。17世紀後半にはインド産の綿織物を輸入しその吸湿性・耐久性から英国上流階級の間でブームとなり、英国の伝統工芸毛織物業者は衰退してしまう。そこで、企業家たちは、綿織物の機械化に挑戦を始めることとなった。そこには、毛織物工業のような規制がなかったために多くの発明がなされ、18世紀後半には毛織物を抜いて中心的繊維産業へと育っていった。

　この流れは18世紀に入ったころから加速したもので、重要な繊維産業における発明だけでも以下のようなものがある。ジョン・ケイによる「飛び杼（とひ）」の発明によって、幅広の織布が1人の職人で高速生産が可能となり、その結果糸の生産がネックとなったために紡績機械が必要となった。紡績機械といえば、当時は伝統的な手動式紡ぎ車で、紡錘は1個のため1人で1本の糸を紡ぐのが基本だったが、ジェームズ・ハーグリーブズが多軸紡績機を発明・事業化し、そして1人で同時に8本の糸を紡ぐことが可能となったジェニー紡績機の発明へとつながる。その自動化がリチャード・アークライトによる水力紡績機の発明と事業化である。さらには、サムエル・クロンプトンによって、ジェニー紡績機とアークライトの水力紡績機の長所を組み合わせたミュール紡績機が発明され、ついにインド産の綿織物に匹敵する綿織物が生産できるようになった。今度は糸が生産過剰となり織物機の改良が必要になったためエドマンド・カートライトが力織機を発明、ここに大量生産時代を迎えることとなった。

　一方、産業革命の進展から、紡績機械や綿織物機械の原料となる製鉄業は活況を呈するようになるが、当時の製鉄は木炭をエネルギー源としていたために、蒸気機関の発達が喚起されることになる。このストーリーにも画期的な企業家精神に基づく挑戦があった。そもそも産業革命前夜の英国での製鉄所は木炭供給の関係で森林周辺に立地し、森林を伐採しすぎたために実は16世紀から木材不足という問題に悩まされていた。そこへ登場したのが、エイブラハム・ダービー一世の石炭を燃料とする製鉄法とこれを改良したダービ

一二世のコークス燃料製鉄法の発明だった。この発明を契機に燃料費の劇的低下が起こり、一般家庭でも木炭から石炭へのエネルギー転換が起こり始めた。いわゆる木炭から石炭へのエネルギー転換である。しかしながらここに、再び大きな問題が発生する。

　問題とは炭坑問題である。地下水排水のエネルギー源は当時は人力か馬力だけであったため、炭鉱は地下水ですぐに水浸しになってしまうというものである。この問題を解決したのが、最初の蒸気機関によるトーマス・セーバリの鉱山用揚水ポンプの発明と事業化であった。これは、トーマス・ニューコメンの揚水用蒸気機関の発明へとつながるが、南西部の石炭だけでなく、スズ鉱山にも大量に普及し、百機以上のニューコメン型蒸気機関が設置され大成功ビジネスとなった。

　蒸気機関はこのように炭鉱の地下水の汲み上げ用に発明されたものだが、これを本格的な動力機関として技術を確立し、一大産業へと発展させたのがジェームズ・ワットである。彼はスコットランドの機械職人の子である。ロンドンで機械製造業を学び、1757年には産学連携の草分けともいえるグラスゴー大学構内での実験器具製造・修理店を開業した。そこでは同大学からの改良依頼で水を汲み上げるニューコメン型蒸気機関と出会い、高効率蒸気機関を作るため熱力学の研究に没頭し、2つのシリンダーを用いたワット式蒸気機関を考案して多くの特許を取得。ボールトン・ワット社を作りワット式蒸気機関の製造を開始した。ここで蒸気機関の出力の単位として「ワット」という単位が作られた。また、ピストンの往復運動を回転運動に変える方法も考案したのであった。この大発明は、後のロバート・フルトンによる蒸気船の改良による1809年の蒸気船ビジネスの成功と、1814年のジョージ・スチーブンソンによる蒸気機関車の実用実験の成功へとつながっていったのである。

② ドイツから始まり米国で発展した第2次産業革命（重化学工業革命）
　ドイツで起こった重化学工業は第2次産業革命の主役となるが、これは、英国で起こった産業革命かつ石炭の有用性に着目したことから始まった。そ

れは、ルール地方にある豊富な石炭を利用した、製鉄を中心とする工業化である。原材料の鉄鉱石や製品としての鋼鉄の輸送にはライン川があり、立地条件が良好だったことが大きく影響している。この結果、1870年普仏戦争でプロイセン王国のドイツ連合軍がフランスに勝利し、統一ドイツが実現して十分な経済圏を獲得したことによって英国と並ぶ工業国へと発展することとなった。

　さらに、ドイツ帝国時代に帝国主義国家として列強を代表する軍備の拡張を行ったため、バルト海沿岸の造船所では英国海軍並みの海軍力増強をめざす軍艦の整備に始まり、ルール工業地帯において製鉄所と兵器工場を持つクルップ社を中心とする軍事産業が発展した。同社の二代目、アルフレート・クルップは、同社の紋章である鉄道車輪から一大軍事産業へと発展させた、軍事産業に関わる企業家である。また、1886年には、ゴットリーブ・ダイムラーの四輪自動車とカール・ベンツの三輪自動車の発明によって、2人の企業家による自動車産業がドイツから興ったのである。

　この流れは、西欧と米国へと拡大し、特に広大な土地と資源のある米国では既得権益や規制が少なかったために、革新的で企業家精神溢れる人々が自由に活躍することが社会の発展につながった。その代表的な企業家がヘンリー・フォードである。彼は、再起可能な米国社会の典型例で、二度も自動車会社の経営に失敗しながら、1903年に設立した三度目の会社が現在へと継承されている。フォードは、A型から順に製品化を行い苦難の連続の末、ついに1908年に20番目のT型で大成功を収めたのであった。このT型フォードは、大量生産時代の自動車製造方式と全米規模でのアフターサービス体制を初めて確立した、現代自動車産業の出発点ともいえるものである。

　ヘンリー・フォードが企業家として特に賞賛に値するのは、労働力不足と賃金上昇をコストダウンで吸収し続け、従業員が自社の車を買えるように賃金を引き上げ続けたことである。米国では、電話の発明と電話会社を創業したグラハム・ベル、電気に関連した大発明家でありGEの創業者でもあるトーマス・エジソン、鉄鋼王アンドリュー・カーネギー、石油王ジョン・ロックフェラーなど数多くの企業家が産業革命の担い手として登場したのであった。

③ 米国で起こった第3次産業革命（デジタル情報革命）

　第2次大戦前後、米国で弾道計算に用いていたコンピュータとトランジスタの発明が、20世紀後半にデジタル情報革命の基礎を作った。

　特にロバート・ノイスとゴードン・ムーアによるインテル、ビル・ゲイツによるマイクロソフト、スティーブ・ジョブスとスティーブ・ウォズニアックによるアップル・コンピュータ、ゲーリー・キルドールによるデジタルリサーチ、ミッチ・ケーパーによるロータス・ディベロップメントなどの興亡は、パソコン革命という従来の国家規模のインフラ事業と異なり企業家が国家とは独立に、新たな産業創出を行ったところに大きな意義がある。

　このデジタル情報革命の潮流は、インターネットの発明と発展によってさらに加速している。前述のポール・バランに始まるインターネット革命によって、ジム・クラークとマーク・アンドリーセンによるネットスケープ、ジェリー・ヤンとデビット・ファイロによるヤフー、ジェフ・ベゾスによるアマゾン・ドットコム、ラリー・ページとセルゲイ・ブリンによるグーグルなどが次々に生まれてきた。これらは、企業家のアイディアと実行力次第で、小さく始められるが巨大企業へ成長可能な新産業創出メカニズムであるといえる。

　これまで3つの産業革命史を振り返り、これらを担ってきた企業家たちの活躍を概観してきたが、起業し企業へと成長させるということは、自らが産業革命の担い手となり社会を変え新たな雇用を生む役割を果たすということに他ならないのである。

◪ 創業第1フェーズとしての「資金調達競争」

　起業を成功させるための第一関門は、「資金調達」である。創業時に必要な要素は、自らの専門分野の強みや創業メンバーの顔ぶれ等様々あるが、たった1つだけ重要な要素をあげるとすれば、それは資金調達力に尽きる。

　新たな技術革新が起こり、規制緩和などでビジネスチャンスが訪れた時は、千載一遇の起業のチャンスである。しかし、同じようなアイディアを持ち、同じようなタイミングで起業しようとする競争相手は、必ず存在すると思っ

た方がよい。もしそのような競争相手が存在しないとすれば、それはラッキーなことかもしれないが、むしろそのアイディア自身が時代のニーズに合っていないと思った方がよいかもしれない。

　さて、私自身の経験から感じることは、起業家にとって前述の「使命感」の次に重要な要素は、並々ならぬ事業への熱意とこれに勝ち抜く闘争心である。そこで、顕在化しているか潜在しているかは別として、創業期のライバルとの競争は起業第1フェーズともいえる「資金調達競争」である。この競争を勝ち抜くには、熱意と闘争心を前提に、冷静に競争の本質を理解し以下にあげるようないくつかのことを直ちに行動に移す必要がある。

① **使命感とビジョンから作成した事業計画書の作成**

　起業家にとっての事業計画書は、投資家から資金調達するために最も重要なものである。

　事業計画書中の売上／利益計画の信憑性・妥当性は当然重要であるが、それ以上に重要なのは、起業する理由と目指すゴールが明確に述べられていることである。優れた投資家は、足元の売上／利益計画もさることながら、事業の成長性、将来性になおいっそうの関心を持っているからである。

② **強力なマネジメントチームの組成**

　資金調達競争の大きな要素は、事業計画書にも記述する内容の1つでもあるが、CEO（Chief Executive Officer：最高経営責任者）、COO（Chief Operating Officer：最高執行責任者）、CFO（Chief Financial Officer：最高財務責任者）、CTO（Chief Technology Officer：最高技術責任者）などのマネジメントチームの顔ぶれが極めて重要である。売上／利益計画は計画通りに進まないこともあり得るため、投資家の信頼を獲得する重要な要素はマネジメントチーム一人ひとりのトラックレコードである。投資家は、事業計画というよりも経営者、すなわち人間に投資するといっても過言ではない。

③ **競争相手に勝るスピード**

　競争相手が顕在化していれば当然のことであり、潜在している場合はさらに大きなチャンスが広がっているわけだが、事業計画書は最短時間で作成することが重要である。このスピードが投資家を惹き付けるとともに、状況変

化への対応能力も高まることとなる。したがって、事業計画書の短期作成能力と状況変化への対応能力は重要アイテムである。

　以上のような具体的条件をそろえて行動できれば、創業第1フェーズとしての資金調達に成功する確率が高くなる。こうして初期の資金調達ができれば、より優れた人材の確保、設備投資、マーケティング活動などを充実させることができ、起業という意味でのスタートアップが実現することとなる。資金調達先は、スタートアップ時は自己資金、共同創業者、エンジェルと呼ばれる事業支援者から始まる。その次となる投資家は、ベンチャーキャピタルである。

2　成長へ向けての着眼点

◆創業第2フェーズとしての「顧客獲得競争」

　創業直後にやってくる資金調達競争において勝ち残ることができれば、スタートアップに必要な資金調達が実現し、ベンチャー経営の重点は、「顧客獲得競争」に移っていく。

　㈱インターネット総合研究所（以下IRI）の1996年創業時における顧客側の要請と起業の条件を図表3-1に示す。当時のインターネットユーザーはパソコン通信から移行した程度で、現在の10分の1以下でしかなく、正にインターネット接続サービス、すなわちISP事業にNTTを始めとする電話会社が一斉に参入しようというタイミングであった。そこで同図に示したように電話会社をIRIの顧客として獲得する戦略を立てた。それが「Everything on IP! & IP on Everything!」という企業理念であった。この理念を掲げ、WIDEプロジェクトと初期ISP連携の中で育った希少なインターネット運用エンジニアを集めて、他社に先んじて電話会社のISPサービス立ち上げのコンサルティング・サービスを始動させることができた。同様のサービスを手がけたいくつかの企業があったが、私自身を含めてマネジメントチームが長年蓄積してきた通信業界における実績と人脈は、顧客獲得競争において大きな力を発揮した。

| 図表 3-1 | 起業の条件と顧客側の要請 |

創業時

顧客側の要請
- ◆インターネットの普及を前に、ISP事業に電話会社が参入を狙うタイミング
- ◆インターネット運用技術・人材の圧倒的な不足

起業の条件
- ◆WIDEプロジェクトと初期ISP連携での希少人材が集結
- ◆通信分野のIPによる技術革新

IRI
Ubilabs Innovations

戦略
- ◆学術分野に留まっていたインターネット技術・ノウハウを産業界に移転
- ◆IPへの歴史的転換点において、全てのネットワークをIP技術によって再構築

企業理念：
「Everything on IP! & IP on Everything!」

IRI創業とインターネット　本格商用化から15年が経過

今日
「インターネット技術のファンダメンタルズを提供する企業グループ」

このように創業からスタートアップ後の顧客獲得競争に勝ち残るには、第1に市場のニーズが顕在化していること、第2に市場ニーズに対応可能で競争力のある製品・サービスを保有していること、第3に営業力を備えていること、の3点が必要であるといえよう。

◆業界地位の確立
　日本で最初の商用インターネット接続サービスが始まったのは、1994年で10社が商用ISP（インターネット・サービス・プロバイダー）として出そろったときである。当時は、これらの異なるISP間のトラフィック交換について、ISP間の商用トラフィックを交換するIX（インターネット・エクスチェンジ）を学術研究団体のWIDEプロジェクトが運用するという変則的な事態が続いていた。これは、まだ民間企業側にIXの設計・運用技術がなかったためである。このため、通信サービスでありながら、不測の事態によるサービス停止時の経済的保証の仕組みなども実現できていない等の問題があった。そこで、私は、日本に存在しなかった商用IXを創設すべく、WIDEプロジェクトと連携し、唯一の海外キャリアであったKDDと共に日本初の商用IX㈱日本インターネット・エクスチェンジ（JPIX）をKDDとIRIの2社による発起設立とし、株主かつ顧客として大手ISPとして多くのユーザーを抱えていた富士通、NEC、ソニーなど16社を誘うことに成功した。こうして日本初の商用IXを立ち上げ、IXの基本設計とネットワーク運用受託を行う契約を株主間協定で明記することでIRIの業界における位置づけをアピールすることができた。

　このように高度な技術力が必要な通信ネットワーク業界の例として、さらなる顧客獲得競争に勝ち残るには、業界地位の確立が極めて重要である。JPIXの立ち上げに成功したIRIは、その後、ほとんどの電話会社からのISPサービスの立ち上げに関するコンサルティング・サービス、ネットワーク設計、および運用受託が殺到し、有利に営業展開を行えるようになった。

◻「顧客獲得競争」を乗り切るための方策

　図表3－2にIRIの創業から4年間の業績の推移を示すが、顧客獲得競争において成果が出始めると意外と厄介な問題が浮上してくる。それは、事業規模の拡大に伴う資金繰りの問題である。IRIの場合初年度の売上は約1億円であったためにスタートアップ資金の調達に成功し、何とか月々の運転資金は回っていた。しかしながら、2年目の売上が約4億円と急拡大したために黒字経営といえども運転資金に関わる資金繰りは深刻な問題となってきた。当時の電話会社に対するインターネット接続サービスのコンサルティング業務は、約5人のチームで請負い、半年単位で報告書を納品して翌々月現金払いという契約が多かった。このため、5人分の人件費を約8カ月分負担する必要が出てくる。当社のコンサルティング業務は営業も順調に伸びたために拡大を続けたことから、このような資金繰りの問題が浮上したのであった。

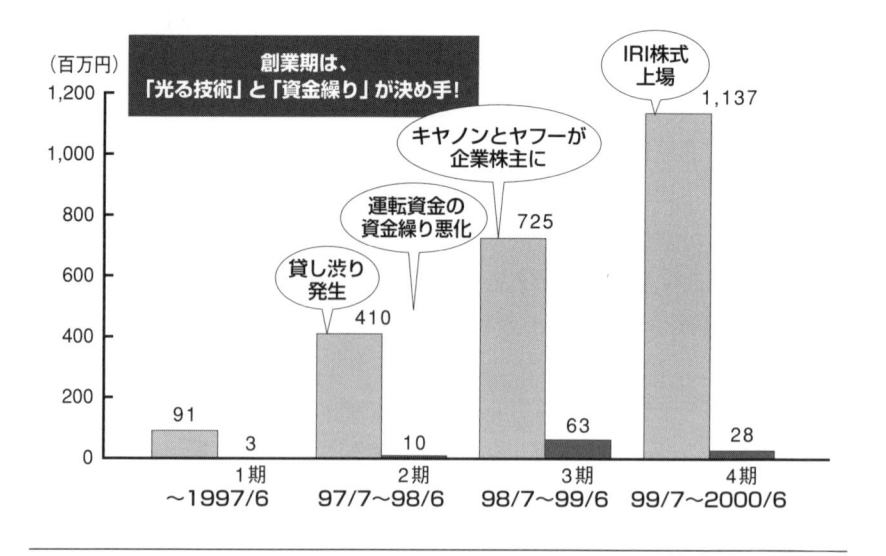

図表3－2　創業から4年間の業績の推移　売上高／経常利益

期	期間	売上高（百万円）	経常利益（百万円）	主な出来事
1期	～1997/6	91	3	創業期は、「光る技術」と「資金繰り」が決め手！
2期	97/7～98/6	410	10	貸し渋り発生
3期	98/7～99/6	725	63	運転資金の資金繰り悪化／キヤノンとヤフーが企業株主に
4期	99/7～2000/6	1,137	28	IRI株式上場

・銀行融資と金融危機

　最初の資金繰り問題の解消に応援してくれたのは、当時の日本興業銀行（現みずほコーポレート銀行）であった。同銀行は、日本の産業振興のために国策とも協調して事業展開している銀行だけあって志の高い人々が多く、日本のインターネット技術と産業の振興という意味でもIRIの存在意義を認め、設立間もないベンチャー企業に5,000万円単位の融資を何本か引き受けてくれた。興銀がメインバンクをするならということで当時の東京三菱銀行、住友銀行、東海銀行も続いてくれた。これらの銀行融資は顧客獲得を進める上で大いに効力を発揮し、さらなる成長へのステップとなった。しかしながら、1997年に入ると雲行きが怪しくなってきた。日本全体を襲った金融危機である。当時積極的に融資を実行してくれていたメガバンクが一斉に融資残高を減らして現金回収に向うこととなった。いわゆる貸し渋り、貸し剥がしである。各銀行から、原契約（半年単位）は維持するが、半年後の融資契約の延長はないという主旨の通達が一斉にやってきたのだ。営業は拡大するが資金繰りが悪化してきた。早く手を打たないと黒字倒産だってあり得る。複数のメガバンクによる銀行融資という、ベンチャー企業としては恵まれていた理想的な構図は早くも崩れ始めたのであった。

・キヤノンとヤフー：資本業務提携の実現

　思案の末、図表3－2に示したように銀行による貸し渋り発生の後、資金的に余裕のある技術指向の企業と資本業務提携を行おうという案を思いついた。最初にアプローチをかけたのが日本を代表する研究開発型の優良企業キヤノンとインターネット・サービスの雄ヤフーであった。キヤノンは、当時からグローバル企業としてインターネットの重要性に着目して自社グループ利用を主な目的にISPを子会社として立ち上げており、さらなるインターネット技術の取得を追求していた。一方ヤフーは、検索エンジンからポータルサービスへと急成長を続けており、予期せぬトラフィックの増大などに対応するためにIRIの保有するインターネット技術に着目してくれていた。以上の背景からこの2社に第三者割り当て増資に応じてくれるように依頼する

こととした。この2社は、事業会社としての超優良企業であるがゆえにロジックが重要となってくる。そこで、各社とIRIとの資本業務提携の意義・目的・期待される相乗効果についての入念な提案書の作成をキヤノン向けに行うこととなった。ヤフーは、経営幹部向けの口頭説明だけでほぼ理解してもらえた。両社とも資本業務提携パートナー企業として申し分ないが、企業体質の違いは理解して行動する必要がある。キヤノンは、実質主義と形式主義の両方がクリアできないと通らない企業である。日本の大企業の大半は形式主義で提携の中身よりもどこの企業と取引があるかとかどこの企業が出資しているかといったところが中心になるのに対し、キヤノンは提携の中身と、中身をきちんと説明した提案書が求められる。一方当時のヤフーは、提携の中身があるかどうかだけであった。徹底した実質主義の企業である。

　顧客獲得競争を乗り切るためには、事業拡大に伴う資金繰りという課題をクリアする必要がある。そのためには、銀行融資と資本業務提携という方策が有効である。しかしながら、銀行融資は基本的に借金であるため、研究開発費などのリスクマネーに充当するのは不適切である。また、金融危機などの非常事態には、借金はいつ返却を迫られるかわからない。

　リスクマネーには資本増強がふさわしい。また、資本増強を行う際のパートナー企業の選定は極めて重要である。その意味でキヤノンとヤフーが同時に株主になってくれたことは、IRIの成長戦略において意義深く大きな転換点となった。

3　株式上場についての着眼点

◆株式上場のために必要なこと

　創業時のスタートアップのための「資金調達競争」を乗り切り、企業収益の根幹を成す「顧客獲得競争」をも乗り切るといよいよ株式上場が視野に入ってくる。

　ここでは、株式上場が視野に入った時に必要なことについて述べる。特に組織体制の組成、発行体（ベンチャー企業）、銀行や証券会社との付き合い

方について述べてみたい。

① ベンチャー経営の2つの基本「人材」と「資金」

　ベンチャー企業の経営が軌道に乗った後、成長路線を歩み株式上場へと導くには、上場企業にふさわしい2つの基本が整備されている必要がある。2つの基本とは「人材」と「資金」である。

　「人材」は、前述の資金調達競争のところでも触れたが、投資家が期待を持てる強力なマネジメントチームの組成ということと共通する部分がある。しかし、株式上場については、期待を持てる強力なマネジメントチームと共に、同チームを核とした組織体制の組成が重要となる。マネジメントチームとしては、業種にもよるが、最高責任者の配役すなわちキャスティングが最重要課題である。マネジメントチームの中には、何人かのベンチャーの起業・成功実績、すなわちトラックレコードを有する経営陣を備えることが重要である。

　マネジメントチームにおいては、技術系ベンチャー企業の例では、以下のような最高責任者のキャスティングと組織体制が不可欠である。

・CEO：最高経営責任者

　文字通り経営の最高責任者で、通常は創業者であり起業家自身が筆頭株主となった上で、CEOに就任することが求められる。その理由は、自らの財産と時間をコミットする度合いを株式上場時の投資家から見られることからである。その意味で誰がCEOを務めているかがその企業の価値の最も重要な要素を占めるといえる。CEOは、株主総会の議長と取締役会の議長を務めることからわかるように株主の利益代表であり、企業の顔として外部への企業代表としての価値向上の中心的役割を担うことになる。

　ただし、グーグルやヤフーの例に見られるように創業者が若い大学院生やエンジニアである場合は、創業者がCTOに就任し、CEOをトラックレコードのある人物を社外から連れてくるという場合も多い。このような経営陣の人事もベンチャーキャピタルの重要な仕事の1つである。

・COO：最高執行責任者

　事業執行の最高責任者で、内部組織の取りまとめを行う。事業部門だけではなく管理部門内部組織全体を統括範囲とする場合が通常である。このため、COOには、CEOに次ぐ企業代表であると共に、企業組織内部の各部門との調整能力が求められる。

・CFO：最高財務責任者

　財務諸表の作成など企業の財務部門および経理部門を統括担当範囲とする。また、人事総務部門などを含めた管理部門全体を統括担当範囲とする場合も多い。ベンチャー企業のCFOには、成長にとって最も重要な直接金融と間接金融とのバランスに長けた資金調達能力が求められる。日本におけるベンチャー企業専門のCFOの経験者層が米国と比較して極めて少ないため、投資銀行や監査法人の経験者が就任する場合が多い。

・CTO：最高技術責任者

　技術部門の最高責任者で、研究開発や事業部門の技術を含めて企業の技術経営戦略を統括担当範囲とする。ベンチャー企業のCTOには、技術革新が進行中の新技術分野における専門知識と共に、技術系企業の生命線ともいえるエンジニア集団に対するリーダーシップが要求される。

② ベンチャー企業と従来型企業との相違

　ベンチャー企業が上場準備に入る上で最も重要なことは、従来型企業にはない特徴を持つと共に、従来型企業のできないことをやれる企業体質を作ることである。そのためには、従来型企業が陥りがちな形式主義を排除し、徹底した実質主義に基づく意思決定メカニズムを確立することである。参考までに図表3－3に従来型企業とベンチャー企業との相違について示すが、ベンチャー企業は形式的な会議などを省略し意思決定のスピードで勝負することが求められる。

　また、ベンチャー企業は、投資家、CEO、マネジメントチーム、従業員との関係も従来型企業とは根本的に変えるべきである。従来型企業は、ピラミッド型組織を基本とした官僚的組織を形成することが多いが、ベンチャー

| 図表 3-3 | 従来型企業とベンチャー型企業の相違 |

項　目	従来型企業	ベンチャー企業
インターネット観	可能性として調査	産業革命
インターネットの利用	何となく利用	ライフライン
雇用形態	終身雇用制	即時雇用制
人事政策	年功序列・男性優位	実力主義・女性登用
事業戦略	調査先行	着手先行
事業計画	柔軟性なし	流動性
中・長期計画	つじつま合わせ	資金調達
調査	事業開始前	事業着手後
形式的会議	頻発	ほとんどなし
管理者の専門度	かなり低い	極めて高い
社員の専門度	低い	極めて高い
判断	慎重で遅い	即断即決
提携	必要に応じて	不可欠
アウトソーシング	必要に応じて	不可欠

| 図表 3-4 | ベンチャー企業・組織形態のあるべき姿 |

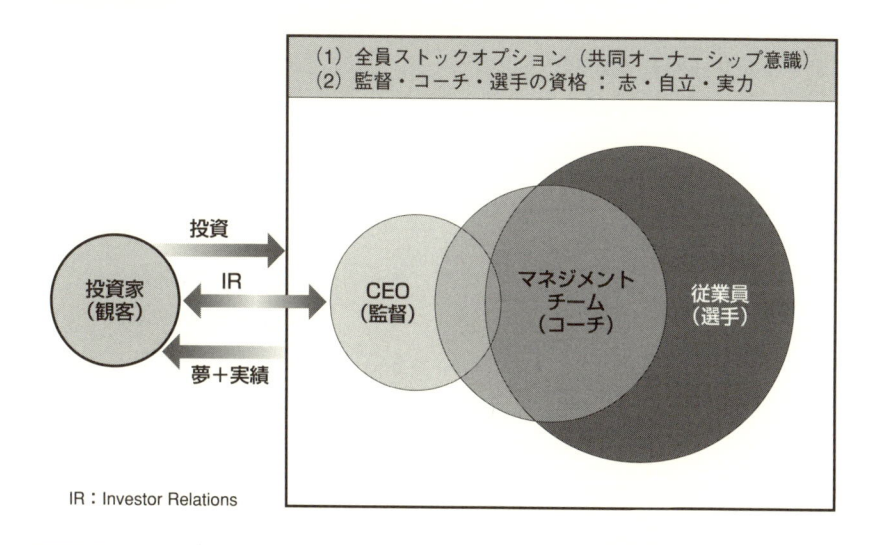

(1) 全員ストックオプション（共同オーナーシップ意識）
(2) 監督・コーチ・選手の資格：志・自立・実力

投資家（観客） —投資→ CEO（監督）
IR ⇔
←夢＋実績

CEO（監督） / マネジメントチーム（コーチ） / 従業員（選手）

IR：Investor Relations

Chapter 3　成功するビジネスの着眼点

企業は、社内外共に「夢」を全面的に押し出すべきである。図表3-4では、ベンチャー企業の組織形態としてプロスポーツチームにたとえている。CEO（監督）は、有能な従業員（選手）の才能を引き出し、投資家（観客）に夢と実績を観てもらうというものである。

③ 銀行の役割とは？

　銀行からの融資は、金融サービスの中でも間接金融という範疇に入る。すなわち借金である。間接金融は、人類最古の金融サービスモデルであり、ローマ帝国時代にユダヤ人が始めたとされる。とにかく期日通りに所定の利息をつけて返済することが求められる。

　私のIRIでの経験では、さほど設備投資などを必要としない10名規模のコンサルタント会社でさえ、前に述べたように、5人半年で契約金5,000万円規模の場合、6ヵ月後に報告書を納品し翌々月現金払いという場合の運転資金は、自己資金だけでは苦しくなってくる。そこで、間接金融は極めて有効であった。しかし、この例では営業キャッシュフローがあるために問題なかったが、研究開発費などを間接金融による資金調達に依存すると研究開発が計画通りに進まなかったり、満足な研究開発成果が得られない場合に返済原資が不足する可能性が浮上してくる。したがって研究開発費などは、後述の直接金融による資金調達を行うべきである。

　また、ソフトウェア系のIT企業では、工場設備と比較するとさほど大規模投資ではないが、それなりの従業員向けの社内ITシステムへの投資が必要となる。このような投資資金の調達手法として有効なのがリースである。日本で初めてのリース会社はオリックスであるが、IRIも創業間もない頃オリックスからのリースによって一気に社内ITシステムを充実させることができた。充実した社内ITシステムを整備することはIT企業の競争力強化と共に、優秀なエンジニアを雇用するためにも重要な要素である。

　さて、創業2年目にして銀行融資によって運転資金を確保し順調に事業が立ち上がりそうにみえた1998年であったが、前に述べたように金融危機に起因する貸し渋り時代がやって来た。この時どうしたか？　IRIの場合

は、資本業務提携による事業会社への第三者割り当て増資によって危機を回避できた。このように銀行融資は、企業経営に極めて有効であるが緊急事態には依存できないということを危機管理上認識しておく必要がある。

銀行融資は、担当者によって基本的に担保重視か営業キャッシュフロー重視かに分かれる。発行体企業としては、担保を差し出せば当面の資金調達が可能となるメリットはあるが、返済原資が確保されていない銀行融資はリスクが高い。そこで、営業キャッシュフローの範囲で返済原資を確保する資金調達戦略が正当である。

銀行融資すなわち間接金融のメリットをまとめると、これは、事業基盤定着後に有意義である。すなわち、株式の希薄化を防止する効果があるといえる。

④ 証券会社の役割とは？

ベンチャー企業が株式上場準備を始めるにあたり証券会社の役割は極めて重要である。そもそも証券会社、あるいはシリコンバレー型の投資銀行の2つの役割は、「公開引受け」と「M&A（Merger and Acquisition：吸収合併）の仲介」である。したがって「公開引受け」を目指しての有望企業の発掘という役割がある。そして、発掘した企業の育成・指導（各種社内規定整備）および証券取引所に企業が上場するに適格かどうかの審査（実質的には証券会社が審査する）能力を備えている必要がある。

次に重要なのが、上場時の株価算定（公募価格の決定）である。これに伴い、証券会社は、公募増資額の一定比率の手数料収入が見込める。証券会社が公開引受けをする大きな理由の1つが上場時の公募株の販売がある。適格との審査結果を証券会社と証券取引所から得た発行体企業の株は、市況にもよるが、かなりの確率で株価が上昇する可能性が高い。したがって、公開引受け担当の証券会社、すなわち主幹事証券は、大きなビジネスチャンスを得るのである。しかしながら、一方では、株式上場の成否は、主幹事証券で決まるといっても過言ではない。

⑤ 株式市場の役割とは？

　株式市場特に東証マザーズは、1999年に11月11日に開設され12月22日に最初の株式上場を開始した。IRIは、その第1号上場企業だった。その直前に、ジャスダックも新興市場としての規制緩和を行い、また、ナスダックジャパン（現大証ヘラクレス）も新興市場として登場し3つの新興市場が2000年に出そろった。その後、2006年1月のライブドア事件以来、新興市場は低迷することになり、2009年にはわずか19社しか新規上場企業が生まれないという事態に陥ってしまった。

　しかしながら、これはライブドア事件という日本独自の事件にリーマンショックが加わった一過性の低迷だと思われる。なぜなら技術革新は継続しており、デジタル情報革命はさらなる進展をしているし、また、新たな産業革命である環境エネルギー革命が起ころうとしているからである。投資家は、常に高成長を求めるために新興企業の台頭を必要としている。新興市場の見直しは、2010年から始まるものと推察される。

　米国の株式市場ナスダックの存在は、ニューヨーク証券取引所以上にデジタル情報革命を一気に推進したという意味で極めて大きな意義を持っている。それまでは、企業が誕生してから通常は10年以上もかけて売上と利益を確保できるように育った企業だけに株式上場という道が開かれており、創業間もない企業は、成長する間もなく多くは短い一生を終えていたのである。ナスダックがなかったら、インテル、マイクロソフト、シスコシステムズ、ヤフー、グーグルなどの米国を象徴する優良企業はこれほどの急成長をすることはなかっただろう。

　このように、シリコンバレー型企業を育成し続けたナスダックに始まる新興市場は、創業間もない新興企業にも上場の道を開いたのである。新興企業は当然ながら玉石混交であるが、日本でも東証マザーズ（IRI、ACCESS、CCC、スカパー［現スカパーJSAT］、DeNAなど）、ナスダックジャパン［現ヘラクレス］（USEN、ネクストコム［現三井情報］など）、ジャスダック（ヤフー、楽天、デジタルガレージなど）という3つの新興市場は、デジタル情報革命に関連した多くの企業に上場の道を開き、成長を加速させ、新産

業の創出に大きく貢献してきた。

◆創業第3フェーズとしての「株価の競争」

　「資金調達競争」と「顧客獲得競争」を勝ち抜いたベンチャー企業が株式上場までたどり着くと次に待っているのが「株価の競争」である。私自身上場企業の株主総会の議長を10回以上経験したが、必ずといっていいほど株主からの質問に株価に関する質問が出る。「株価の見通しは？」「株価を半年後にどういう値にしたいのか？」などの質問である。回答は、「株価は市場が決めるものなのでそのご質問に関しては回答できません。しかしながら……」というのが常であった。

　ところで、ベンチャー企業にとっての成長という意味で株式上場の意義を2つあげるとすれば、資金調達とM&Aである。そこで株価は、大きな意味を持ってくる。上場企業は常に買収の脅威にさらされ、いわば毎日が潜在的なM&A合戦の中にある。また冷酷にも株価が高い方が、正確には時価総額の高い方が低い方を買収する宿命にある。当然買収を拒否できる3分の1以上の株主の合意を取り付けていれば敵対的買収を拒否できるが、通常は、買収側が被買収側の時価の株価よりもプレミアム価格を提示する。このため、株主利益を考えるとプレミアム価格の買収拒否はかなり困難である。

◆「株価の競争」に勝ち抜くための方策

　上場企業がM&A合戦すなわち株価の競争に勝ち抜くには、とにかく常に「割高感」を見せ続ける必要がある。そこには、いくつかの株価指標があるが、割高感を保つという意味で3つの株価指標を取り上げて株価競争に対する考え方を整理しておく。

第1の指標：PER（株価収益率）

　企業の利益と株価の関係としての割安性を測るもの。「PERが低いほど、企業が稼ぐ利益に対して株価が割安である」といえる。PER（株価収益率）＝時価総額÷当期純利益＝株価÷1株あたりの利益（時価総額＝株価×

発行済み株式数）となる。したがって、割高感を維持するには、できるだけPERの値を高く保つ必要がある。

第2の指標：PBR（株価純資産倍率）

企業の純資産と株価の関係として企業の持っている株主資本（純資産）から見た株価の割安性を測るもの。「PBRが低いほど株価が割安である」といえる。企業が事業をやめて解散するとした場合、総資産から支払い義務のある費用を全て支払い、従業員に給与や退職金を払って、それでも資金が残った場合はそれらは全て株主に分配される。いわば解散価値ともいえる。

PBR（株価純資産倍率）＝株価÷1株あたり株主資本（BPS）。また、1株あたりの株主資本（BPS）＝株主資本÷発行済み株式数となる。したがって、割高感を維持するには、できるだけPBRの値を高く保つ必要がある。

第3の指標：ROE（株主資本利益率）

企業の収益性を測る指標。株主資本（株主による資金＝自己資本）が、企業の利益（収益）にどれだけつながったのかを示す。

ROE（株主資本利益率）＝1株あたり利益（EPS）÷1株あたり株主資本（BPS）となる。

1株あたり利益（EPS）＝当期純利益÷発行済み株式数
1株あたり株主資本（BPS）＝株主資本÷発行済み株式数となる。

したがって、ROEが高いほど株主資本を効率よく活用し利益を上げて高効率経営がなされていることがわかる。高株価は、ROEを高めることから保つことができる。

さらに興味深いことにROE×PER＝PBRという関係が成り立つわけで、これらの3つは、企業価値を考える上での基本指標であるといえる。

ここで、PBRが低いということは、「割安感」があるが株主資本による企業の収益性（ROE）も低くなっているといえるため買収対象としては要注意である。

ところで、以上の株価指標を意識して経営に当たることは基本であるが、

さらに重要なのが、IR（インベスター・リレーションズ）である。これは、企業が投資家に向けて経営状況や財務状況、業績動向に関する情報を発信する活動で、四半期に一度の決算報告会はもとより、機関投資家と個人投資家向けの個別のIR活動に注力すべきである。特に投資家は、顔の見えるCEOからの直接の声を聞きたがっているのである。投資家は、経営方針がよく考え抜かれたものか、実行力が伴っているか、などと同時に、経営が順調にいっていることだけではなく、CEOが困難に直面した時に逃げずに経営に取り組む姿勢を見ている。従って、積極的に投資家と直接向き合うIRは、株価の競争に勝ち抜く上での必須条件であるといえる。

Chapter 4

ビジネスモデルの重要性と考え方

1 ビジネスモデルとは

◘ **ビジネスモデルの目的**

　一般的にビジネスモデルといえば、ヒト・モノ・カネ等の流れをフローチャートのように図式化したモデル図を思い浮かべる人が多いだろう。かつて、ビジネスモデル特許が流行した頃からよく見かけるようになった。

　起業家にとって、ビジネスモデルとは文字どおり事業の仕組みと考えてよい。起業する上でビジネスモデルを考えていくとき、大きく2つのポイントがあり、まずビジネスそのものの仕組みすなわち、誰にどんな商品・サービスをどのように提供するのか、という仕組みの部分。もう1つが課金の仕組みすなわち、どのように売上を上げて回収していくのか、という部分である。

　事業体には個人事業からグローバルなコングロマリットまで考えられるため、ビジネスモデルという言葉を一義に明確な定義づけするのは難しく、会社の数だけビジネスモデルがあるといっていいと思うし、またそのようにあるべきだと考える。

　ビジネスモデルの位置づけについてみよう。企業の形態を表すものとしてしばしばピラミッド型のモデル図が用いられるが、最上段に経営理念、最下段に戦術があり、その過程にいくつかの段階がある。すなわち経営戦略、マネジメント、事業戦略があって、ここまでがビジネスモデルというものであ

図表 4－1　ビジネスモデルの位置付け

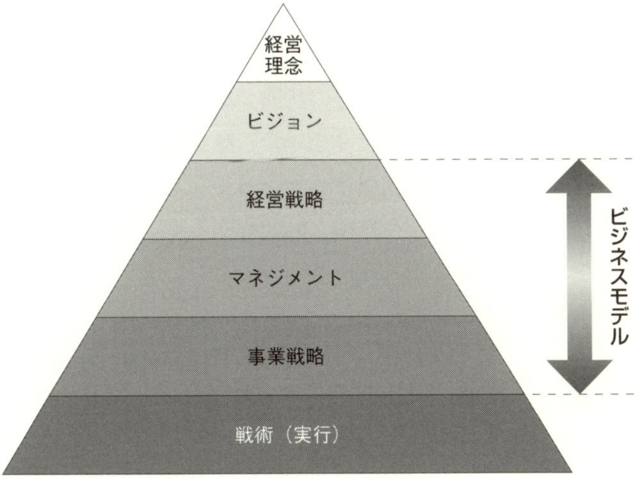
経営理念
ビジョン
経営戦略
マネジメント
事業戦略
戦術（実行）
ビジネスモデル

る。1つの事業だけを行っている会社の場合は、ビジネスモデル＝経営戦略である。いくつかの事業を行っている会社の場合はビジネスモデル＝事業戦略となるため、事業シナジーの基礎という意味においてマーケティング戦略に近くなる（図表4－1）。

ビジネスモデルは経営戦略の部分からマーケティング戦略の領域まで広く考えることになるため、この両者の視点を持ち、整合性の有無を検証しつつ、顧客価値提供と差別化のポイントはどこか、課金して事業化するポイントはどこかということを念頭に置きながら考えなければならない。

① 本業を行う基本

重要なこととして、どんな事業を行うに際しても前述の「仕組み」を明確に持てるか否かが事業の発展性に大きく関わる。また起業のフェーズではビジネスモデルの確立が必須だが、これは成長期に進むにつれ、どのように変化していくべきかを考える「基盤」を持てるか否かに左右される。

起業家の方とお話してしばしば感じることは、思い付きと思い込みで始めた後で当初の計画や見込みと違ったといった理由で悩むケースが多いということである。
　少々厳しいことをいえば、経営者は悩んではいけない。悩むという状態は答えが出ない状況であるから、その状態ではなかなか商売や経営が先に進まない。これは、考える材料が足りないか、解決方法を持っていないか、あるいはその両方という3つの状況ということになる。たとえ迷うことがあっても、悩むことがあってはならない。何度もぐるぐる同じことを考えている状態では時間の無駄だからである。時間がもったいない。悩んでいる状態の経営者ほど勉強しなくてはならない。

② 経営の継続性

　経営でいちばん大切なことは「続くこと」である。仮に初年度年商何十億円といっても、翌年売上が半減してしまったら税金が払えなくなって倒産する可能性が高くなる。税金は前年の実績に対して一定の割合で課税されるから、前年の半分しか売上がなければ今年の利益が前年の利益に対して大幅に下回り、現金が足りなくなってしまう。税金が払えなくなって倒産してしまうのである。
　いちばんよい経営とは、売上・利益ともに前年よりも少しずつ右肩上がりに上がっていくことである。これが無理なく商売を続けられる経営状態である。この経営状態を作り出すことが経営者に求められる仕事であり、「続ける」のと「続く」とは違う。
　会社の経営は、定性的には目に見えないため、経営者はそれぞれに考えながら経営されていると思うが、見えないものを見えるようにしたら少しは考えやすく、毎日の仕事に取り組みやすいのではないか。ビジネスモデルを構築することは、日々の経営施策にも効果がある。
　ビジネスモデル構築の重要な目的は合理的な計画である。すなわち、売上目標の達成か、コスト削減か、積極的な投資か、社会の変化への対応、市場の変化の先取りといったこともある。経営者はこれらの中から何をするか選

ばなくてはならない。いまある経営資源を元にどれを選択していくかということであり、実際には優先順位をつけて取り組んでいく実行の基盤が、ビジネスモデルであるということを強くお伝えしたい。

◆ビジネスモデルの重要性

市場の中で顧客と自社だけが存在するという場合、どのようなビジネスモデルであってもかまわないであろう。ただし現実の自由市場の中では、同じ事業をしている他の事業者、競合とか同業他社といわれるプレーヤーがいるので、同じ仕組みで事業をしていて顧客満足ができるのか、同じ競争環境の中でより顧客を満足させるためにはどういう価値を提供するのか、その価値をどういう仕組みで提供するのかということを落とし込んで考えることが大切となる。

また、事業をしていくと、数年～十数年と時間が経過した時に事業環境が変化していく、自社の強み弱みも変化していく。どのように社会が変化していって自社が対応していくのか、という展開思考がつねに経営者に求められる。自社のビジネスモデルを動かしながら変化に対応し自ら変化しながら今後どう進んでいくべきなのか、事業施策の動的な部分を調整しつつ、ビジネスモデルを確立し動かして強化していくことが、創業期から成長期に移るための課題となる。

① ロジカルシンキング

ビジネスモデルの考え方として、ロジカルシンキングでMECEにモレなくダブりなく考えることが大切である。顧客が求める価値にせよ、競合となるビジネスにせよ、非常に幅広く考え検討する必要がある。その上でどういうことができるのか、垂直思考で問題を深掘して検討していくことが経営者に求められている。ロジカルシンキングでビジネスモデルを考えることにより、失敗するリスクを減らし結果的に成功する可能性を上げていくということが経営の正攻法であり、この両者をしっかりと身につけることによって、様々な業態で事業を経営できるプロの経営者になっていく。

② **主体性の重視**

　端的にいえば自分だったらどうするかということである。経営の現場では、当然唯一絶対の正解なんてない。どこまで考えるか、これが正解に近づく唯一の方法となる。いわゆる読書をしてわかったようなつもりになることではなく、主体性をもって自分だったらどうするのか。常にイメージしながら一定の結論を出していくことが、現実の経営判断の際に血肉となって表れる。

　経営とは問題解決の連続であるから、合理的な問題解決ができるようになるために、この考え方のプロセスそのものが「経営者になって考える」ということとともに大切である。

　経営者は、どうやったらうまく経営できるか日々考えている。しかしながら、ある1つの業界をとっても非常に業績のいい会社と業績を上げるのに苦しんでいる会社がある。なぜか。人によって上手い下手ということがある。ならば、うまく経営して業績を上げるにはどうするか。勉強することが大切ではないか。勉強し疑似体験した人ほど実践で応用ができるようになる。競争に対応できるようになる。

　企業を経営していると、実際には業績が下がって苦しい時期がある。そういう苦しい時にビジネスモデルを一生懸命考えて工夫した結果上手くいったという場合もよくある。よく見るビジネスモデル図だけを見て、こういうビジネスモデルだからうまくいったと簡単に短絡して評価するのではなく、この経営者はどのように考えてどのような手を打ったのか、もっとよい方法はないだろうかと考える。自分だったらどんなやり方を採用してどのようなことになっていただろうかと想像をめぐらしながら主体性をもって考えることが、起業の前にとても大切である。

　ある経営者が「経営とは、売上を上げコストを下げ回転させること」と述べられた。これを3つに分解したい。まず、売上を上げる、次にコストを下げる、最後にそれらを回転させる、の3つである。

　売上を上げるだけでいいのか、景気が悪いからコストを下げるだけでいいのかということ。つまりバランスよく管理するという考え方が必要になってくる。身体の健康と同じように経営におけるバランスを維持していくことが

無理なく会社が続くということに繋がっていく。その基盤がビジネスモデルである。

③ 経営を回転させるということ

これは、バランスというコンセプトで考えるものである。よく経営についてヒト・モノ・カネといわれるが、これらをいつどこでどのように使ったら無理なく企業が続くのか。経営者に求められることは企業経営には頭を使えということである。

会社を成長させる時に自分の会社が市場におけるどの位置にあるのかということと、お客様に対してどのような付加価値を提供しているのかということ、付加価値を作り出すために会社の仕組みはどのようになっているのか、というようなことをしっかりと理解しておくことが基本となる。

そのうえで、今から将来に向かってどのように経営資源を使うのか、考え実行するのが経営者である。先に経営者は悩んではいけないと述べた。社長業の本質はプロジェクトマネージャーである。経営者は、企業というプロジェクトを維持し、前進させ、管理人として株主に報告する義務がある。

会社を前進させることに関連していえば、会社の業務は部下に任せることが必要である。部下に任せるというところから見れば、担当の取締役は担当分野のプロジェクトマネージャーである。同じように担当部署の部長も担当部のプロジェクトマネージャーである。課長も主任もプロジェクトマネージャー。仮に役職のない現場の社員であっても、自分の仕事の担当範囲についてはプロジェクトマネージャーであることが仕事の本質だ。現場の最先端の社員であっても、仕事のやり方というものがある。まず段取りがあって、次に作業があって、片づけがあって、報告があって、さらにまた次の準備があるという、一連のプロジェクトを管理しているわけだ。だから企業というものは、経営者以下末端の社員に至るまで全員がプロジェクトマネージャーでなくてはいけない。経営者というのは全体を統括する立場であり、これが社長業の本質である。

だからこそ経営者は、プロジェクトマネージャーで構成される会社組織ピ

ラミッドのなかで、プロ中のプロでなくてはいけない。企業というプロジェクトをマネージャーの集合体として動かしていくため、ビジネスモデルが重要な役割を果たすのはいうまでもない。

2　ビジネスモデルの考え方

▶ **顧客価値の提供**

お客様はどうしてあなたから買ってくれるのだろうか。何か買ってくれる理由があるからこそ買ってくれるのではないだろうか。ならば買ってくれる理由を知っているかがとても大切だ。

① **お客様とは**

1人のお客様が商品を買ってくださるということなら、同じ理由で他のお客様も商品を買ってくださるのではないだろうか。また、あなたがお客様の買ってくれる理由を知らないと、お客様に同じことをアピールして買ってもらうことができない。商売には、お客様が買ってくれるきちんとした理由が必要だ。

顧客が最終的に買うと判断するときの理由は総合的であることが多い。価格は大きな購買決定要因（Key Buying Factor）の1つだが、商品・サービスの特性がよい、何時でも手に入る、近くで手に入る、簡単に手に入る、アフターサービス等のフォローが充実している等々を、総合的に評価・判断している（図表4－2）。それらのニーズにどういう特徴づけをして自社の付加価値を提供するのか。

その理由で買ってくださるお客様がどのくらいいるのか、お客様のボリュームをとらえておくこと。売上は単価×客数で決まるため、ある商品・サービスについている値段と、買う理由があるお客様の数を掛ける。お客様が何人いるのかということを知っているということが、企業として売上を上げることの第一歩だ。

では次に、お客様を作るためにはどうしたらいいか。具体的には自分の商

図表4-2　顧客価値の提供

顧客　KBF
・特性
・提供場所
・価格
・サービス
・イメージ
︙

顧客価値

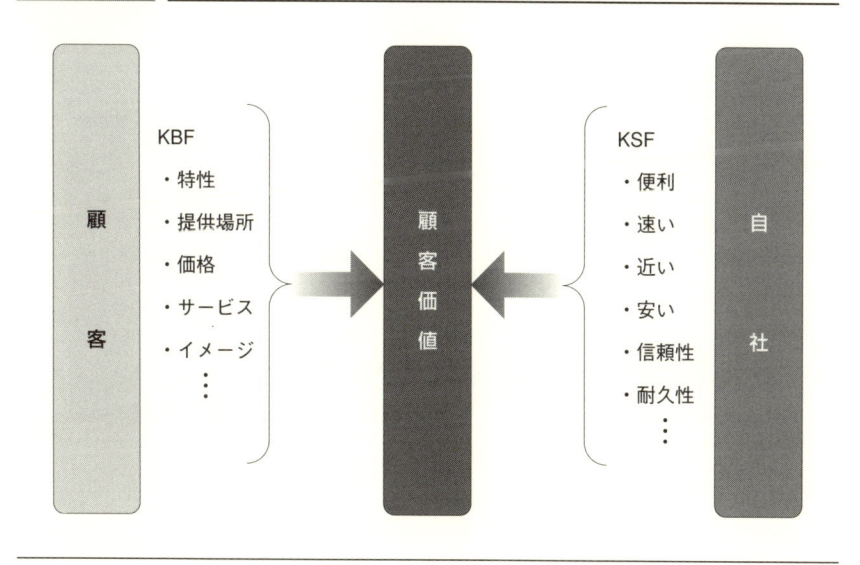

自社　KSF
・便利
・速い
・近い
・安い
・信頼性
・耐久性
︙

売の理想のお客様をきちんと1人思い描くということである。まず理想のお客様とはどこのだれか。年齢は何歳で、性別は男性か女性か。どんな趣味を持ち、どんな食べ物が好みか。どんなスポーツ、音楽が好きか。休日の過ごし方やライフスタイルまで。理想としているお客様に、商品・サービスを提供したら、どういう点が喜んでもらえるのかということを知っておくことが、同じ理由で買ってくれるお客様を広げていく最初のステップである。これが広い市場の中で顧客を押さえていくということである（図表4-3）。

② **価格の顧客価値**

さらに購買決定の大きな要因である価格の顧客価値というものについて考えたい。京セラの稲盛和夫名誉会長は著書『心を高める、経営を伸ばす』（PHP研究所）の中で「値決めは経営だ」と述べておられる。つまり値決め＝経営そのものというくらい重要であるということ。自社でオリジナルの商品を売りたいと考える。高く売れれば高く売れるほどうれしいけれども、

| 図表4-3 | 顧客価値 |

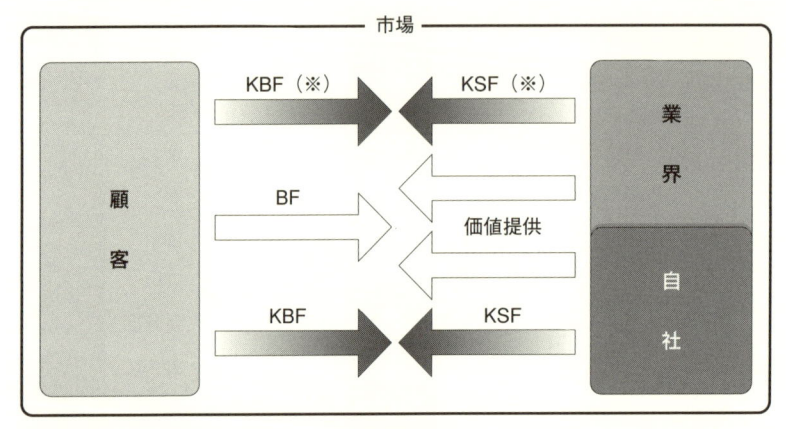

(図:市場のなかで、顧客 ← KBF(※) → KSF(※) → 業界／自社、BF → 価値提供 ← 、KBF → ← KSF)

- KBF：Key Buying Factor、KSF：Key Success Factor
- 自社が属する業界のKSFを押さえておくことは当然として、さらに自社独自のKSFを持つことが重要。

高くすれば購入できる人が少なくなってしまう。反対に安くすれば、購入できる人は増えるけれども値打ちが正しく伝わるかどうか心許なくなる。強気の値段と弱気の値段のどこがいちばん最適なのかは、なかなか難しい問題だ。人によって値打ち感や値ごろ感が異なることもある。ただ自分がいくらで売りたいと考えても、お客様が買ってくれるかどうかは全く関係がない。価格は信頼の表現だから、お客様が納得してくれてその上で払える値段を払ってくれる。お客様が払える金額が実際に決められる価格であり、その範囲のなかで自社のポジショニングと整合性のとれた価格が成立するということになる。

◎ ポジショニングと競争優位性

デフレの時代に価格競争になり「お宅は高いから買えない、他の安いところで買います」といわれてしまった時にどうしたらいいか。もっと違うやり方で競争優位性を高めることができないだろうかと考えることが会社を守る

ことに繋がっていく。価格競争があるとき、競合とかライバルというのは、必ずしも同業者とは限らない。同じ場所とか同じ課題に対する商品・サービスは全て競合となる。

　一見違うサービスであっても競合することがしばしばある。ホテルとウィークリーマンションの関係のようなものだ。

　何日か滞在する場合にはホテルに泊まることが多いが、1週間程度となるとかなりの出費になってくる。一方で、賃貸マンションは1カ月単位の契約が通例だが、それを細分化して1週間ごとに貸すというサービスもある。すると、ホテル業がこんな部屋でその他サービスがどうというプレゼンテーションで営業しているけれども、ウィークリーマンションは1週間単位で格安に部屋を貸します、あとは自由に部屋を使ってください、というプレゼンテーションになる。価格が全く違う激しく競合するということが起こる。

　こういったことを念頭に、自社ではどんなものを提供したらいいかを考えることが必要であり、顧客視点でその商品・サービスを購入する理由を考えるわけだ。だから、お客様の望む別の価値を考えて自社を位置づけることが必要である。こうしたユニークなポジショニングの確立が競争優位性に繋がっていくのである（図表4－4）。

差別化とブランド化の功罪
　また、差別化というときに「ブランド化しましょう」という話題が出る。マークのようなものをデザインしたからといって差別化できるのか、それが即ブランドになるだろうかということもある。顧客にとってみれば、マークやサインが貼ってあって、だからそれを選ぶかというと決してそんなことはない。そんな単純な話ではない。ビジネスの本質というものをもっと差別化しないと絵を描いてブランドと称しても意味がない。

　起業家に限らず、だれしも自分の強みや得手不得手があるが、強みや得意なところが仕組みになっているか、継続性があるかということはとても大切なことである。得手不得手を挙げたが、当然人間がやっている以上、なぜ売上が立って利益が上がっているか。一方苦手で弱い部分があると思うが、そ

| 図表4−4 | ポジショニング |

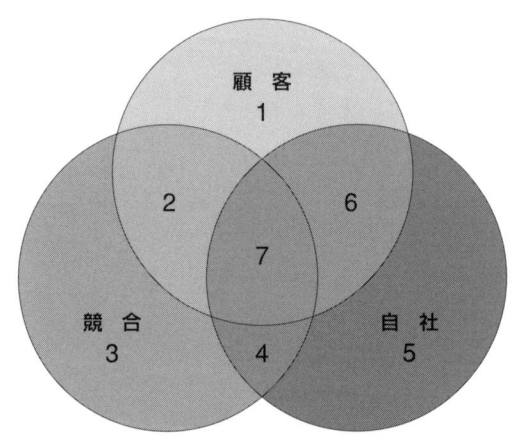

(ベン図:顧客1、競合3、自社5、顧客∩競合2、顧客∩自社6、競合∩自社4、三領域の重なり7)

※ 7の領域だけで事業を展開すると、激しい競争に巻き込まれて疲弊する。
※ 6の領域での価値提供をできるだけ拡大し、顧客からの認知を確立することが重要。

れをどのように克服するのかということはプロジェクトマネージャーの仕事として取り組まなくてはいけない。

　自社で提供する商品・サービスの価値創造を、内製で賄うのか外注するのか、金銭的メリットだけでなく総合的な判断を考えることが必要だ。またどんな企業であっても、物理的な限界があるということもある。上場企業で社会的信用が高くても倒産することもある。物理的な限界があるということをしっかりと踏まえておく。限界があることから自ずと事業領域をきちんと定めておくこと。どんな企業どんな事業であっても何でも手を出してはいけない。理想のお客様がいてまず自社の特徴を作り出し、その価値がきちんと伝わっているという理想の関係を思い浮かべて、その範囲に適切な投資をしていくということが大切である。そのことを通じて市場における自社のポジションというものを作っていくことになる。

　自社のポジションを確立するということは、経営において非常に大切なことで、会社が継続するかどうかの大きな半分の要素がこのポジショニングが

確立できるかどうかにかかっている。残りの半分が、利益が出せるかキャッシュフローがきちんと生み出せるかといったことによって決まってくるだろう。

◪ 課金の考え方

課金というテーマであるが、課金の考え方には2つある。

1つは事業の仕組みとしてどこから収益を上げるかという、よくあるビジネスモデル図でどのように売上を上げるかということが1つ。もう1つは、安定して事業を継続するために求められる「収益性の実現」であり、ビジネスモデルを作る上での課金とはこれこそが考えるべきテーマである。どのように収益性を構造化して実現するのかという動的な側面の方が重要である。

あなたの商品・サービスを買うのはお客様であるから、お客様の立場になって考えなくてはならない。そうしないと決められない。お客様の立場に立ったらいくらだったら支払えるのかということが考え方の切り口となる。また同時に、1回の支払いをいくらにしたら売れるのか、ということも販売の最前線の方は考えるだろう。デフレ社会のような安いものがうれしい、安かったら買うよ、そういう風潮が強いときには定価で買うということは少なくなり、割引しないと売れない、ということが当然のように起こってくる。

割引するということが市場の最前線で起こっているのであれば、いくらだったら払えるのかという顧客のニーズに対して、割引額を設計し割引された価格を当てはめていく。30％オフだとか50％オフとかという時に、その額を割り戻して上代を意識していく工夫や、最初からコストを見込んでおくことが大切である。

① お客様の財布の中を考える

ここで、お客様はいくらだったら払えるのかということについて、お客様の財布の中には予算の種類があるということがある。たとえば、毎日買う食料品はチラシを見比べ同じ商品だったら1円でも安いところで買いたいとか、日替わりの特売品があったら少し離れて遠いところまでいっても安いも

のを買いたいというふうに考えるだろう。しかし、これがまったく違うもの、たとえば着物を買いたいとなると、安かったら何でもいいかといったらそういう訳でもなくなってくる。

　ものを安く買いたいというのは人情だけれども、では安過ぎてしまったらいいのかといえばそんなことはなく、商品によって最適な価格というものがある。同じ牛乳であっても、紙パックの牛乳と、低温殺菌牛乳と、牧場などその場で絞りたての牛乳、あなた自身が絞って飲めますよという牛乳では、やはり値打ちが違う。値打ちが違うということは価格が違うということだ。

　ある1人のお客様がお金を払うという時に、その場面やオケージョン、シチュエーションによって値段が変わり得るということである。お客様は人間であるから、お客様のどういう場面なのかということに対して値段が決まってくる。先のデフレの例のように、競合がたくさんあり、需要が少ない時は競争が厳しくなってくる。こういうときにはどんどん価格競争になっていって、いちばん安いものでないと売れないということがある。ある程度の家電製品を買いたいとか、パソコンを買いたいというような時には、インターネットでいろいろ調べていちばん安い値段を提示したお店から買うということが起こり、いちばん安い値段を提示したお店は売れるけれども、それ以外の店は全部売れないということがあったりする。こういうことが競争の厳しいところで起こる。こういうときにどうしたらいいのか。ウチはとてもそんなは安い値段つけられないということがある、こういう時にどうやったら売上を上げていけるか、ということを一生懸命考えることが経営者や営業担当の仕事である。

② たとえばおまけを考える

　たとえば、お得なおまけをつけることで価格を上げられないか、ということを考えることはとても大切となる。一例として、家電製品の通販会社があったとして「この商品はあれも付けてこれも付けて何もつけて、これだけ全部セットになって、はいいくら！」というようなことが行われる。いろいろセットにして入っていて「はい、いくらです」といえば、とても値打ちがあ

って安く買えるという印象を作り出すことが可能になる。チラシという場面で価格競争するととても勝てない。そういう値段ではとてもいい商品を提供することは難しいというようなときには、別の場所でお客様の財布の中の別の予算を探り当てる努力をする。これが価格設定でとても重要なポイントであり、これによって価格というものは動かすことができる。

　これらのことをきちんと踏まえ、いちばん最初に設定した理想のお客様と一致して売上が上がっているのかどうか、ということを考えるのが売上を上げるためのポイントである。

　最悪なのは、競合と同じことをやることだ。競争における脅威を考える時のポイントというのは、競争によって自分の経営が不利に転じるため、自社のコストが相対的に上がってしまうということを指す。自社の環境が変化しているにもかかわらず、経営努力を怠って変化に対応しないでいると、自社の体質がどんどん高コスト体質になってしまう。これが定量的にとても大切なところで、市場は日々変化しているから、コストを下げるという努力をいつもすることが経営者・マネージャーの大切な仕事の1つである。

③ 流通の重要性

　収益性のところで、もう1つ大切なところを押さえていきたい。それは流通だ。専門用語でいうとチャネルという言い方をする。流通は、あなたの商品やサービスが提供される場所を指す。

　なぜ流通が重要なのか。あなたの商品やサービスが流通チャネルによって価格が決まるということがあるからだ。たとえば、同じ商品であっても百貨店とスーパーとでは価格が違う、スーパーとコンビニでは価格が違うということがよくある。あなたの商品・サービスをどこの場面で流通させるかということは経営上の一大事だということだ。これは是非積極的にデザインしなくてはならない。普段買い物する場合であっても経営者は、ただ単純に買い物していてはだめで、目の前にある商品やサービスをどのように利用するのか、自社または自分のお店で利用できないか、なんとか応用できないか、というふうに考えることが大切であり、こういうことを考えていくと、日常の

生活習慣をどのようにしたらいいのかと見つめ直すことにも繋がる。経営者は、市場なり社会の変化というものに対して目を向け行動して、それを自分の会社の経営に反映させる努力を継続していただきたい。

　さらにもう1つ、回転差資金というものを知ってほしい。創業期は手元資金を確保しておくため、経費はなるべく変動費化することが重要だ。変動費というのはその都度、使うたびに払うコストで、できればその支払う時期も売上代金を回収した後で払う方が無理なく支払いができ、回収と支払いの期間差だけ無金利で資金調達ができたのと同じ効果がある。これがプラスになるビジネスモデルを確立した会社は、運転資金の手当てが容易となり「無理なく続きやすい」、安全性が高い体質の会社になる。ここまで、もう一度最初から振り返り、ぐるっと1回転させて考えていただきたいと思う。

3　ビジネスモデルの策定

◆バリューチェーンの設計

　バリューチェーンというフレームワークをご紹介したい。これまで顧客価値や競合、自社のポジショニング等を考えてきたが、ビジネスモデルを作るということは、最終的には自社のバリューチェーンを作るということだ。フレームワークというのは考え方の枠組みのことである。このバリューチェーンは日本語では価値連鎖というふうに訳されるが、自社内の価値創造のプロセスを分析したモデルである。ビジネススクールでは企業の事業施策とその効果を分析するために用いられることが多いが、起業に活用するのであれば「ビジネスシステム」と捉えて、自社の価値生産の仕組みを可視化して活用する方がよい。

　バリューチェーンとは、全体の大きな矢印が仕入れなり製造の方からお客様に提供する側のサービスまで、川上から川下に向かって多段階に区切られ、そこで何をしているのか、それぞれの施策がどういう効果をもたらすのかということを考え、最後に利益がどの位上げられるのかということを見ていく。自社をより強くしたいという時にも効果的に活用できるので、起業家のそれ

| 図表4－5 | バリューチェーン |

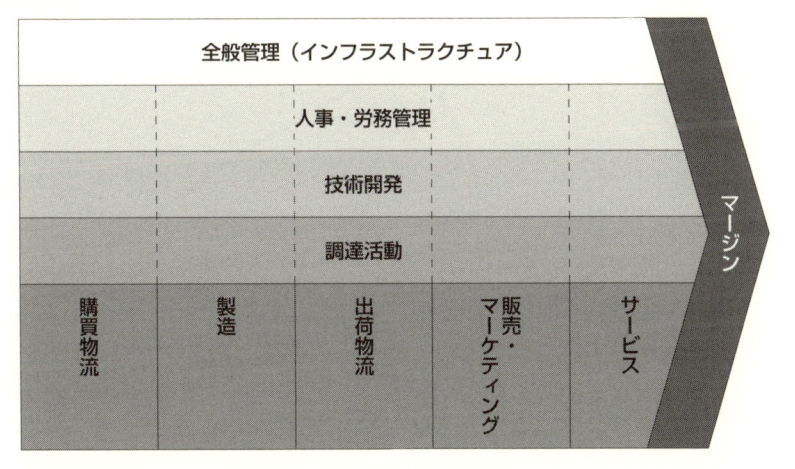

```
┌─────────────────────────────────────────┐
│       全般管理（インフラストラクチュア）        │
├─────────────────────────────────────────┤
│            人事・労務管理                   │
├─────────────────────────────────────────┤
│              技術開発                       │
├─────────────────────────────────────────┤
│              調達活動                       │
├──────┬──────┬──────┬──────┬──────┤
│ 購買 │ 製造 │ 出荷 │ 販売・│ サー │
│ 物流 │      │ 物流 │マーケ │ ビス │
│      │      │      │ティング│      │
└──────┴──────┴──────┴──────┴──────┘
                                      マージン
```

出所：M・E・ポーター『競争優位の戦略』ダイヤモンド社

ぞれのフェーズに応じて用いることが可能である（図表4－5）。

　起業を考えると、すでに存在している市場に対し後発として参入する場合と、まだ存在していないこれから顕在化するであろう新市場に参入する場合とでは、事業のアプローチは違って当然である。前者の場合も、市場の成熟度によってどのように参入するかということは、自社の仕組みを構築する方法に直接影響する大きな問題である。

　市場の成熟度とそれに対するアプローチをみるのに、プロダクト・ライフ・サイクルという考え方がある。これはどんな商品・サービスであっても寿命があるという考え方からきており、それぞれの市場の現況に対して、今後どのような施策が可能なのかを検討することが起業を成功に導くうえで重要である（図表4－6）。

参入する市場が導入期のとき：
　需要は小さく新商品・サービスの認知度が低いのでマーケティング費用がかさむ。需要の開拓のため積極投資が必要で利益がでにくい。ここでの経営

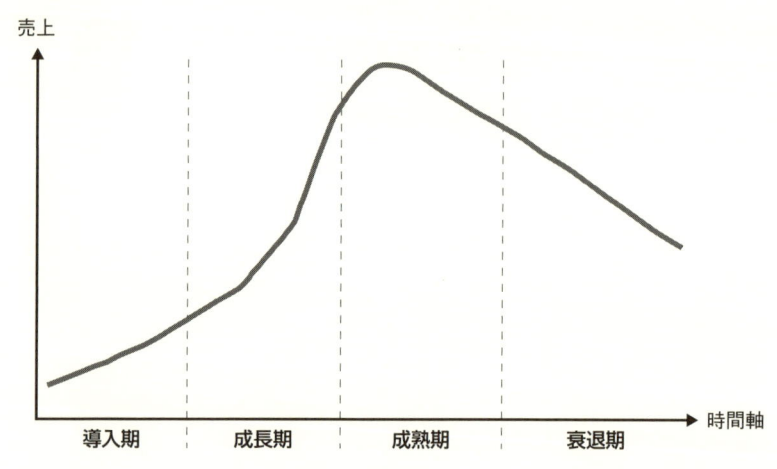

| 図表4−6 | プロダクト・ライフ・サイクル |

（グラフ：縦軸「売上」、横軸「時間軸」。導入期・成長期・成熟期・衰退期の4区分。成熟期でピークを迎え、衰退期に向かって低下する曲線）

出所：グローバルタスクフォース『通勤大学MBA（1）マネジメント』総合法令出版

目標は事業を成長軌道に乗せることだ。

市場が成長期のとき：

　需要は大きくなり売上高が急速に増大するが、市場への参入が増え競争が激化するので、シェア確保のため引続き投資、サービス品質や生産技術の向上、組織整備等々のマネジメントも同時に整備が要求され経営にかかる負荷が最も大きい。

市場が成熟期のとき：

　消費者の大半が購入済みで市場が飽和してくる。売上も成長から鈍化へと向かうため利益が低下する。したがって既存顧客の購買幅や購買頻度の増大が施策の中心となる。

市場が衰退期のとき：

　この時期に参入することは少ないだろうが、事業を再定義することによって、新しい市場を創造することもあるので、M&Aなどを有効に活用することで新しい市場のリーダーになる可能性もある。

図表4-7　市場でのポジション（競争地位）と戦略

競争地位	戦略課題	基本方針	戦略ドメイン	戦略定石
リーダー (Leader)	市場シェア 利潤 名声	全方位型 （オーソドックス） 戦略	経営理念 （顧客機能中心）	周辺需要拡大 同質化 非価格対応 最適市場シェア
チャレンジャー (Challenger)	市場シェア	対リーダー差別化 （非オーソドックス） 戦略	顧客機能と独自能力の絞込み （対リーダー）	上記以外の政策 （リーダーができないこと）
フォロワー (Follower)	利潤	模倣戦略	通俗的理念 （良いものを安くなど）	リーダー、チャレンジャー政策の観察と迅速な模倣
ニッチャー (Nicher)	利潤 名声	製品・市場特定化戦略	顧客機能、独自能力、対象市場層の絞り込み	特定市場内で、ミニ・リーダー戦略

出所：嶋口充輝『戦略的マーケティングの論理』誠文堂新光社より加筆作成

　既存市場に参入する場合、後発での参入になるから、市場でのポジションはチャレンジャーかニッチャー、もしくはフォロワーのどれかからスタートする（図表4-7）。自社の提案する顧客価値に応じてどのポジションか意識することが、ビジネスモデルとバリューチェーンの整合に重要な要素となる。起業家の方はモチベーションが高く、情報に対するアンテナも高く掲げているので、市況や新商品等に関する情報に敏感だが、マスメディア等で報道される「これからは、こんな商品・サービスが旬だ」という情報に必要以上に振り回されてはいけないことがわかるだろう。起業において自社のバリューチェーンを作るときには、まず参入する業界や商品・サービスの市場成熟度を押さえ、新規参入者としてのアプローチを決定したうえで、自社の価値創造を構造化していくというプロセスになる。

◨ 事例 - Eライン

　儲かっているか、キャッシュがきちんと回っているか、ということと、そ

れを実現するために市場においてきちんとポジションを確立できているか、これが経営を回転させる車の両輪である。ポジションの確立は市場の中で行う。したがって、顧客を知ること、顧客に対する自社の在り方というものが極めて重要である。この両者を上手に確立したEラインという会社の事例で学んでいきたい。ビジネスモデルの確立がいかに大切かという好例である。

Eライン

　Eラインは軽貨物運送業である。貨物を運送する運送業は、使用する車両により必要な許認可が異なり、普通トラック等を使用する場合には一般貨物自動車運送事業経営許可が該当し、最低5両の車両と運転手等の設備投資が必要になるが、軽自動車を使用する場合には軽貨物自動車運送事業届出が該当するものの、要件が緩く最低1両の車両で事業を開始できるため、自宅を事務所兼車庫として登録できるなど参入しやすく、携帯電話1本で引越し荷物の運送を受注できるなど、サラリーマンからの独立職業として人気がある。

　一方で、軽貨物運送業はこの参入障壁の低さから競争が厳しい業界としても有名である。ほとんどの事業者が1人で独立して事業をしているため、携帯電話で受注をしながら集荷、荷積み、配送、荷降しをこなしているのが実情である。このため、一度に大量の運送量があるときはよいが、小口の荷物を大量に運送する場合には処理できる荷物量および運送できる移動距離に限界があり、売上に波があるなど業績が不安定になりやすい。また、受注時の運送契約書等の書面のやり取りが不完全になりやすく、悪質な荷主の場合には運賃の支払いが非常に遅い、または支払わない等のトラブルも発生していた。

　Eラインは、I社長がひとりで創業し、主に大手企業の物流・配送センターから梱包、集荷、荷積み、運送を請負っていた。それでも、上記のようなトラブルを経験したことで正確な事務処理の重要性を痛感し、運送部門と営業／事務部門を分業することにした。

　I社長は同業者に声をかけ、格安の手数料で営業と事務処理はEラインが担当し、実運送部分を提携する同業者が担当する内容の業務提携に成功。既存顧

客の物流・配送センターでの受注分からEラインで管理し、受注する荷物の種類や量によって使用する車両の種類や運送担当者、物流・配送センターへの到着／出発時刻等を最適に選択したうえで運送担当業者に運送依頼をしている。この分業体制の確立により、荷物の運送区域に近い事業者を選定して運送を依頼することなども可能となり、車両と事業者の稼動効率の向上が実現し、運送担当の事業者もEラインに手数料を支払ってもEラインからの受注の方が運送効率が良く売上が伸びるなど、メリットを享受している。

また、それぞれが独立した事業者であるため、物流・配送センターからの荷物に季節変動等による減少があっても、荷物が少ない時期には各々の営業活動をすることが可能である。この高い稼動効率により、近年では荷降し、荷物の一時預かりをする等、業務プロセスごとに細かく分業を進めることでさらなる業務効率の向上を計り、順調に事業を拡大している。

◆解説

Eラインという会社について、事例の文章より、ファクトを押さえるところから始めたい。まず、軽貨物自動車運送事業で軽自動車1台から始められる職業だということ。初期投資も少ない事業ということ。業界の特徴として、個人事業者が極めて多い。参入障壁が低く特殊な免許もいらず誰でもできるので、荷物獲得競争、価格競争が激しく行われている業界であること。次に、事業者自身の構造として、間接部門（経営管理、事務、会計、法務）といった部門が弱い。集荷、配送、荷降し等の直接付加価値を作っている部分は自分でクルマを運転して配送するのでその場で解決できるのだが、事務とか会計、法務といった経営管理の部分が弱いので、Eラインの特徴として業務提携により運送の分業体制を確立しているということが挙げられる。

具体的にEラインの事業のビジネスモデルを見る前に、顧客側の大手企業と競合である他の事業者がどのように事業しているかというところを考えよう。

① **顧客企業の特徴**

　たとえば家電メーカーのような企業を念頭にすると、大手企業のバリューチェーンとしては、研究、製造、販売、マーケティング、サービスなどの流れの順番となる。他の大手企業というのは製品物流センターを自社もしくはグループで保有するケースが多いが、内部オペレーションまで自社で手掛けることは少なく、物流を運送業者に委託することが多い。Eラインは、この物流配送センターから業務を受注している。

　次に一般的な運送業界の特徴をやはり押さえておきたい。物流の特徴として、運送業者が物を運ぶ際にまず荷物の梱包作業がある。その後、梱包された荷物の集荷、仕分け、荷積み、さらに実際の運送があって、最後に荷降しがあり完結している。これで物流構造が完結しているのだが、運送業というのは、業界の特徴として伝統的に運ぶことが原則のため実運送専門の前後のオペレーションというのが分離してしまっている。これが運送業の伝統的な仕事のやり方である。トラック運送業をやるということは、トラックを運転して運ぶことことだけが仕事であって、誰がやっても同じ仕事になってしまっているために価格競争の原因となっている。

　運送前の梱包や集荷は、倉庫業者やピッキング業者のような専門の業者で、荷降しも宅配便のような業態の場合にはドライバーが行うが、BtoBビジネスの物流センター間で運送するときには、やはり到着地で専門スタッフが待っているという構造になっている。したがって、同じ運ぶなら安い方がいいということになっている。

② **Eラインのビジネス**

　Eラインは同じ運送業でもどのような仕事の仕方をしているのかということがポイントである。Eラインは、物流の梱包をして、集荷し、仕分けし、荷積みし、運送し、荷降しというこのすべてのプロセスを事業として請け負っているというのがビジネスモデルである。言い換えれば物流プロセスのすべてを仕事としている。この物流プロセスでの管理が一貫しているということが、荷物の誤配や遅配、破損事故率が低いという効果に繋がり、顧客企業

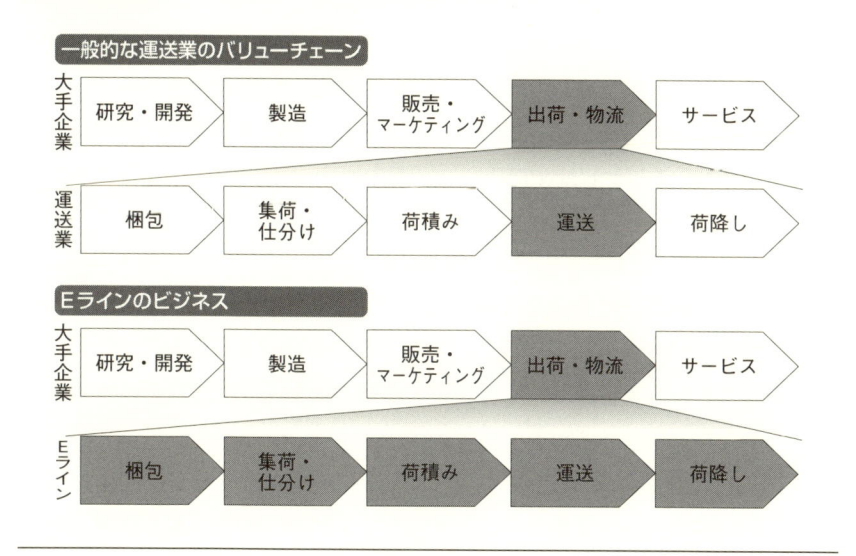

図表 4-8　Eラインのビジネスと一般運送業との比較

一般的な運送業のバリューチェーン

大手企業: 研究・開発 → 製造 → 販売・マーケティング → 出荷・物流 → サービス

運送業: 梱包 → 集荷・仕分け → 荷積み → 運送 → 荷降し

Eラインのビジネス

大手企業: 研究・開発 → 製造 → 販売・マーケティング → 出荷・物流 → サービス

Eライン: 梱包 → 集荷・仕分け → 荷積み → 運送 → 荷降し

にメリットを提供している（＝**顧客価値**）（図表4－8）。

　梱包や集荷、仕分けのノウハウは、物流の現場で非常に重要な要素になっており、物流センターには様々な方面からトラックが到着する。もちろん到着予定時刻というものがあるが、実際の現場では道路の状況に大きく影響を受けるため、バラバラに到着することが多い。

　ほぼ毎日行われる集荷や仕分け等の作業があり、バラバラに到着しバラバラに荷降しされる荷物の合間に、限られたスペースをやりくりしながら荷降しを視野に仕分けや荷積みを行う。集荷や仕分けをスピーディーに行うためには、経験によるノウハウが非常に重要な分野である。ここをEラインは一括して請負うことを自社で手掛け、ここに非常に強みをもっている。しかし、ビジネスモデルとしてはこれだけではまだ弱い。

　一般的に物流事業者は、こういった雑多な現場の仕事をやっているため事務処理などの間接部門が非常に弱く、事務処理が後手に回る、場合によっては行われないというようなことがあったりする。Eラインは大手企業の物流

配送センターから物流を一括して請け負って受託する。それを提携している仲間の軽貨物事業者に実作業の手配をするわけだ。提携している軽貨物事業者が大手の物流センターの現場に出向き、集荷、荷積み、荷降し等の物流業務をすべて行う。Eラインが間接部門の窓口になって物流センターの大手企業の方に請求・決済をして、最終的に事業者にも提携条件通りに精算するモデルになっている（＝収益性の実現）。

③ Eラインという会社が生み出している顧客価値

　ここでいう顧客は大手企業の物流センターだが、顧客に他の企業にはないどのような価値を提供しているのかというところを押さえておきたい。一括して物流プロセスを受託しているため、荷物の遅配率や破損事故率が低いということをみてきた。運送業では破損事故というのは意外に多く、定義にもよるが業界全体では時期や品物によっては3％くらい破損してしまうということも起こる。荷物の事故率が低いということは、顧客にとって最も大きなメリットである。物流センター内の作業をすべて請けるため、一般的にセンター内の作業を各専門業者に発注するはずがEラインだけに発注すれば済むので管理コストの削減効果がある。ここも顧客価値に反映されている（＝顧客価値）。

　また、Eラインは運送業の価格競争に巻き込まれずに物流センター内の作業分も合わせた料金で受託でき、これにより安定した粗利益確保が可能になってくる。運送料金としては多少高くなってしまっても有利な価格で受託できる。そういう競争優位性を持っている。実配送を担当する軽貨物事業者はそれぞれ独立した事業者であるため、車両のような固定資産に経費負担を原則的にしなくてもよくなる。もし担当者が運べなくなっても、業界の構造から代わりの配送業者は調達可能という体制を作ることもできる（＝競争優位性）。

　もし顧客側が他の業者との変更を検討したとしても、物流ノウハウの点でEラインに劣るため、安定した運送ができなくなってしまう。仮に低料金の競合が現れても、誤配、遅配、破損事故率といった事故発生率が上がってし

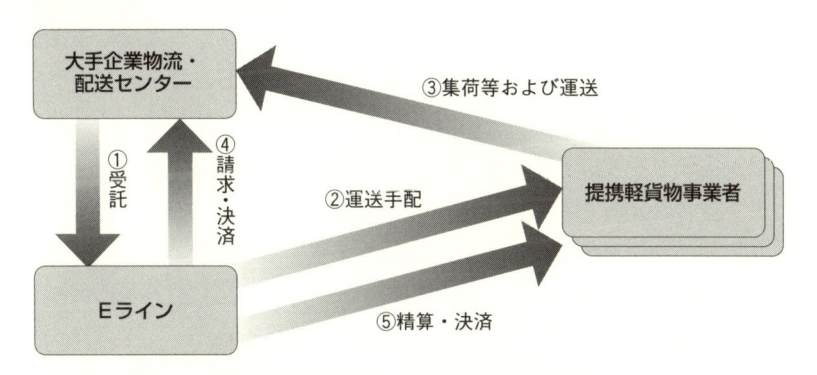

図表4−9　Eラインのビジネスモデル

```
大手企業物流・配送センター ←――③集荷等および運送――― 提携軽貨物事業者
    ↓↑                                                        ↑
  ①受託 ④請求・決済      ②運送手配 ―――――――――――→
    ↓↑                                                        ↑
  Eライン ――――――⑤精算・決済―――――――――――→
```

※各ステークホルダーの効果
　顧　　　客：高品質なサービス＆リーズナブルな価格の提供を安定的に受けられる。
　提携業者：売上の安定＆間接部門の省力化メリットが、自社独自運営を上回るので、持続的な協
　　　　　　力関係が構築・維持できる。
　競合他社：ノウハウと効率の面で参入障壁が高く、Eラインの地位をリプレイスするのは難しい。
　自　　　社：分業による効率化＆発展可能な事業形態の確立により、成長の基盤ができた。

まい、総合的にデメリットが大きくなる。このことにより他の業者にとって代わられる代替可能性も非常に低い。模倣しにくいビジネスモデルを確立しているといえる（＝ポジショニング）。

　Eラインは、このビジネスモデルを確立することにより市場の中でも明確なポジションを確立している。これが非常に重要な点である（図表4−9）。

　さらにEラインで特筆すべきポイントは、各作業ごとの高効率を維持しながら規模の拡大を図っていけるということである。Eラインの市場を取ろうと思っている後発企業が、すぐに模倣できないところまで高効率化が進んでいる。

　したがって、Eライン以外は同じ事業を模倣できない、というポジションを確立しているということが成功のポイントである。

　Eラインは軽貨物運送事業に特化している要素も重要である。軽自動車のトラック事業者は、車両1台しか持っていない場合が多く小規模であり、広範囲な配送エリアをあちこち行かなくてはならないため効率が悪く、単独

での成長が難しい。Eラインはこの弱みを強みに転じさせるために何をやったか。軽自動車の事業者を集め業務提携を図っていった。これによって特定の配送エリア毎に担当制として最適化することにより、さらに高効率を達成できる。決まった地域をよく知っているドライバーであれば、渋滞や事故の影響を受けることが、土地を知らないドライバーに比べれて少なく、非常に高効率が達成しやすいというメリットがある。

ここで経営者は何を考えるべきかといえば、どんな企業であっても必ず弱みがあるということであり、何もかも強みであり有利だということはない。この弱みを強みに転換するにはどうしたらいいのか、何をしたらいいか、ということを考えることが経営者の仕事ということになる。

自社のポジションというものをみてきたが、自社のポジションを市場で確立することと、その基礎となる商品・サービスを考えてみよう。自社のポジションを確立・強化していくために、サービスを尖らせるということ。何を尖らせたらいいかということを考える。第一の原則として、他にない商品、サービスであること。これが極めて大切となる。

「他にない商品、サービス」を考えよというと、悩んでしまう方が多いが、他にないといっても商品、サービスにはたくさんの要素が含まれており、そもそも製品が違う、製品の特性、生産、サービス、経験、デザイン、ラベル、属性、またブランドが確立している等がある。商品の見た目であるパッケージひとつとってみても正しいと言えるのか。パッケージングが親しみやすいか、サポートが表示されているか、十分に手厚いか、社会的責任を積極的に果たしているか。こういうことを総合することによって、他にないサービスが作り上げられる。

1つだけ差別化する言葉だけではダメだ。やはり弱い。様々な部分を尖らせていき、市場の中でポジションを確立していくことだ。

これらが、結果的に「差別化」という言葉によって市場で各ポジションを確立することになっていく。お客様からも信任されて受け入れられ言葉となり記憶に残る。極めて大切な視点は、お客様からみてそれが受け入れられるのかどうかということであり、差別化された特徴の何が顧客にとって重要な

ポイントなのかということで優先順位が決まっているということである。これに対して自社のどこが強みで弱みをどのように強みに転換させるかによって本当の強さになっていく。これが企業を発展させるために求められるビジネスモデルのポイントであり、ここを見極めた上でヒト・モノ・カネ等の経営資源を投入していくことが企業継続のために求められるのである。

参考文献

マイケル・E・ポーター『競争優位の戦略』土岐坤ほか訳、ダイヤモンド社（1985）
齋藤嘉則『問題解決プロフェッショナル「思考と技術」』ダイヤモンド社（1997）
グローバルタスクフォース『通勤大学MBA（1）マネジメント』総合法令出版（2002）
嶋口充輝『戦略的マーケティングの論理』誠文堂新光社（1984）
デューン・E・ナップ『ブランド・マインドセット』阪本啓一訳、翔泳社（2000）

Chapter 5

事業を安定させる収支計画

1　計画の種類

まず計画を立てる時には、次の視点で計画を区分しながらみていくとよい。

▶総合計画（全体計画）と部分計画
事業計画書または経営計画書と呼ばれる計画書は、次図のような「総合計画」と「部分計画」がある（図表5－1）。

▶短期計画と中長期計画
次に計画を時間軸で区分すると、次図のように長期・中期・短期とに区分される。

一般的には中期計画を作成し、その後に短期計画の単年度計画書を作成する。短期と中期の策定順を逆にして、現在の延長線上での5年後中期計画書を策定してはならない。長期計画はさらに概ね10年先の計画とする。中期計画以上に現状の制約条件を解除して立てる計画であり、「夢への挑戦」として作成する。未来から思考する計画としては10年くらいのスパンがあるとよいだろう。

単年度計画は、月次ごとに緻密にかつシビアに作成するのに対し、中期・長期は「明るく夢のある計画」にしなくてはならない（図表5－2）。

図表 5−1 総合計画と部分計画

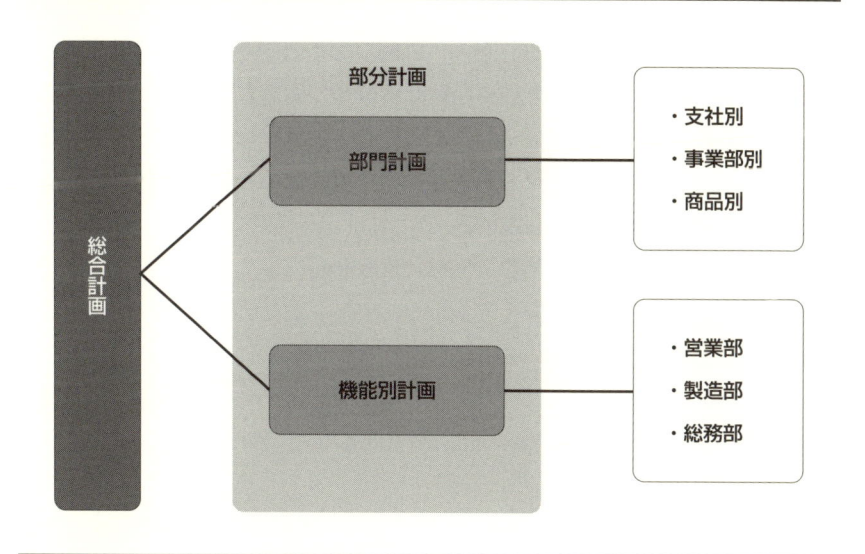

総合計画
部分計画
- 部門計画
  - ・支社別
  - ・事業部別
  - ・商品別
- 機能別計画
  - ・営業部
  - ・製造部
  - ・総務部

図表 5−2 期間による計画

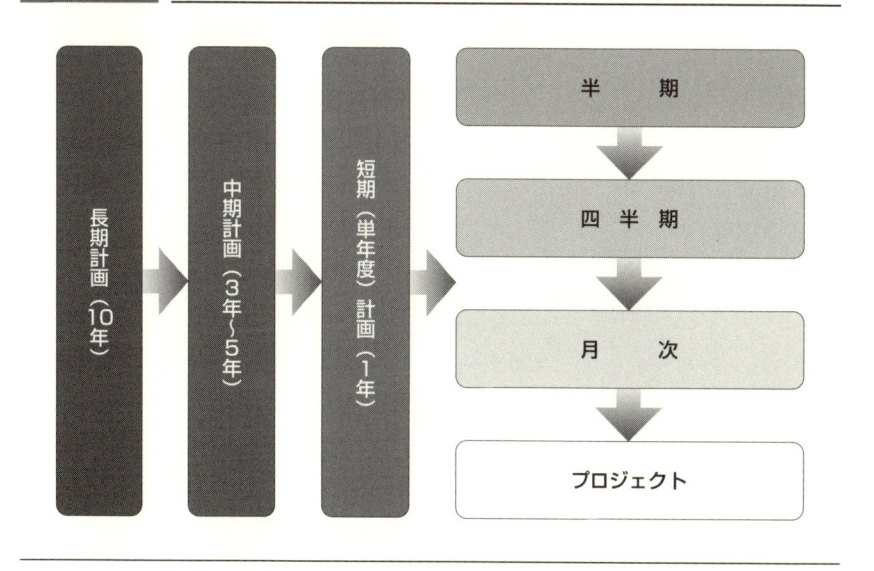

長期計画（10年） → 中期計画（3年〜5年） → 短期（単年度）計画（1年） → 半期 → 四半期 → 月次 → プロジェクト

Chapter 5 事業を安定させる収支計画

◻ **定性的計画と定量的計画**

　事業計画書は、定性的計画と定量的計画の両方で構成されている。

　収支計画書は、この定量的計画の代表的なものとなる。数値計画がいくら緻密に計画されていても、個人別行動計画書まで明確にしないと計画達成は難しい。事業計画を「絵に描いた餅」にしないためには、上司から与えられた目標値ではなく個人個人自らが主体的に「成長するための目標値」として作成したものでなくてはならない。

　この行動計画書は、個人別に「5W1H」を中心にして作成していく必要がある。これを「アクションプラン」といい、ここまでを事業計画書に併せて作成することで、ビジョンが現実に近づくことになる。

　そのために以下で述べる「バランススコアカード」と、「PDCAサイクル」での検証（Check）と対策（Action）が重要になる（図表5－3）。

図表5－3　定性的計画と定量的計画

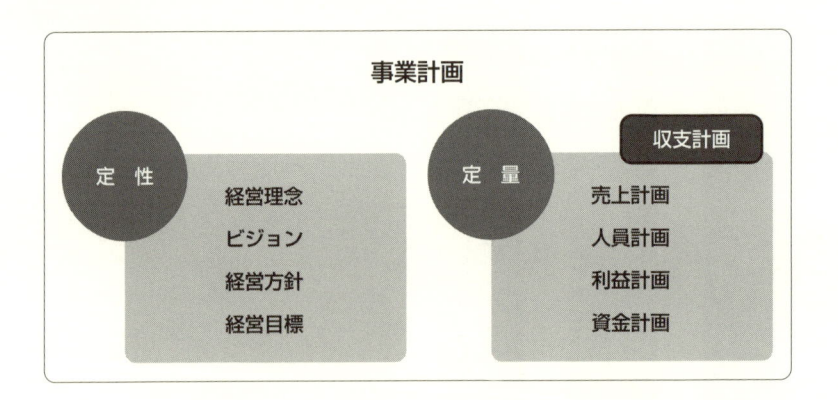

```
                         事業計画
    ┌─────────────────────────────────────────────────┐
    │  ┌──┐                         ┌──┐             │
    │  │定│   経営理念              │定│   売上計画   │  ┌収支計画┐
    │  │  │   ビジョン              │  │   人員計画   │
    │  │性│   経営方針              │量│   利益計画   │
    │  └──┘   経営目標              └──┘   資金計画   │
    └─────────────────────────────────────────────────┘

    ┌─────────────────────────────────────────────────┐
    │              行動計画（5W1H）                    │
    └─────────────────────────────────────────────────┘
```

図表5-4　利益計画と資金計画

```
                    収支計画書
┌─────────────────────┬─────────────────────┐
│      利益計画書      │      資金計画書      │
│   ┌───────────┐    │   ┌───────────┐    │
│   │ 売上計画書 │    │   │資金繰り計画表│    │
│   └───────────┘    │   └───────────┘    │
│   ┌───────────┐    │   ┌───────────┐    │
│   │ 人員計画書 │    │   │資金運用計画書│    │
│   └───────────┘    │   └───────────┘    │
│   ┌───────────┐    │   ┌─────────────────┐│
│   │部門別計画書│    │   │予想キャッシュフロー計算書││
│   └───────────┘    │   └─────────────────┘│
│   ┌───────────┐    │   ┌───────────┐    │
│   │予想損益計画書│   │   │予想貸借対照表│    │
│   └───────────┘    │   └───────────┘    │
│   ┌─────────────┐  │   ┌─────────────┐  │
│   │予想変動損益計画書│ │   │予想資金別貸借対照表││
│   └─────────────┘  │   └─────────────┘  │
└─────────────────────┴─────────────────────┘
```

▶利益計画と資金計画

　次に収支計画書は「利益計画書」と「資金計画書」に分けられる。

　それぞれ特徴があり、利益計画書は、企業の中でも作成しているところは多い。売上から利益算出までの過程を表しており、主に営業面での計画になる。しかし、財務体質強化の視点は含まれておらず、キャッシュが不足し「勘定あって銭足らず」の状態になる場合があり、そのためにも資金計画書を作ることが望まれる。

　したがって収支計画はいずれか1つというより、利益計画と資金計画を併せて作成していく必要がある（図表5-4）。

2　事業収支計画策定の前に

　以上みてきたように、収支計画書は事業計画書もしくは経営計画書の一部であるが、この収支計画書を作成するには、下記の順により、経営理念に基

| 図表 5-5 | 経営理念の構造 |

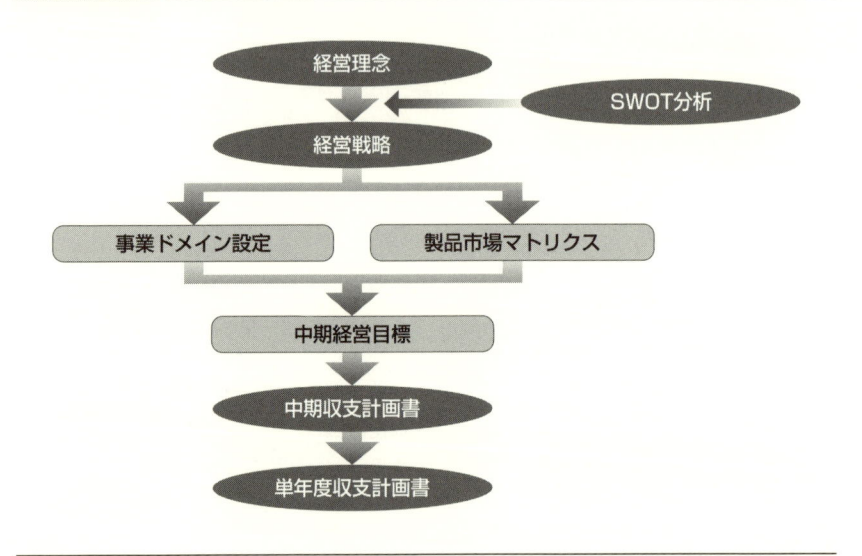

```
             経営理念
                ↓  ← SWOT分析
             経営戦略
            ↓       ↓
    事業ドメイン設定   製品市場マトリクス
            ↓
         中期経営目標
            ↓
        中期収支計画書
            ↓
        単年度収支計画書
```

づいたものにならなくてはならない（図表5-5）。

◻経営理念（ミッション・ビジョン・バリュー）

　経営理念はなぜ必要か？　1人で起業する時でも、取引先や金融機関への説得手段になるだけでなく、これから採用していく社員に対しても、そのビジョン等が明確であれば事業に対する共感が生まれ、ベクトルを合わせることが容易になるからである。

　①創業の動機、②事業の目的、③将来ビジョンは、早い時期からはっきりと文章で残しておくことが大事である。

　経営理念には3つの要素がある。

ミッション：
　社会における会社の本質的な役割や使命で、いわば組織の存在意義といえる。どのようにして社会や顧客に貢献するかを定めたものである。

ビジョン：
　将来の会社の姿や進むべき方向を示し、ミッションを実現するためのマイルストーンのようなものである。3年後、5年後、10年後には、こうなりたいという理想的なもので、具体的なイメージが浮かぶものとする。

バリュー：
　構成メンバーが共通に持っている「価値観や考え方」である。組織の行動原理であり、組織の「信条」がこれに当たる。
　設立時より以上の3つを設定することにより、組織の考えがぶれることなく、その「バリュー（価値観）」に合った人材を採用できる。その結果、経営陣と社員とが同じ価値観で考えられる組織風土の醸成が可能となる。

◆ SWOT（経営環境）分析

　これは、外部環境及び内部環境を分析することである。

外部環境：
　企業が外部から影響を受ける環境要素で、「マクロ環境」と「ミクロ環境」に分類できる。「マクロ環境」は企業にとって統制（コントロール）不可能な外部環境で社会構造として底流に流れている環境要素であり自然・政治・経済・法律・社会・文化・芸術等があげられる。また「ミクロ環境」は企業にとってある程度統制可能な外部環境で、市場（需要・競争）・供給環境・流通環境等があげられる。

内部環境：
　企業にとって統制可能な企業内部の環境で、ヒト・モノ・カネ・情報・ノウハウ等の経営資源があげられる。SWOT分析は内部環境分析の強み（Strengths）と弱み（Weaknesses）、外部環境の機会（Opportunities）と脅威（Threats）を分析し、それぞれの頭文字をとってSWOT分析と呼んでいる。

◇経営戦略の策定

経営理念・ビジョンをいかにして達成するか、そのための「戦略」を考える上で、まず「選択と集中」が重要となる。中小企業はランチェスターの弱者の戦略を取り入れて、ヒト・モノ・カネといった「経営資源」を集中させる必要がある。

そして次には、事業ドメインを設定することである。その手法の1つ「製品市場マトリクス」により、4つの戦略手法を検討することになる。この分析手法では、製品を既存と新規に、市場を既存と新規に分けて4つのマトリクスを作成する。

・既存製品と既存市場の事象＝「市場浸透戦略」
・新製品と既存市場＝「製品開発戦略」
・既存製品と新市場＝「市場開発戦略」
・新製品と新規市場＝「多角化戦略」

のそれぞれの戦略の中から、保有する経営資源から最も適した戦略を選択することとなる。

また、事業ドメインを決定する4つの軸を検討する必要がある。その4つとは、

機能：
　　組織が仕事を通じて顧客に提供する働き

顧客：
　　機能によって何らかのベネフィットを受ける人

ベネフィット：
　　顧客が機能に求める主観的な効用をいい、これは顧客によって内容が様々である

技術：
　　機能生産に必要な体系化された知識

企業は「製品市場マトリクス」からみる4つの事象の中で、理念目的に適したドメインを選択することが必要になってくる。

◧ 中期経営目標の策定

中期の経営目標は、3年後、5年後までに何をしなければならないかを決定する。この目に見えるゴールが明確になって初めて経営理念やビジョンが活きてくる。この目標の設定には、バランススコアカードの4つの視点からみる目標が望ましい。

この4つの視点とは、財務の視点、顧客の視点、業務プロセスの視点、学習と成長の視点の4つである。この4つの視点について「ビジョン」から関連づけて目標を策定することを「戦略マップ」と呼ぶ。

しかし経営理念・ビジョンがなく戦略やゴールだけだと、目先の利益だけを追求する企業になってしまい、産地偽装や消費期限改ざん等不祥事を起こす企業になってしまう。よって経営理念のない戦略やゴールでは、企業を内部から崩壊させてしまうことになる。

◧ 中期事業収支計画書の作成

戦略マップから導かれた財務の視点での目標をもとに3年後から5年後の中期の収支計画書をつくる。これは4節にて詳しく解説する。

◧ 単年度事業収支計画書の作成

中期の数値計画（収支計画）が完成したら、その5年後の目標数値を達成するために、まず初年度について月別での計画書を作成する必要がある。これを単年度収支計画と呼ぶ。この数値目標は、より具体的に、売上高であれば、部門別、顧客別、商品別に区分したり、販売台数・顧客数等より具体的に検討する必要がある。

3　戦略的経営目標（財務の視点）の立て方

◧ 目標利益の立て方

一般的な目標利益の捉え方には、次の4つがある。
①総資本経常利益率＝経常利益÷総資本から算出する方法

使用する総資本に対してどれだけの利益を上げるかをみる。総資本経常利益率は経営の効率を見る指標で、売上高経常利益率と総資本回転率を乗じた率で、営業活動の成績と資本の活用効率を高めて、15％を目標にするとよい。

②売上高経常利益率＝経常利益÷売上高で算出する方法

上記の総資本経常利益率の一部を構成している利益率で、損益計算書上から算出する方法である。

③必要資金から目標利益を設定する方法

（年間借入金返済額－減価償却費＋株主配当金）÷（1－税率）で算出される。ただしこの目標利益では、キャッシュが蓄積できないので、できれば減価償却を控除しないで、その分が社内に蓄積されるような目標利益が望ましい。

④1人当たりの経常利益額から算出する方法

この指標でみれば、規模の大小に関わりなく設定できる。少しハードルは高いが年間200万円を一つの目標にするとよい。なぜなら税引き後利益の約100万円は社内留保ができ、10年で1人当たり1,000万円の自己資本が増加、不況に強い会社になるからである（図表5－6）。

損益分岐点とCVP分析

CVP分析のCVPとは、Cost（コスト）、Volume（販売量）、Profit（利益）のことをいい、これらの組み合わせより損益分岐点（BEP：Break Even Point）の位置を探るのがCVP分析である。

この損益分岐点から必要売上高を算出するという点で、利益計画策定には欠かせない分析である。

①損益分岐点売上高：

売上高と総費用が同じで、損益とんとんといわれている。総費用は固定費と変動費からなっており、変動費とは、売上高の増減により変化する費用（材料費、外注費等）で、固定費とは、売上高の変化にかかわらず一定の費用（家賃、人件費等）のことである。

図表 5−6 目標利益の立て方

目標利益の立て方

① **総資本経常利益率**
　総資本経常利益率＝経常利益÷総資本

② **売上高経常利益率**
　売上高経常利益率＝経常利益÷売上高

③ **必要資金より算定**
　（年間借入金返済額－減価償却費＋株主配当金）÷（1－税率）

④ **1人当たり経常利益額より算定**
　1人当たり目標経常利益額×合計社員数　※理想は200万円／1人

損益分岐点売上高＝固定費÷限界利益率にて算出する。

ここでいう限界利益率はいわゆるマージン率で、限界利益率＝（限界利益÷売上高）×100で算出される。

②目標利益を達成するための必要売上高：

必要売上高＝（固定費＋目標利益）÷限界利益率である。

③損益分岐点比率：

損益分岐点比率＝（損益分岐点売上高÷売上高）×100で、この売上高には、実績もしくは必要売上高をもって算出する。また損益分岐点比率は（固定費÷限界利益）×100と同じである。

④経営安全率：

経営安全率＝1－損益分岐点比率
　　　　　＝｛（売上高－損益分岐点売上高）÷売上高｝×100
　　　　　＝（経常利益÷限界利益）×100

この経営安全率を1つの目標値に利益計画を策定する場合に、次の例で

必要売上高を算出してみよう。

　目標利益が90万円で、15％の経営安全率にする場合、限界利益率が40％の時、必要売上高はいくらになるか。

　経営安全率（15％）＝経常利益(90万円)÷限界利益

の算式から限界利益＝経常利益(90万円)÷15％＝600万円となる。したがって、必要売上高は、600万円÷限界利益率(40％)＝1,500万円となる（図表5－7）。

◪戦略的経営目標（戦略マップとBSC）

　経営ビジョンに基づいた目標＝ゴールを決めるには、目標利益の設定が大事である。

　そのためにしばしば活用されるのがバランススコアカード（BSC）である。財務の視点及び非財務の視点（顧客の視点・業務プロセスの視点・学習と成長の視点）から、戦略的にかつ関連づけて目標設定をする。ここでは主に財務の視点について触れることにするが、この財務の視点は非財務の視点の上位概念で設定される。

　財務の視点の目標値としては、

収益性の強化として：
　　売上総利益率アップ、売上総利益額アップ、経常利益額アップなどがある。

生産性の強化として：
　　1人当たりの付加価値アップ、顧客1社当たりの生産性向上、労働分配率改善などがある。

安全性の強化には：
　　自己資本比率アップ、借入金依存率の引き下げ等があげられる。

成長性の強化には：
　　○○戦略商品の売上高成長率改善、△△市場の売上高成長率改善などがある。

図表 5−7　CVP分析と経営安全率

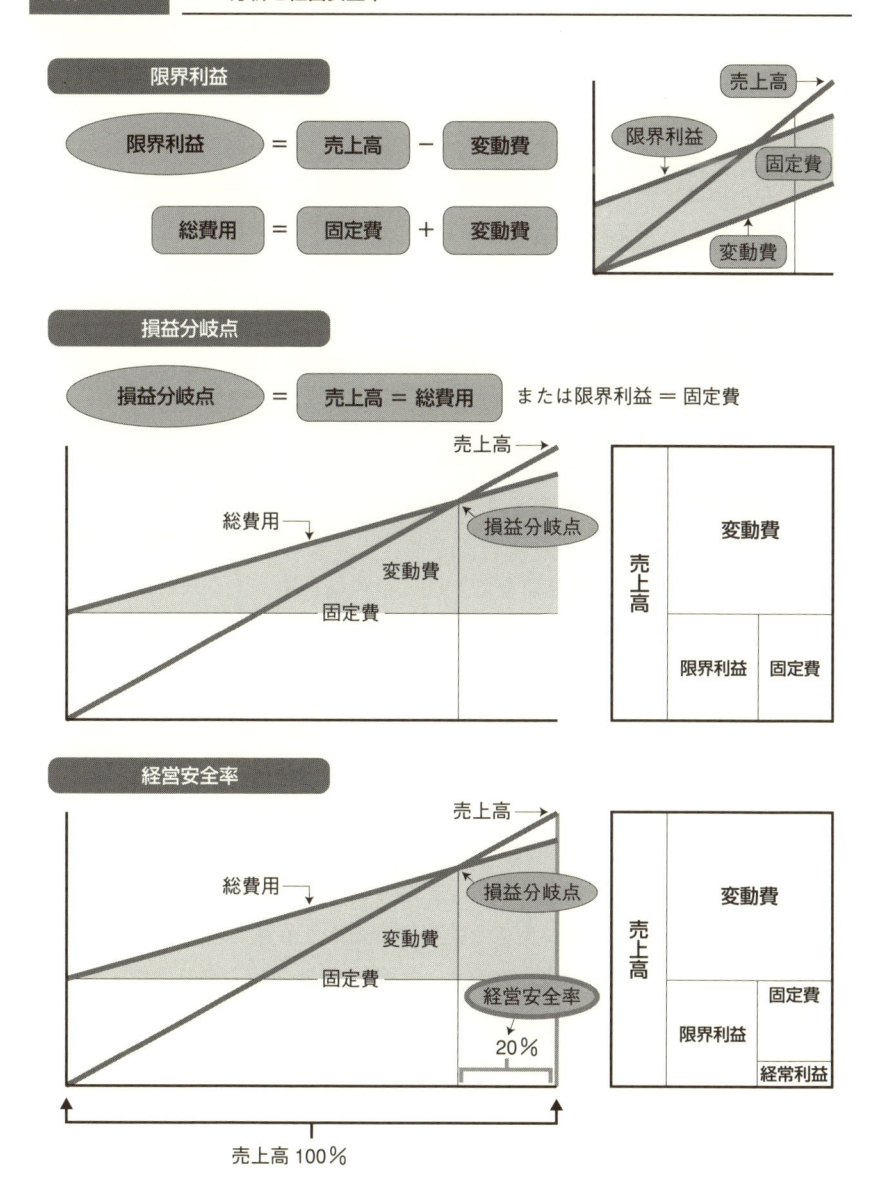

限界利益

限界利益 ＝ 売上高 − 変動費

総費用 ＝ 固定費 ＋ 変動費

損益分岐点

損益分岐点 ＝ 売上高 ＝ 総費用　または限界利益 ＝ 固定費

経営安全率

経営安全率 20％

売上高 100％

戦略目標が抽象的すぎては行動につながらないので数値で判断できる「重要評価指標」で設定するとよい。また、目標を多数掲げるのでなく、重点的に絞って設定することが大事である。この財務の視点の戦略目標を達成するために顧客の視点ではどうするのか、そしてその顧客の視点を達成するために業務プロセスの視点ではどうするのか、そしてその業務プロセスの視点を達成するために学習と成長の視点においてどういう目標を立てるか、相互に関連づけて戦略目標を設定するのである。

◘ 損益計算と収支計算の差異

たびたび損益と収支ということを述べているが、この違いを明確に理解しておく必要がある。

損益とは、収益と費用を差引き、利益を計上する。いわゆる損益計算書を作成する時の概念である。もう1つの収支とは収入と支出の差額でキャッシュ（現金及び現金同等物）を表すもので、主にキャッシュフロー計算書（直接法）や資金繰り計算書になる。ここで利益とキャッシュが同じになれば1つの計算書で事足りるのであるが、利益とキャッシュは、どの企業も同一になることはない。

その差はどうして起きるのか、1つには、商慣行上の取引による。つまり信用取引により売上をしても直ぐに入金されずに売掛として残る。これは仕入についても同様で、仕入＝支払ではないのである。また現金とキャッシュが合わない原因に「減価償却費」という概念がある。会計上資産を購入しても一時の経費にならず、使える期間（耐用年数）に応じて減価償却費という経費にする。それともう1つ大きな差異になるのが在庫である。仕入れた商品が全て販売されればよいが、在庫として残った場合は、すでに仕入れとして支払いをしているので、その分のキャッシュ不足が生じるのである。その他にも損益取引でない支払に借入金返済がある。キャッシュは出ていくが経費にならず、利益とキャッシュが不一致になる大きな原因となる。

利益計画である予想損益計算書を策定しその後、予想貸借対照表と予想資金計画書を作成するまでを収支計画書と呼ぶこととする。

4 事業収支計画策定のステップ

収支計画を策定するステップとしては次のようにするともれなく検討できる（図表5－8）。

◉売上計画

まず自社の商品・サービスをSWOT分析、製品市場マトリクス、5F分析、4P分析、PPM分析、PLC分析等で分析してどの商品・サービスをどの市場で販売するかを決める。売上は具体的に数量×単価に落とし込んでいく必要がある。

売上高は、部分の総和が全社の売上になるので、エリア別、部門別、支店別、顧客別、商品別にときめ細かく計画した方がより具体的に行動を起こすことができる。

創業前から、見込み客を想定し、その顧客にどの商品を販売していくのか、いくらで、どのような機能が望まれているのかシミュレーションをしながら、各見込客について仮説を立ててみる。できれば事前に検証できればよい。

下記に卸売業と建設業の売上構造ツリー例を掲載するので、自社の売上ツリーを作成してみよう（図表5－9）。

◉限界利益率計画

売上計画ができたら、限界利益がいくらになるか検討する。商品別に変動費率が違うので、まずは個別商品の変動費率の計算を行う。この時、同じ商品を扱っている業者でも変動費率が違うので、購入先を決定する時の判断とする。そこで最適な限界利益率になるようにシミュレーションする。単に変動費率が低いというだけで選択するのでなく、支払条件等も加味して最善の取引先を選ぶことである。

次にプロダクトミックスについて考えてみる。プロダクトミックスとは、同じ売上高を上げるにも、個々の商品別利益率が決まっている場合その中で

図表5−8　収支計画策定ステップ

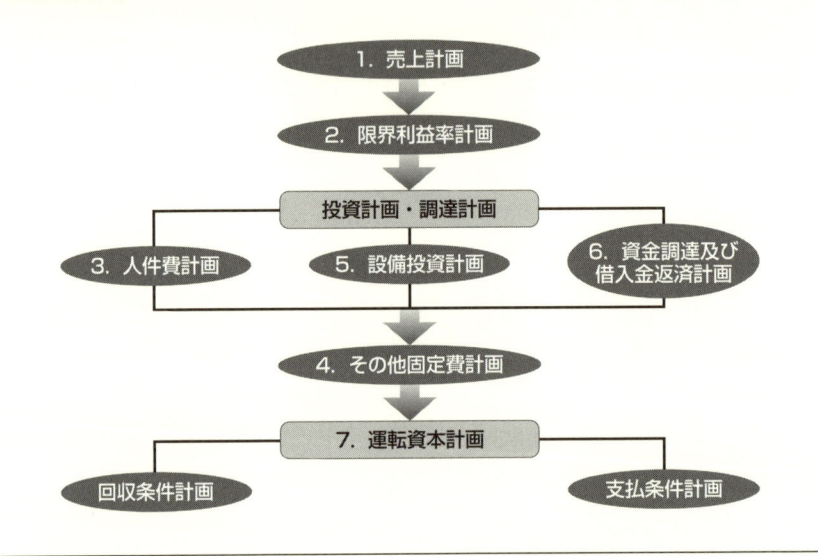

```
1. 売上計画
   ↓
2. 限界利益率計画
   ↓
投資計画・調達計画
├── 3. 人件費計画
├── 5. 設備投資計画
└── 6. 資金調達及び借入金返済計画
   ↓
4. その他固定費計画
   ↓
7. 運転資本計画
├── 回収条件計画
└── 支払条件計画
```

利益率のよい商品を重点的に販売すれば、限界利益率はアップすることになる（図表5−10）。

◇人件費計画

次に人件費の計画である。通常固定費の半分近くを占めているのが人件費でこの計画は重要である。

人件費に含まれる経費として、給料手当、残業手当、通勤定期代、賞与、退職金、法定福利費（社会保険、労働保険）、福利厚生費、現物給与、教育訓練費、求人活動費などがあげられる。人件費というと一般的に現金支給を受ける給与賞与の総支給額だけで捉えている経営者がいるが、実際は総支給額の1.2倍から1.3倍の人件費がかかっているのである。

人件費計画で大事なのは、労働分配率で人件費をコントロールすることにある。

労働分配率＝人件費÷付加価値（≒限界利益）で算出するが、この指標は

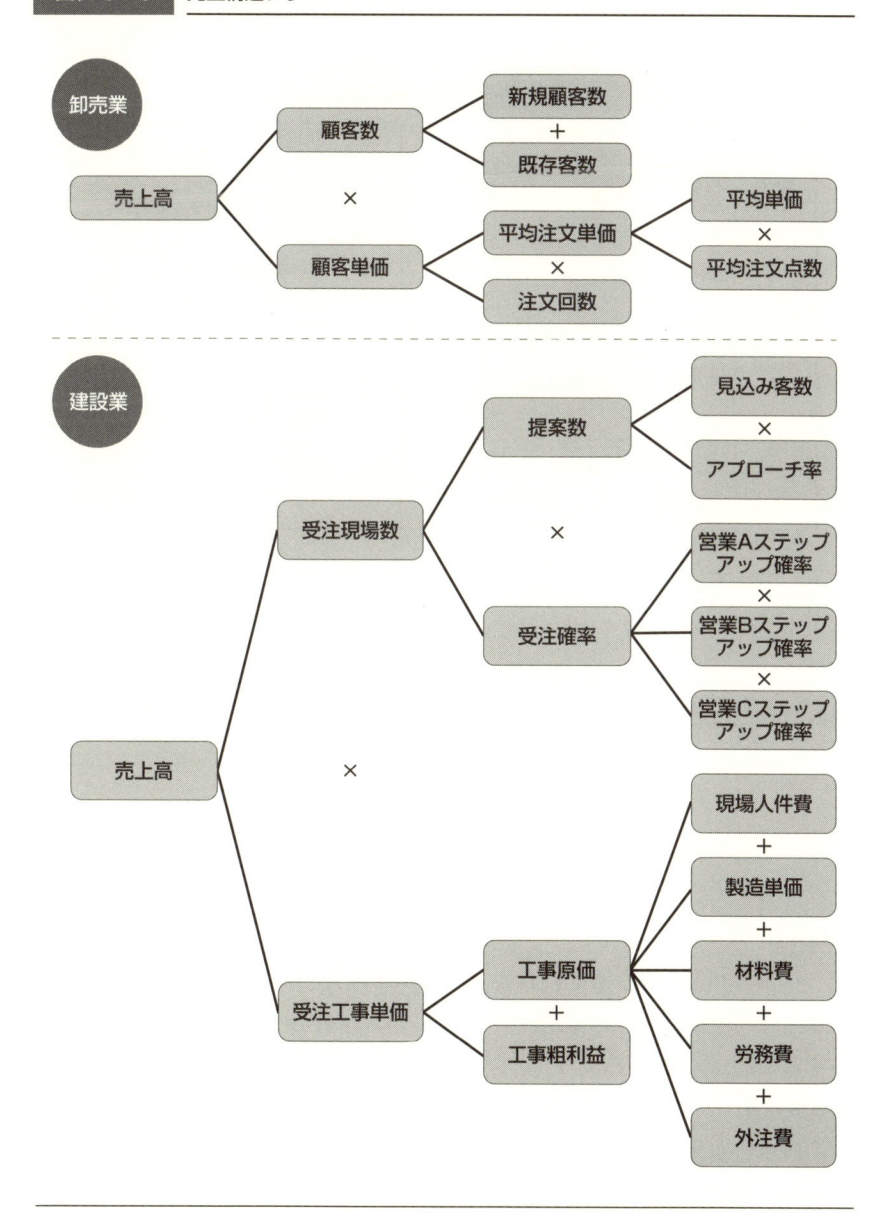

図表 5−9　売上構造ツリー

卸売業

売上高 = 顧客数 × 顧客単価

- 顧客数 = 新規顧客数 ＋ 既存客数
- 顧客単価 = 平均注文単価 × 注文回数
  - 平均注文単価 = 平均単価 × 平均注文点数

建設業

売上高 = 受注現場数 × 受注工事単価

- 受注現場数 = 提案数 × 受注確率
  - 提案数 = 見込み客数 × アプローチ率
  - 受注確率 = 営業Aステップアップ確率 × 営業Bステップアップ確率 × 営業Cステップアップ確率
- 受注工事単価 = 工事原価 ＋ 工事粗利益
  - 工事原価 = 現場人件費 ＋ 製造単価 ＋ 材料費 ＋ 労務費 ＋ 外注費

図表 5−10　プロダクトミックス

売上構成比が変ると……

商品	売上高構成比①	限界利益率②	相乗計数①×②
A	40％	11％	4.4
B	30％	15％	4.5
C	20％	18％	3.6
D	10％	22％	2.2
計	100％		**14.7％**

→

商品	売上高構成比①	限界利益率②	相乗計数①×②
A	10％	11％	1.1
B	20％	15％	3.0
C	30％	18％	5.4
D	40％	22％	8.8
計	100％		**18.3％**

一定か、むしろ下げていくことが望ましい。労働分配率を下げるといっても「1人当たりの人件費」は下げないで、かつ労働分配率を下げるのが理想である。そのためには1人当たりの付加価値を上げて、生産効率をアップすることが鍵となる。

◆その他固定費計画

固定費で人件費以外の計画になり、主に次の4つに区分する。

戦略経費

　将来の利益をもたらす経費として研究開発費、広告宣伝費などが該当する。この経費はむやみに削減対象とすることは控え、将来を見据えて投資することが大事になる。

減価償却費

　設備投資等固定資産を取得すると、資産は年々目減りするが、その分を見積り費用計上することを減価償却費という。この費用は購入時に多額の

資金が出ていくが、経費計上には資金の流出を伴わない経費である。そのため、この分は再投資に充当するように蓄積するのが望ましい。

金利

借入金を調達すると、返済計画表から1年間に支払う予定の金利が算出可能となる。

その他の固定費

主なものに支払家賃、旅費交通費、交際費、リース料、支払手数料などが含まれる。

◻ 設備投資計画

創業時には店舗の取得、内装工事、什器備品、機械・車両の購入等事業をするために固定資産の購入が必要になる。そしてその投資が、収益に見合う投資かどうかの採算性の判断が必要になる。

代表的な指標を4つあげる。

投資利益率法

投資利益率＝(平均利益額÷総投資額)×100

投資した設備資本に対する利益率によってその投資の良し悪しを判断する。利益率が高いほど採算性がよいことになる。

回収期間法

回収期間＝設備投資額÷年平均キャッシュフロー

これは、投資額が年平均のキャッシュフローによって回収できる年数を求める方法で、実務上で多く使われている方法である。短い期間で回収できるほど採算性はよい。

正味現在価値法

正味現在価値＝総キャッシュフローの現在価値－投資総額

投資額を、その投資の使用期間中に得られたキャッシュフローの現在価値の合計額と比較して採算性を判断する。キャッシュフローの合計額が多いほど採算性がよいと判断する。

内部利益率法

　この方法は設備の使用期間にわたって発生すると期待されるキャッシュフローを現在価値に置きなおし、その合計金額が、投資と等しくなるような割引率、つまり、正味現在価値がゼロになるような割引率をさしている。

　「総投資額＝キャッシュフローの現在価値合計額」を成立させる内部利益率が自分の期待している利益率を上回っていれば投資の価値がある。

　内部利益率＞必要利益率

◻ **資金調達及び借入金返済計画**

　資金調達計画には自己資本の調達と、他人資本である外部調達がある。外部調達には主に金融機関からの借入金や社債等がある。

　その調達目的には、設備投資の金額、在庫投資の金額、運転資本の調達などがある。できれば自己資金で賄うのが理想であるが、レバレッジ効果を期待して、外部資金の調達が必要になる場合もある。しかし返済計画と合わせて無理な調達は創業後の資金繰りに多大な影響を及ぼすので十分に配慮する必要がある。借入金の返済は原則「営業キャッシュフロー」の範囲内で行えるかどうかの判断をしていく必要がある。投資回収期間や設備耐用年数にもよるが、無謀な短期での返済には気をつけなくてはならない。

◻ **運転資本計画**

　通常、運転資本は正味運転資本や運転資金といった呼び方がされるが、「正味運転資本」は流動資産と流動負債の差額をいう。その流動資産・流動負債の中で特に営業サイクルの資産・負債の動きを営業運転資本と定義する。

　営業運転資本＝売上債権＋棚卸資産－買入債務

① **売上債権・棚卸資産・買入債務の回転日数を計画**

　まず、売上債権の回収サイトを計画する。回収サイトとは、売上げてからキャッシュとして回収されるまでの日数をいう。たとえば月末締めで翌月末に現金で回収できれば、回収サイトは30日になる。さらにそこから現金で

なく、手形で全額2カ月後の期日で貰うと、回収サイトは60日延びて90日になる。また在庫も通常1カ月分は保管しておくことになると、30日ということになる。同じように支払いに関しても、何日後に支払うのかを決定する必要があり、15日締めの翌々月末とすると、75日の支払いサイトということになる。

90日(売上債権回転日数)＋30日(棚卸資産回転日数)－75日(買入債務回転日数)＝45日(営業運転資本回転日数)　となる。この事例の会社の1日当たりの売上高が100万円とすると、

必要営業運転資本＝45日×100万円＝4,500万円となる。各回転日数の算出は下記の算式による。

売上債権回転日数＝売上債権÷1日当たり平均売上高
棚卸資産回転日数＝棚卸資産÷1日当たり平均売上原価
買入債務回転日数＝買入債務÷1日当たり平均仕入高

回転日数から回転期間を求めるには、1年間の365日をそれぞれの回転日数で割ると回転率を算出できる。ちなみに、この例でみると売上債権回転日数90日は、365日÷90日≒4回転となる。

② 売上債権・棚卸資産・買入債務の残高を計画

上記回転日数より、各勘定科目の残高を回転日数から計画する。各科目の求め方は

売上債権＝計画期間1日当たり平均売上高×売上債権回転日数
棚卸資産＝計画期間1日当たり平均売上原価×棚卸資産回転日数
仕入債務＝計画期間1日当たり平均仕入高×買入債務回転日数

③ 増加営業運転資本

企業の成長を見込まなければ営業運転資本は初年度の必要運転資本を超えることはない。10％の成長を見込む場合、先ほどの事例で日商100万円の

企業であれば、10％増では売上が10万円アップする。
　したがって
　増加営業運転資本＝45日×10万円＝450万円
となる。仮にこの事例会社が5％の売上高経常利益をあげている会社とすると、増加売上高は10万円×365日で年間3,650万となり、その5％が経常利益とすると182.5万円の利益となり、利益よりも必要キャッシュ450万円の方が多く資金不足となるのである。ではどうしたらよいだろうか。この資金を残す方法については、最後の節「6　B/S経営」でいま一度確認するが、回収サイト・支払サイトの見直し等が必要になる。

◻事業収支計画書作成前提条件の記入例（図表5－11）

①目標利益

ここでは、1人当たりの経常利益を目標とする。

たとえば、社員数5名で立上げ5年後には20名にする時、1人当たり目標経常利益を100万円とする。

　目標経常利益＝20名×100万円＝2,000万円

②売上計画
　　商品別売上高
　　顧客別売上高
③限界利益率計画
　　商品別限界利益率
④人件費計画
⑤固定費計画
⑥設備投資計画
⑦資金調達及び借入金返済計画
⑧営業運転資本計画

◻簡易事業収支計画表

上記の条件を検討し、図表5－12の簡易事業収支計画表を参照して記入

して頂きたい。
　1）予想損益計算書
　2）予想変動損益計算書
　3）予想貸借対照表
　4）予想キャッシュフロー計算書
の4つが基本になる。

5　事例から見る3パターンの収支シミュレーション

　以下、サンプルとして、私が実務上活用している財務3表を掲載する。
　A予算は5年後の経常利益を1,500万円にするために、毎年、店舗売上高を5％ずつアップ、通販売上高10％ずつアップする計画である。
　B予算は、さらに楽観的な予算で、毎年店舗売上高を10％ずつアップ、通販売上高15％ずつアップした計画である。
　C予算は、現状の売上のまま、借入金返済をしていくとどうなるかをみた計画である（図表5－13）（図表5－14）（図表5－15）（図表5－16）（図表5－17）（図表5－18）。

図表 5−11　事業収支計画

売上計画（商品別）　　　　　　　　　　　　　　　　　　　　　単位：千円

商品名	原価率	1年目	2年目	3年目	4年目	5年目
A商品						
B商品						
C商品						
その他						
合　計	％					

【A商品　売上高】　　　　　　　　　　　　　　　　　　　　　単位：千円

商品名	原価率	1年目	2年目	3年目	4年目	5年目
X　社						
Y　社						
Z　社						
その他						
合　計	％					

売上計画（顧客別）　　　　　　　　　　　　　　　　　　　　　単位：千円

商品名	原価率	1年目	2年目	3年目	4年目	5年目
X　社						
Y　社						
Z　社						
その他						
合　計	％					

【X社　売上計画】　　　　　　　　　　　　　　　　　　　　　単位：千円

商品名	原価率	1年目	2年目	3年目	4年目	5年目
A商品						
B商品						
C商品						
その他						
合　計	％					

限界利益率計画

商品名	原価率	1年目	2年目	3年目	4年目	5年目
A商品						
B商品						
C商品						
その他						
合　計	％					

人件費計画
単位：千円

項　　目	1年目	2年目	3年目	4年目	5年目
役員報酬	％				％
給与等昇給率					％
採用人数	人	人	人	人	人
給与増加額					
法定福利費率					
福利厚生費率					
目標労働分配率	％	％	％	％	％
1人当たり付加価値					

その他固定費計画
単位：千円

主な科目	1年目	2年目	3年目	4年目	5年目
1　戦略経費					
2　減価償却費					
3　金利					
4　その他経費					
地代家賃					
リース料					
その他					

設備投資計画
単位：千円

項　　目	1年目	2年目	3年目	4年目	5年目
1					
2					
3					
4					

資金調達及び借入金返済計画
単位：千円

項　目	返済期間	借入利率	1年目	2年目	3年目	4年目	5年目
1（短・長）							
2（短・長）							
3（短・長）							
4（短・長）							

運転資本計画（回収・支払条件）

項　　目	1年目	2年目	3年目	4年目	5年目
受取手形日数	日	日	日	日	日
売掛金日数	日	日	日	日	日
在庫日数	日	日	日	日	日
支払手形日数	日	日	日	日	日
買掛金日数	日	日	日	日	日

図表 5-12　簡易事業収支計画表

簡 易 事 業 収 支 計 画 表

単位：千円

	項　　目		1年度	2年度	3年度	4年度	5年度
予想損益計算書	売上高	売上高計					
		A					
		B					
		C					
		D					
	売上原価	売上原価計					
		（売上原価率）					
		A					
		B					
		C					
		D					
	売上総利益（粗利）						
	（売上総利益率）						
	販売管理費	販管費計					
		（販管費率）					
		人件費					
		家賃・賃借料					
		減価償却費					
		広告宣伝費その他					
	営業利益						
	（営業利益率）						
	営業外収益						
	営業外費用	営業外費用計					
		支払利息					
	経常利益						
	（経常利益率）						
	特別利益						
	特別損失						
	税引前当期利益						
	法人税等						
	税引後当期利益						
	（税引後当期利益率）						

	項　　目		1年度	2年度	3年度	4年度	5年度
予想変動損益計算書	売上高						
	変動費						
	（変動費率）						
	限界利益						
	（限界利益率）						
	固定費	人件費					
		（労働分配率）					
		戦略経費					
		減価償却費					
		金利					
		その他経費					
	経常利益						
	（経常利益率）						

	項　目	1年度	2年度	3年度	4年度	5年度
予想貸借対照表	流動資産					
	現金預金					
	売上債権					
	棚卸資産					
	その他流動資産					
	固定資産					
	有形固定資産					
	無形固定資産					
	繰延資産					
	総資産合計					
	流動負債					
	買入債務					
	短期借入金					
	割引手形					
	裏書手形					
	その他流動負債					
	固定負債					
	長期借入金					
	その他固定負債					
	負債合計					
	純資産					
	資本金					
	資本剰余金					
	利益剰余金					
	その他					
	負債＋純資産合計					

	項　目	1年度	2年度	3年度	4年度	5年度
予想キャッシュフロー計算書	税引前当期利益					
	減価償却費					
	税金等増減					
	運転資金の増減					
	営業キャッシュフロー					
	固定性預金取崩（＋）					
	資産売却（＋）					
	固定預金積立（－）					
	資産取得（－）					
	投資キャッシュフロー					
	フリーキャッシュフロー					
	借入金（＋）					
	他の財務収入（＋）					
	借入金返済（－）					
	他の財務支出（－）					
	配当金支払額（－）					
	財務キャッシュフロー					
	当座資金の増減					
	キャッシュ残高					

図表5-13　損益計算書／従業員・人件費計画（一例）

0024
A販売株式会社
　店舗5％通販10％アップ

損益計算書　[5年計画]　Page. 1
自 平成20年 1月　至 平成24年 12月
法人　税抜
単位：千円

科目名	前年実績 残高	構成比	20/12 残高	構成比	21/12 残高	構成比	22/12 残高	構成比	23/12 残高	構成比	24/12 残高	構成比
売上高	268,000	100.0	288,050	100.0	309,768	100.0	333,303	100.0	358,819	100.0	386,496	100.0
期首商品棚卸高	28,912	10.8	30,767	10.7	32,974	10.6	35,475	10.6	38,185	10.6	41,124	10.6
期首製品棚卸高												
商品仕入	160,000	59.7	172,202	59.8	185,386	59.8	199,567	59.9	214,949	59.9	231,641	59.9
－－												
期末商品棚卸高	30,297	11.3	32,974	11.4	35,475	11.5	38,185	11.5	41,124	11.5	44,313	11.5
期末製品棚卸高												
＜売上原価＞	158,615	59.2	169,995	59.0	182,885	59.0	196,857	59.1	212,010	59.1	228,452	59.1
＜売上総利益＞	109,385	40.8	118,055	41.0	126,883	41.0	136,446	40.9	146,809	40.9	158,044	40.9
役員報酬	9,600	3.6	9,800	3.4	10,000	3.2	10,200	3.1	10,400	2.9	10,600	2.7
給与	47,885	17.9	42,000	14.6	43,260	14.0	44,558	13.4	45,895	12.8	47,272	12.2
賞与	1,500	0.6	3,315	1.2	5,354	1.7	6,395	1.9	7,437	2.1	8,480	2.2
退職金												
法定福利費	4,000	1.5	3,737	1.3	3,974	1.3	4,146	1.2	4,321	1.2	4,499	1.2
福利厚生費	880	0.3	821	0.3	873	0.3	911	0.3	950	0.3	989	0.3
＜人件費計＞	63,865	23.8	59,673	20.7	63,461	20.5	66,210	19.9	69,003	19.2	71,840	18.6
販売変動費			6,145	2.1	6,759	2.2	7,435	2.2	8,178	2.3	8,996	2.3
広告費・販促費	11,000	4.1	9,000	3.1	11,000	3.6	11,000	3.3	11,000	3.1	11,000	2.8
他の販売固定費	5,600	2.1	5,600	1.9	5,600	1.8	5,600	1.7	5,600	1.6	5,600	1.4
接待交際費	100	0.1	100	0.0	100	0.0	100	0.0	100	0.0	100	0.0
保険料	60	0.0	60	0.0	60	0.0	60	0.0	60	0.0	60	0.0
業務委託費	10,000	3.7	10,500	3.6	11,025	3.6	11,576	3.5	12,155	3.4	12,763	3.3
賃借料	2,500	0.9	2,500	0.9	2,500	0.8	2,500	0.8	2,500	0.7	2,500	0.6
水道光熱費	440	0.2	440	0.2	440	0.1	440	0.1	440	0.1	440	0.1
通信費	2,340	0.9	2,340	0.8	2,340	0.8	2,340	0.7	2,340	0.7	2,340	0.6
旅費交通費	2,500	0.9	2,500	0.9	2,500	0.8	2,500	0.8	2,500	0.7	2,500	0.6
事務用・消耗品費	3,300	1.2	3,300	1.1	3,300	1.1	3,300	1.0	3,300	0.9	3,300	0.9
修繕費												
租税公課	330	0.1	330	0.1	330	0.1	330	0.1	330	0.1	330	0.1
減価償却費	200	0.1	200	0.1	200	0.1	200	0.1	200	0.1	200	0.1
貸倒損・引当損	155	0.1	155	0.1	155	0.1	155	0.0	155	0.0	155	0.0
支払手数料	11,700	4.4	12,636	4.4	13,647	4.4	14,739	4.4	15,918	4.4	17,191	4.4
人材募集費			520	0.2	520	0.2	520	0.2	520	0.1	520	0.1
コンサルタント料	2,000	0.7	2,000	0.7	2,000	0.6	2,000	0.6	2,000	0.6	2,000	0.5
その他固定費	2,000	0.7	1,000	0.3	1,000	0.3	1,000	0.3	1,000	0.3	1,000	0.3
他販費計	54,745	20.4	59,326	20.6	63,476	20.5	65,795	19.7	68,296	19.0	70,995	18.4
＜販売費一般管理費計＞	118,610	44.3	118,999	41.3	126,937	41.0	132,005	39.6	137,299	38.3	142,835	37.0
＜営業利益＞	-9,225	-3.4	-944	-0.3	-54	0.0	4,441	1.3	9,510	2.7	15,209	3.9
受取利息配当金	1	0.0										
他営業外収益												
＜営業外収益＞	1	0.0										
支払利息割引料	110	0.0	780	0.3	682	0.2	584	0.2	488	0.1	391	0.1
繰延資産償却												
他営業外費用												
＜営業外費用＞	110	0.0	780	0.3	682	0.2	584	0.2	488	0.1	391	0.1
＜経常利益＞	-9,334	-3.5	-1,724	-0.6	-736	-0.2	3,857	1.2	9,022	2.5	14,818	3.8
特別利益												
固定資産売却益												
＜特別利益＞												
特別損失												
資産処分損												
業績配分賞与												
＜特別損失＞												
＜税引前当期利益＞	-9,334	-3.5	-1,724	-0.6	-736	-0.2	3,857	1.2	9,022	2.5	14,818	3.8
法人税、住民税等	70	0.0	70	0.0	70	0.0	70	0.0	375	0.1	5,650	1.5
法人税等調整額												
＜当期利益＞	-9,404	-3.5	-1,794	-0.6	-806	-0.3	3,787	1.1	8,647	2.4	9,168	2.4
配当												
役員賞与												

MAP経営シミュレーションⅡ／中期計画

損益計算書

自 平成20年 1月　至 平成24年 12月　[5年計画]　Page. 1

0024
A販売株式会社
　A 店舗5％通販10％アップ

法人　税抜
単位：千円

科目名	前年実績		20/12		21/12		22/12		23/12		24/12	
	残高	構成比	残高	構成比	残高	構成比	残高	構成比	残高	構成比	残高	構成比
材料費／製												
（内材料等棚卸高）												
給与／製												
賞与／製												
退職金／製												
法定福利費／製												
福利厚生費／製												
労務費計												
外注加工費／製												
製造変動費／製												
接待交際費／製												
保険料／製												
地代家賃／製												
賃借料／製												
電力・水道光熱費												
通信費／製												
旅費交通費／製												
消耗品費／製												
修繕・設備維持費												
租税公課／製												
減価償却費／製												
教育研修費／製												
製造経費1／製												
製造経費2／製												
製造経費3／製												
他製造経費計												
総製造経費												

従業員・人件費計画

自 平成20年 1月　至 平成24年 12月

単位：千円

科目名		前年実績	20/12		21/12		22/12		23/12		24/12	
		残高	残高	増減率	残高	増減率	残高	増減率	残高	増減率	残高	増減率
販売人件費	役員報酬	9,600	9,800	2.1	10,000	2.0	10,200	2.0	10,400	2.0	10,600	1.9
	給与	47,885	42,000	-12.3	43,260	3.0	44,558	3.0	45,895	3.0	47,272	3.0
	賞与	1,500	3,315	121.0	5,354	61.5	6,395	19.4	7,437	16.3	8,480	14.0
	福利等	4,880	4,558	-6.6	4,847	6.3	5,057	4.3	5,271	4.2	5,488	4.1
	合計	63,865	59,673	-6.6	63,461	6.3	66,210	4.3	69,003	4.2	71,840	4.1
	前年対比増減		-4,192		3,788		2,749		2,793		2,837	
	役員数	1.00	1.00		1.00		1.00		1.00		1.00	
	社員数	11.00	11.00		11.00		11.00		11.00		11.00	
労務費	給与											
	賞与											
	福利等											
	合計											
	前年対比増減											
	社員数											
《総合計》	報酬給与	57,485	51,800	-9.9	53,260	2.8	54,758	2.8	56,295	2.8	57,872	2.8
	賞与	1,500	3,315	121.0	5,354	61.5	6,395	19.4	7,437	16.3	8,480	14.0
	福利等	4,880	4,558	-6.6	4,847	6.3	5,057	4.3	5,271	4.2	5,488	4.1
	合計	63,865	59,673	-6.6	63,461	6.3	66,210	4.3	69,003	4.2	71,840	4.1
	前年対比増減		-4,192		3,788		2,749		2,793		2,837	
	社員数	12.00	12.00		12.00		12.00		12.00		12.00	

MAP経営シミュレーションⅡ／中期計画

図表 5−14　貸借対照表／構成比（一例）

科目名	前年実績		20/12		21/12		22/12		23/12		24/12	
	残高	構成比	残高	構成比	残高	構成比	残高	構成比	残高	構成比	残高	構成比
当座資金	11,814	15.5	7,745	10.1	444	0.6	-990	-1.3	2,561	3.0	12,265	12.1
固定性預金												
受取手形												
売掛金	29,050	38.0	31,220	40.9	33,574	45.6	36,125	46.9	38,890	45.2	41,890	41.3
有価証券												
当座資産計	40,864	53.5	38,965	51.0	34,018	46.2	35,135	45.6	41,451	48.2	54,155	53.4
商品	30,767	40.3	32,974	43.2	35,475	48.2	38,185	49.6	41,124	47.8	44,313	43.7
棚卸資産計	30,767	40.3	32,974	43.2	35,475	48.2	38,185	49.6	41,124	47.8	44,313	43.7
繰延税金資産												
前払金												
未収金												
仮払税金												
仮払消費税												
短期貸付金	4,400	5.8	4,400	5.8	4,400	6.0	4,400	5.7	4,400	5.1	4,400	4.3
他流動資産	558	0.7	558	0.7	558	0.8	558	0.7	558	0.6	558	0.5
貸倒引当金	155	0.2	310	0.4	465	0.6	620	0.8	775	0.9	930	0.9
＜流動資産計＞	76,434	100.0	76,587	100.3	73,986	100.5	77,658	100.8	86,758	100.9	102,496	101.0
建物												
建物付属設備												
機械装置												
車両運搬具												
工具・器具・備品												
土地												
建設仮勘定												
減価償却累計額			200	0.3	400	0.5	600	0.8	800	0.9	1,000	1.0
有形固定資産計		0.0	-200	-0.3	-400	-0.5	-600	-0.8	-800	-0.9	-1,000	-1.0
無形固定資産												
長期貸付金												
関係会社貸付金												
関係会社株式												
他投資等												
長期繰延税金資産												
他固定資産												
＜固定資産計＞		0.0	-200	-0.3	-400	-0.5	-600	-0.8	-800	-0.9	-1,000	-1.0
繰延資産												
【資産の部合計】	76,434	100.0	76,387	100.0	73,586	100.0	77,058	100.0	85,958	100.0	101,496	100.0
支払手形												
買掛金	39,512	51.7	42,527	55.7	45,783	62.2	49,285	64.0	53,084	61.8	57,206	56.4
未払金	22,275	29.1	22,275	29.2	22,275	30.3	22,275	28.9	22,275	25.9	22,275	21.9
短期借入金	315	0.4	315	0.4	315	0.4	315	0.4	315	0.4	315	0.3
割引手形												
前受金												
未払消費税			2,823	3.7	1,628	2.2	1,867	2.4	2,072	2.4	2,298	2.3
未払法人税等	70	0.1	35	0.0	35	0.0	35	0.0	340	0.4	5,462	5.4
繰延税金負債												
他流動負債	907	1.2	907	1.2	907	1.2	907	1.2	907	1.1	907	0.9
＜流動負債計＞	63,079	82.5	68,882	90.2	70,943	96.4	74,684	96.9	78,993	91.9	88,463	87.2
長期借入金	20,000	26.2	15,944	20.9	11,888	16.2	7,832	10.2	3,776	4.4	676	0.7
関係会社借入金												
退職給付引当金												
社債												
長期繰延税金負債												
他固定負債												
＜固定負債計＞	20,000	26.2	15,944	20.9	11,888	16.2	7,832	10.2	3,776	4.4	676	0.7
【負債の部合計】	83,079	108.7	84,826	111.0	82,831	112.6	82,516	107.1	82,769	96.3	89,139	87.8
資本金	3,000	3.9	3,000	3.9	3,000	4.1	3,000	3.9	3,000	3.5	3,000	3.0
資本剰余金												
利益剰余金	-9,645	-12.6	-11,439	-15.0	-12,245	-16.6	-8,458	-11.0	189	0.2	9,357	9.2
評価換算・新株予約												
少数株主持分												
【純資産の部合計】	-6,645	-8.7	-8,439	-11.0	-9,245	-12.6	-5,458	-7.1	3,189	3.7	12,357	12.2
【負債純資産合計】	76,434	100.0	76,387	100.0	73,586	100.0	77,058	100.0	85,958	100.0	101,496	100.0

図表 5-15 キャッシュフロー計算書（一例）

キャッシュフロー計算書
自 平成20年 1月　至 平成24年 12月　[5年計画]

0024
A販売株式会社
　A　店舗5％通販10％アップ
【間接法】
法人　税抜
単位：千円

科目名	前年実績	20/12	21/12	22/12	23/12	24/12
税引前当期利益	-9,598	-1,724	-736	3,857	9,022	14,818
減価償却費	416	200	200	200	200	200
引当金等増加額	59	155	155	155	155	155
税金等増減額(-)	-138	-2,718	1,265	-169	-135	302
・売掛金増加(-)	19,424	2,170	2,354	2,551	2,765	3,000
・受取手形増加(-)						
・棚卸資産増加(-)	26,731	2,207	2,501	2,710	2,939	3,189
・買掛金増加	39,512	3,015	3,256	3,502	3,799	4,122
・支払手形増加						
・割引手形増加						
・その他流動増減額	10,142					
運転資金増減額計	3,499	-1,362	-1,599	-1,759	-1,905	-2,067
【営業キャッシュフロー】	-5,486	-13	-3,245	2,622	7,607	12,804
固定性預金取崩						
資産売却	2,000					
固定性預金積立(-)						
資産取得(-)	4,816					
【投資キャッシュフロー】	-2,816					
【フリーキャッシュフロー】	-8,302	-13	-3,245	2,622	7,607	12,804
借入金	20,315					
他の財務等収入	-347					
借入金返済		4,056	4,056	4,056	4,056	3,100
他の財務等支出(-)						
配当金支払額(-)						
【財務キャッシュフロー】	19,968	-4,056	-4,056	-4,056	-4,056	-3,100
（当座資金の増減）	11,666	-4,069	-7,301	-1,434	3,551	9,704
【当座資金残高】	11,814	7,745	444	-990	2,561	12,265

【直接法】

科目名	前年実績	20/12	21/12	22/12	23/12	24/12
・売上・売掛金		300,283	322,903	347,417	373,994	402,821
・他の経常収入	2					
営業収入合計	2	300,283	322,903	347,417	373,994	402,821
・仕入・手形支払(-)		177,797	191,399	206,044	221,898	239,101
・外注加工費支払(-)						
・人件費支払(-)		59,714	63,505	66,256	69,051	71,889
・一般経費支払(-)		61,900	66,257	68,693	71,319	74,153
・支払利息割引料(-)	315	780	682	584	488	391
・他経常支出等						
営業支出合計(-)	315	300,191	321,843	341,577	362,756	385,534
法人税等・役員賞与(-)		105	4,305	3,218	4,305	4,483
【営業キャッシュフロー】	-313	-13	-3,245	2,622	7,607	12,804
（経常収支比率）	0.63	100.00	99.01	100.76	102.08	103.28
固定性預金取崩						
資産売却	2,000					
固定性預金積立(-)						
資産取得(-)	4,816					
【投資キャッシュフロー】	-2,816					
【フリーキャッシュフロー】	-3,129	-13	-3,245	2,622	7,607	12,804
借入金	20,315					
他の財務等収入	-347					
借入金返済		4,056	4,056	4,056	4,056	3,100
他の財務等支出(-)						
配当金支払額(-)						
【財務キャッシュフロー】	19,968	-4,056	-4,056	-4,056	-4,056	-3,100
（当座資金の増減）	16,839	-4,069	-7,301	-1,434	3,551	9,704
【当座資金残高】	11,814	7,745	444	-990	2,561	12,265

MAP経営シミュレーションⅡ／中期計画

図表5-16　ABC予算比較／損益計算書

0024　　　　　　　自　平成20年1月　　至　平成24年12月　　[5年計画]　　　　　法人　税抜
A販売株式会社　　　　　　　　　　　　　　　　　　　　　　　　　　　　　　　　単位：千円

売上＆経常利益グラフ（A予算：店舗5％通販10％アップ）

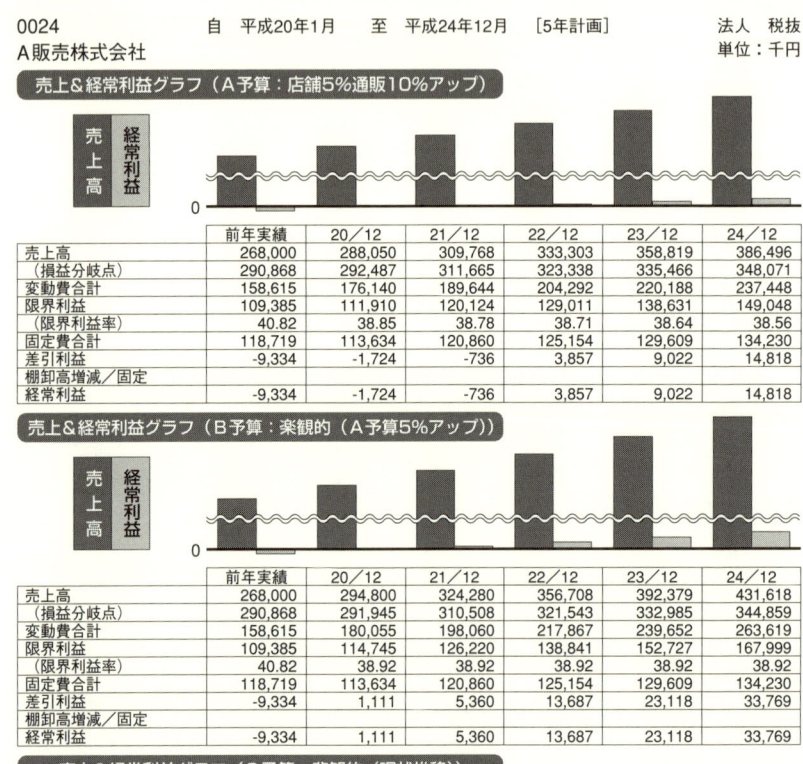

	前年実績	20/12	21/12	22/12	23/12	24/12
売上高	268,000	288,050	309,768	333,303	358,819	386,496
（損益分岐点）	290,868	292,487	311,665	323,338	335,466	348,071
変動費合計	158,615	176,140	189,644	204,292	220,188	237,448
限界利益	109,385	111,910	120,124	129,011	138,631	149,048
（限界利益率）	40.82	38.85	38.78	38.71	38.64	38.56
固定費合計	118,719	113,634	120,860	125,154	129,609	134,230
差引利益	-9,334	-1,724	-736	3,857	9,022	14,818
棚卸高増減／固定						
経常利益	-9,334	-1,724	-736	3,857	9,022	14,818

売上＆経常利益グラフ（B予算：楽観的（A予算5％アップ））

	前年実績	20/12	21/12	22/12	23/12	24/12
売上高	268,000	294,800	324,280	356,708	392,379	431,618
（損益分岐点）	290,868	291,945	310,508	321,543	332,985	344,859
変動費合計	158,615	180,055	198,060	217,867	239,652	263,619
限界利益	109,385	114,745	126,220	138,841	152,727	167,999
（限界利益率）	40.82	38.92	38.92	38.92	38.92	38.92
固定費合計	118,719	113,634	120,860	125,154	129,609	134,230
差引利益	-9,334	1,111	5,360	13,687	23,118	33,769
棚卸高増減／固定						
経常利益	-9,334	1,111	5,360	13,687	23,118	33,769

売上＆経常利益グラフ（C予算：悲観的（現状推移））

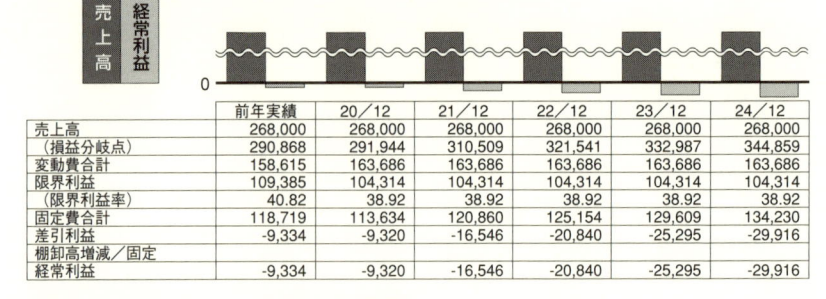

	前年実績	20/12	21/12	22/12	23/12	24/12
売上高	268,000	268,000	268,000	268,000	268,000	268,000
（損益分岐点）	290,868	291,944	310,509	321,541	332,987	344,859
変動費合計	158,615	163,686	163,686	163,686	163,686	163,686
限界利益	109,385	104,314	104,314	104,314	104,314	104,314
（限界利益率）	40.82	38.92	38.92	38.92	38.92	38.92
固定費合計	118,719	113,634	120,860	125,154	129,609	134,230
差引利益	-9,334	-9,320	-16,546	-20,840	-25,295	-29,916
棚卸高増減／固定						
経常利益	-9,334	-9,320	-16,546	-20,840	-25,295	-29,916

出所：MAP経営シミュレーションⅡ／中期計画

図表5-17　ABC予算比較／貸借対照表

0024　　　　　　　　　自　平成20年1月　　至　平成24年12月　　[5年計画]　　　　　法人　税抜
A販売株式会社　　　　　　　　　　　　　　　　　　　　　　　　　　　　　　　　　　単位：千円

自己資本グラフ（A予算：店舗5％通販10％アップ）

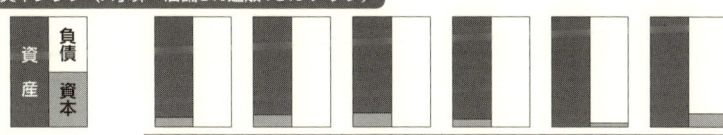

	前年実績	20/12	21/12	22/12	23/12	24/12
当座資金	11,814	7,745	444	-990	2,561	12,265
売上債権	29,050	31,220	33,574	36,125	38,890	41,890
棚卸資産	30,767	32,974	35,475	38,185	41,124	44,313
固定資産		-200	-400	-600	-800	-1,000
仕入債務	61,787	64,802	68,058	71,560	75,359	79,481
割引手形						
借入金	20,315	16,259	12,203	8,147	4,091	991
自己資本	-6,645	-8,439	-9,245	-5,458	3,189	12,357
自己資本比率	-8.69	-11.05	-12.56	-7.08	3.71	12.17

自己資本グラフ（B予算：楽観的（A予算5％アップ））

	前年実績	20/12	21/12	22/12	23/12	24/12
当座資金	11,814	10,346	8,673	16,514	27,858	44,895
売上債権	29,050	31,951	35,147	38,661	42,527	46,780
棚卸資産	30,767	33,734	37,107	40,818	44,900	49,390
固定資産		-200	-400	-600	-800	-1,000
仕入債務	61,787	65,956	70,351	75,160	80,448	86,265
割引手形						
借入金	20,315	16,259	12,203	8,147	4,091	991
自己資本	-6,645	-5,604	-314	9,527	23,751	44,277
自己資本比率	-8.69	-6.96	-0.37	9.55	20.01	30.73

自己資本グラフ（C予算：悲観的（現状推移））

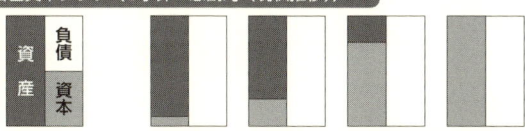

	前年実績	20/12	21/12	22/12	23/12	24/12
当座資金	11,814	857	-20,899	-45,503	-74,616	-107,398
売上債権	29,050	29,047	29,047	29,047	29,047	29,047
棚卸資産	30,767	30,667	30,667	30,667	30,667	30,667
固定資産		-200	-400	-600	-800	-1,000
仕入債務	61,787	61,295	61,319	61,319	61,319	61,319
割引手形						
借入金	20,315	16,259	12,203	8,147	4,091	991
自己資本	-6,645	-16,035	-32,651	-53,561	-78,926	-108,912
自己資本比率	-8.69	-24.66	-76.10	-298.41	***	***

出所：MAP経営シミュレーションⅡ／中期計画

図表5-18　ABC予算比較／キャッシュフロー計算書

0024　　　　　　　　　　　自　平成20年1月　　至　平成24年12月　　［5年計画］　　　　法人　税抜
A販売株式会社　　　　　　　　　　　　　　　　　　　　　　　　　　　　　　　　　　　　単位：千円

キャッシュフローグラフ（A予算：店舗5％通販10％アップ）

	前年実績	20／12	21／12	22／12	23／12	24／12
営業キャッシュフロー	-5,486	-13	-3,245	2,622	7,607	12,804
経常収支比率	0.63	100.00	99.01	100.76	102.08	103.28
投資キャッシュフロー	-2,816					
フリーキャッシュフロー	-8,302	-13	-3,245	2,622	7,607	12,804
財務キャッシュフロー	19,968	-4,056	-4,056	-4,056	-4,056	-3,100
当座資金増加	11,666	-4,069	-7,301	-1,434	3,551	9,704
当座資金残高	11,814	7,745	444	-990	2,561	12,265

キャッシュフローグラフ（B予算：楽観的（A予算5％アップ））

	前年実績	20／12	21／12	22／12	23／12	24／12
営業キャッシュフロー	-5,486	2,588	2,383	11,897	15,400	20,137
経常収支比率	0.63	100.85	100.71	103.31	103.92	104.70
投資キャッシュフロー	-2,816					
フリーキャッシュフロー	-8,302	2,588	2,383	11,897	15,400	20,137
財務キャッシュフロー	19,968	-4,056	-4,056	-4,056	-4,056	-3,100
当座資金増加	11,666	-1,468	-1,673	7,841	11,344	17,037
当座資金残高	11,814	10,346	8,673	16,514	27,858	44,895

キャッシュフローグラフ（C予算：悲観的（現状推移））

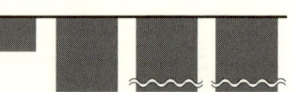

	前年実績	20／12	21／12	22／12	23／12	24／12
営業キャッシュフロー	-5,486	-6,901	-17,700	-20,548	-25,057	-29,682
経常収支比率	0.63	97.61	94.08	93.19	91.82	90.46
投資キャッシュフロー	-2,816					
フリーキャッシュフロー	-8,302	-6,901	-17,700	-20,548	-25,057	-29,682
財務キャッシュフロー	19,968	-4,056	-4,056	-4,056	-4,056	-3,100
当座資金増加	11,666	-10,957	-21,756	-24,604	-29,113	-32,782
当座資金残高	11,814	857	-20,899	-45,503	-74,616	-107,398

出所：MAP経営シミュレーションⅡ／中期計画

6　B/S（貸借対照表）経営

◘ P/L経営とB/S経営の違い
　企業活動において、どんなに優れたビジネスモデルでも、そのモデルが永遠に続くという保証はない。時代は変化しているのである。その変化にいかに対応していくかが経営そのものになる。その時に、利益だけを考えて経営していてよいだろうか。将来発生するであろう「リスク」に備える意味でも、盤石な企業を創り上げる必要がある。そのために自己資本を充実させていく必要があり、これを「B/S経営」という。

P/L（損益計算書）
　これは経営者なら誰でも理解していると思うが、ことB/Sというと急に苦手意識を抱いてしまう。
　P/Lは「1年間の経営成績を表しているもので、どれだけのお金を稼いだか、そしてその稼いだお金のうちどれだけが利益なのかを具体的に表したもの」である。
　売上高と利益または利益率のみを考慮して経営をする。このP/L上からわかる利益は、決してキャッシュとは一致しないのである。
　利益そのものは実態のないものである。たとえば固定資産を購入した時点で、不動産取得税を支払った場合、資産に計上するか、経費にするかで利益が変わってくる。また、パソコン等の消耗品の購入も、少額資産だと経費になるが、利益を増加させたい場合は資産に計上する。これがP/Lの実態で、企業会計上いずれも適正な処理といえるので、まさに企業の意思で利益は変化するのである。

B/S
　これは「一定時点の財政状態を表したもので、会社設立から現在までの全ての蓄積がわかる表」である。特に現預金の残高がどれだけあるか、そして

どれだけの借入金があるかは、次に述べる資金会計では特に重要である。

また、会計を難しくしているのは、時価会計であり、発生主義である。固定資産、棚卸資産、売上仕入資金はすべて経営コストと考えるのが資金会計の考え方である。棚卸資産も売れたか売れないかで、P/L上か、B/S上かに計上され、いずれも支払いはしなければならない。つまり資金投入額は「コスト」と捉える考え方である。

◆資金会計とは

「利益」を中心に見る経営から「儲け」すなわち「キャッシュ」を中心に見る会計を「資金会計」という。佐藤幸利先生が推奨している「資金別貸借対照表」というのがあるが、資金の流れをつかむのには非常に優れた貸借対照表である。

次ページに「資金別貸借対照表」があるが、次の4つに区分する。
1) 損益資金の部（創業以来の儲けの累積）
2) 固定資金の部（固定資金の調達と運用の差額）
3) 売上仕入資金の部（営業運転資本の差額）
4) 流動資金の部（その他短期・超短期資金の調達と運用差額）

1)～3)までの合計を「安定資金」という。「資金」を人間の身体に例えると「血液」に該当する。この「安定資金」はまさに「サラサラ血液」である。この「安定資金」がマイナスのところは、倒産する可能性が非常に高い。なぜなら、営業上ではこの3つの資金が動き、この3つを合計した安定資金がマイナスということは、営業がうまくいかなかった結果に他ならないからである。

図表5-19「資金別貸借対照表」を中期の資金計画表にしたのが図表5-20の「予想資金別貸借対照表」である。5年後の資金の増減を計画することができる。

◆回収条件の変更で財務改善

B/S経営を進めていくと、B/S上での資産に無駄がないかを注意するよう

図表 5−19　資金別貸借対照表

現金預金	資金運用		資金調達	
	\[損益資金の部\]			
			前期繰越利益	709
	売上原価	206	売上高	351
	販売費及び一般管理費	94	営業外収益	114
	営業外費用	0	特別利益	2
	特別損失	24		
	法人税等	56	当期利益	87
796	計	380	計	554
	\[固定資金の部\]			
	棚卸資産	6	長期借入金	0
	固定資産	119	その他固定負債	0
	繰延資産	0	資本金・資本準備金	22
-103	計	125	計	22
	\[売上仕入資金の部\]			
	受取手形	155	支払手形	
	売掛金	0	買掛金	82
	△前受金		△前渡金	
-73	計	155	計	82
620	安定資金			
	\[流動資金の部\]			
	短期貸付金	0	短期借入金	0
	有価証券	0	割引手形	0
	立替金		短期調達資金額計	0
	未収入金		未払金	
	仮払金		預り金	
	その他流動資産	17	未払い費用	
			その他流動負債	
	営業外費用		超短期調達資金計	0
-17	計	17	計	0
603	合計			
	固定性預金			
603	差引現金預金			

図表5-20　予想資金別貸借対照表

単位：千円

項目			1年度	2年度	3年度	4年度	5年度
予想資金別貸借対照表	損益資金の部―①						
		繰越損益等（＋）					
		売上高その他収入（＋）					
		総費用（－）					
		法人税等（－）					
	固定資金の部―②						
		長期借入金（＋）					
		その他固定負債（＋）					
		資本金等（＋）					
		棚卸資産（－）					
		有形固定資産（－）					
		無形固定資産（－）					
		繰延資産（－）					
	売上仕入資金の部―③						
		買入債務（＋）					
		前渡金（－）					
		売上債権（－）					
		前受金（＋）					
	安定資金A＝(①+②+③)						
	流動資金の部―④						
		短期借入金（＋）					
		割引手形（＋）					
		その他流動負債（＋）					
		短期貸付金（－）					
		立替金（－）					
		その他（－）					
	現金預金合計＝A＋④						

になる。遊休資産で事業に活用しないものは処分したり、貸付金は早期に回収するようになる（もっとも営業上必要のない資産は計上すべきではない）。

それとB/Sの体質を強化するのに、回収条件を変更して、営業運転資本を減少させることにより「キャッシュ」は貯まってくるのである。たった1日の回収・支払いがどの位変化するか、図表5－21では、A社の現状の回収支払条件を、B案では毎年、売上債権を1日早め、在庫を1日分圧縮し、買入債務を1日延ばしたらどうなるかをシミュレーションしてみた。またC案では、逆に毎年売上債権を1日遅くし、在庫も1日延ばし、買入債務は1日早めた場合である。B案では何と1日の差で、5年間に約800万円の改善ができたのである。C案では、逆に800万円の「キャッシュ」が減少したのである。1日だけでこの差がでるので、これを2日、3日と改善していけば企業の財務体質はスリム化し「キャッシュ」が貯まる優良企業へと変身するのである（図表5－21）。

◆強い会社にするには

企業は、決して社長1人だけのために存在するのではなく、その組織に所属する社員及び社員の家族、またお客様、取引先のためにあるわけである。そのためにも倒産しない強い会社に作り上げるのが経営者の使命である。昨今100年企業の話題が多く取り上げられているが、これから起業しようとする全ての起業家に目指して頂きたい。そのためにはどうするのか。資金会計上の損益資金を多くすることに限る。いわゆる過去の利益の蓄積である。節税をすると税金は少なくて済むが、その分資金は流出し社内に残らない。したがって、社内留保をするためには税金はコストと考えて、税引後利益をいかに蓄えるかにある。

これが財務体質を強くする「B/S経営」である。

財務体質には2種類あり、それは受動的体質と能動的体質である。診療所や病院等の2カ月間は必ず未収金になる社会保険診療報酬がある業種や、ホテルの建物の設備等、固定資産のかかる業界などは変更することが難しい。これを受動的体質という。資金の調達方法は能動的にできるが、その仕方を

図表 5−21　ABC予算比較／キャッシュフロー計算書

0026　　　　　　　　自　平成20年1月　　至　平成24年12月　　[5年計画]　　　　法人　税抜
A販売株式会社（現状維持）　　　　　　　　　　　　　　　　　　　　　　　　　　単位：千円

キャッシュフローグラフ（A予算：現状運転資金回転日数）

	前年実績	20／12	21／12	22／12	23／12	24／12
営業キャッシュフロー	-5,486	3,413	-1,146	346	223	105
経常収支比率	0.63	101.23	99.59	100.12	100.08	100.04
投資キャッシュフロー	-2,816					
フリーキャッシュフロー	-8,302	3,413	-1,146	346	223	105
財務キャッシュフロー	19,968	-4,056	-4,056	-4,056	-4,056	-3,100
当座資金増加	11,666	-643	-5,202	-3,710	-3,833	-2,995
当座資金残高	11,814	11,171	5,969	2,259	-1,574	-4,569

キャッシュフローグラフ（B予算：運転資金の1日減）

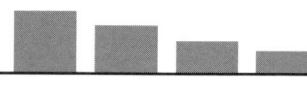

	前年実績	20／12	21／12	22／12	23／12	24／12
営業キャッシュフロー	-5,486	4,926	444	1,946	1,823	1,703
経常収支比率	0.63	101.78	100.16	100.69	100.65	100.61
投資キャッシュフロー	-2,816					
フリーキャッシュフロー	-8,302	4,926	444	1,946	1,823	1,703
財務キャッシュフロー	19,968	-4,056	-4,056	-4,056	-4,056	-3,100
当座資金増加	11,666	870	-3,612	-2,110	-2,233	-1,397
当座資金残高	11,814	12,684	9,072	6,962	4,729	3,332

キャッシュフローグラフ（C予算：運転資金の1日増）

	前年実績	20／12	21／12	22／12	23／12	24／12
営業キャッシュフロー	-5,486	1,896	-2,736	-1,256	-1,378	-1,498
経常収支比率	0.63	100.68	99.03	99.55	99.51	99.47
投資キャッシュフロー	-2,816					
フリーキャッシュフロー	-8,302	1,896	-2,736	-1,256	-1,378	-1,498
財務キャッシュフロー	19,968	-4,056	-4,056	-4,056	-4,056	-3,100
当座資金増加	11,666	-2,160	-6,792	-5,312	-5,434	-4,598
当座資金残高	11,814	9,654	2,862	-2,450	-7,884	-12,482

出所：MAP経営シミュレーションⅡ／中期計画

図表 5-22 血液力検査のまとめ（資金格付表）

単位：千円

現金預金	資金運用	資金調達	位置
-1,795,496	固定資金 売上資金 流動資金	創業以来儲けたお金	AA 完全自立型
-1,388,690	固定資金 売上資金 流動資金	創業以来儲けたお金 ＋資本金	A 自己資本充実型
-1,484,680	固定資金 売上資金 流動資金	創業以来儲けたお金 ＋資本金 ＋固定負債	BB 金融機関依存型
-484,680	固定資金 売上資金 流動資金	創業以来儲けたお金 ＋資本金　　＋売上仕入資金 ＋固定負債	B 取引先依存型
456,879	固定資金 売上資金 流動資金	創業以来儲けたお金 ＋資本金　　＋売上仕入資金 ＋固定負債　＋短期資金	C 自転車操業型
1,163,696	固定資金 売上資金 流動資金	創業以来儲けたお金 ＋資本金　　＋売上仕入資金 ＋固定負債　＋短期資金　＋超短期資金	D 突然死予備軍

間違うと倒産ということになる。資金不足は企業にとって致命的な病気である。その資金不足という病気になれば、資金不足の真の原因は何かを探り、その病気にあった薬を投入することになる。

　財務体質の強化は損益資金・固定資金・売上仕入資金のそれぞれの調達を考える。体質に応じた調達を考える必要がある。

　強い企業の資金格付けランク表の「血液力検査のまとめ」を添付しているが、5年後の自社がどの位置にくるか、収支計画書の予想資金別貸借対照表から判定するとよい。もちろん「完全自立型」が望ましいわけだが、最初からしっかりと目標をもって経営することである（図表5-22）。

　今まで、事業計画・収支計画について述べてきたが、財務体質の強化目標がいかに大事かを述べてきた。

　最後にいま一度振り返るが、節税をして利益を減らすことは損益資金を減らすことになり、財務体質を脆弱にすることになる。納税はコストと考え税引後の「キャッシュ」をいかに蓄えるかが計画を立てる時に最も大事なポイ

ントになる。
　起業当初より、資金会計の目でB/S経営を目指した計画書を作成されることを願うものである。

Chapter 6

ベンチャー企業の戦略からみた事業計画書

1 事業計画書を作成するにあたって

　事業計画書とは、一般には新たにビジネスを開始する際に作成する資料であり、起業家のアイディアとその実現・成長の方法を明らかにして他人に説明するものである。
　事業計画書には、社内で新事業を立ち上げる際に書く場合と起業家が新たなビジネスを開始する際に書く場合があるが、ここでは起業家がベンチャー企業の経営を軌道に乗せるために作成する事業計画書を念頭におき、その作成にあたって起業家が知っておかなければならない基本的な考え方に関して解説したい。

▶事業計画書を作成する意味

　起業家の目標とは、当然自らのビジネスを成功させることにある。そして、成功するためには、自らのアイディアの具体化と他者の協力が必要である。
　この観点からみると事業計画書の作成には2つの大きな意味がある。
　第1に、事業計画書を作成する過程で、起業家は自らのアイディアを明確化し、そのアイディアがどのようにして実現されていくのかを具体的な言葉にしなければならない。事業計画書に明記すべき項目を考える上で、起業家は「なぜ、起業するのか」、「なぜ、その事業分野を選択したのか」、「どん

なビジョン・経営理念・事業ミッションを掲げるのか」等、様々な問題に対して自問自答を迫られる。それらに対する回答を考えていく過程は、起業家の候補生が本当に起業できるかのかどうかという結果につながる。

　第2に、事業計画書の内容には、起業家のアイディアに対して他者からの協力を得るための説得力が必要であり、そのために事業計画書の様々な項目の検討が必要となる。ここでいう他者とは、従業員、投資家、金融機関、取引先、顧客、あるいは地域の住民等、ベンチャー企業を取り巻く様々なステークホルダーを指す。起業家の作成する事業計画書はこれらのステークホルダーに対し、わかりやすく、魅力的でなければならない。これは、ステークホルダーの協力なくしてはベンチャー企業の成功は困難なためである。従業員にとって魅力的なビジョン、投資家にとって魅力的な将来性、金融機関にとって魅力的な財務計画、取引先にとって魅力的な開発力等はいずれも事業計画書を構成する項目の一部である。

　事業計画書を書くこと自体が目的という起業家はいないだろう。成功することが目的だとしたら、成功の難しさを本質的に理解し、それを克服するための準備をすることが重要になる。こうした準備を事業計画書にいかに反映させるかが、個々の起業家の力量を問われるところではないだろうか。

▷事業計画書の内容

　事業計画書に最低限記載すべき項目は、事業分野や事業内容、あるいは起業家のアイディアによっても異なるが、ビジョン、ビジネスモデル、マネジメントチーム、財務計画といったものだろう。

　もちろん、これらの項目はその事業の新規性・競合性・市場性・成長性といった事業の特徴や、製造の実現性、販売の具現性といった切り口で整理することも可能である。また、事業計画書は、必ずしも一種類だけ作成すればよいというわけではなく、事業計画を説明する対象、ステークホルダーによっても構成や内容を変えなければならない場合も多い。たとえば、エンジェルやベンチャーキャピタル等の投資家に説明する際には、出資要件や資本政策を加える工夫が必要となる等、事業計画書の読み手に合わせて、適宜修正

していく必要があるだろう。

　さらに、起業家には事業計画を非常に短時間で、なんの準備もなく人に伝えなければならないような事態も起こりうる。「エレベーターピッチ（elevator pitch）」という言葉は、起業家の間では一般的になった言葉のように思われる。偶然エレベータで一緒に乗り合わせた人に、15～30秒程度で事業計画を説明して売り込むことはその一例といえよう。

◼ ベンチャー企業の戦略から考える事業計画書

　以上、事業計画書の内容や記載項目の解説を概要にとどめたのは、様々な情報がすでに数多く存在するためである。今や起業家のための事業計画書の書き方に関する書籍やウェブサイトなどの情報は世の中に溢れている。事業計画書のテンプレートがCD-ROMの付録としてついている書籍や、無料でダウンロード可能なウェブサイトも多い。これらの情報源の中には、起業のためのアイディアの探し方や、財務予測をする際のスプレッドシートの使い方、効果的なプレゼンテーション資料の作成方法などまで解説しているものもある。

　これら事業計画書に関する情報の多くは、その形式や各項目の具体的な書き方、実例やサンプルが記載されているため、これらの情報を適当に用いて要領よく自分の起業アイディアをまとめれば、ある程度のレベルの事業計画書を作成することが可能だ。また、こうした情報に触れることで、一般のビジネスパーソンが起業への意欲を駆り立てられるケースもあるだろう。実際にこれらの情報には見るべきところも多く、起業を志すのであれば、こうした情報にある程度は触れ、自分なりの考えを簡単にまとめておくのは有益であろう。日本には起業家が少ない、あるいはベンチャー企業が育たないとはよく聞かれる議論であるし、実際にその通りだと思うことは多い。しかし、普通のビジネスパーソンが起業するために必要な情報を得ることはこの何年かで非常に容易になっているようだ。

　一方、簡単に得られる事業計画書関連情報の多くは、いかに簡単に事業計画書を作成することができるかという、あまりに実務的な点に焦点をあてて

いるため、マニュアル的な内容に終始しているものが目立つ。実務的な情報に頼りきって安易に事業計画書を作成し、それに沿って事業計画を説明したとしても、事業計画の考え方の本質を理解していないことを見抜かれる可能性は高い。本質的な理解が欠けていることを見抜かれると、他者から協力を得ることは困難になるだろう。結果として、これらの情報は、必ずしも事業計画書作成に関して起業家の抱える問題を解決しているとはいい難い。

これまで、多くの起業家の事業計画書、あるいは事業計画に関するプレゼンテーションに接する機会を得てきた。こうした機会から学んだことは、事業計画とは起業家が自らの経営するベンチャー企業をどのように成長させるのかという戦略と密接に関係しており、その戦略を理論的かつ、体系的に理解している起業家の事業計画は多くの人を納得させ、共感させるということだ。こうした体験は、当然その起業家に対する協力という行為につながる可能性が高くなる。

本章では、ベンチャー企業がどのように成長するのかという戦略を理論的に考察すると共に、事業計画書全体を考える際に必要な経営学の理論やフレームワークを紹介する。もちろん、経営学の理論やフレームワークは多岐に渡るため、ここでは、起業家が事業計画を策定する際に最低限知っておくべきものを選んで解説したい。本章でいう理論とは、社会科学の研究において、個々の現象や事実を統一的に説明して予測する力をもつ体系的知識のことであり、フレームワークとは、情報分析、問題発見・解決、戦略立案の際に利用する「思考の枠」のことで、物事を考える枠組みのことをいう。

本章で紹介するものは、その両方に当てはまるものが多いが、少なくとも既に多くの起業家や研究者がその妥当性を認めたものである。

もちろん、事業計画書の作成にあたっては、机上の理論やフレームワークなどを学ぶまでもなく、すでに存在するマニュアル通りに作成すれば十分だという考え方もあろう。また、そもそも起業家の直感に頼って経営する方がベンチャー企業を成功に導く確率が高いと考えてしまう場合もあるかもしれない。多くの起業家は直感で起業し、経営しているように思われるし、そうした経営が成功したケースが喧伝されることは多い。しかし、起業家の直感

による起業と経営が失敗に終わったケースのほうがはるかに多いのが事実である。

確実に成功するための方法論はありえないが、これまで蓄積されてきたベンチャー企業や起業家向けの理論を学び、それを事業計画書の作成に活かすことで失敗するリスクを軽減することは可能だろう。起業家の役に立つ経営学の理論やフレームワークは数多いが、以下では起業のアイディア段階、あるいは事業計画書の作成においてこれらからどのように学び、活かすべきかについて、ベンチャー企業の戦略の相互依存性という観点から考察したい。

2 事業計画書とベンチャー企業の戦略：戦略の相互依存性

ベンチャー企業の経営はあらゆる企業経営の中で最も困難なものだろう。この理由は2つある。

1つ目の理由

大企業や既存の中小企業には、それまでの経営の中で培ってきた有形無形の資産が存在しているのに対して、設立されて間もないベンチャー企業はほとんど何も資産をもたないからである。

たとえば、一部上場企業のような大企業では、全くの新人が急に経営者に登用されたとしても、そのことが即座に企業の倒産につながるとは考えにくい。しかし、規模も小さく、歴史も浅いベンチャー企業で同じことが起これば、それは倒産のような最悪の事態を招く可能性は高いだろう。

これは、大企業や既存の中小企業の場合、すでに開拓してきた市場や、蓄積してきた金融資産、構築してきた組織的資産、あるいは仕事を進める上でのノウハウ、企業ブランドといった有形無形の資産を有しているためである。一方、ベンチャー企業の場合、起業家個人あるいは経営チームだけが資産であり、仮に起業家がいなければ事業そのものが成り立たなくなるケースは多い。

起業家は、なんの資産も持たない状況から、企業を生み出し継続させなけ

ればならない。米国におけるベンチャー企業研究の大家であるティモンズはベンチャー企業にとってのアントレプレナーシップの重要性を指摘し、「実際に何もないところから価値を創造する過程である」と定義しているが、まさにアントレプレナーシップがなければ、ベンチャー企業が存続することはありえないであろう。[1]

2つ目の理由

大企業や既存の中小企業とは異なってベンチャー企業は急成長するものであり、この過程で様々な困難に直面するためである。[2] もちろん、大企業や既存の中小企業も成長はするものの、ベンチャー企業の成長パターンはこれらとは全く異なる。ティモンズはベンチャー企業の成長ステージを図表6-1のように図示しているが、この図はベンチャー企業経営の難しさを凝縮している。

一般にベンチャー企業の成長は売上高か従業員数で測られることが多いが、ここでは横軸に時間、縦軸に売上高をとって、時間の経過によるベンチャー企業の成長パターンが一般化されており、併せて従業員数も示されている。ベンチャー企業の場合、売上高や従業員数がゼロから始まり、10年程度の間に急激な成長を果たす。[3] この10年をティモンズは「スタートアップ期」と「急成長期」としており、起業家にとって最も困難な課題が急成長期に生じるとしている。[4] これは、ベンチャー企業以外の企業が経験することのないステージだといえよう。逆に考えれば、現在は図表6-1の安定成長期にあるような企業が、既存の大企業や中小企業ともいえる。

事業計画書を作成するにあたり特に重要なことは、このベンチャー企業の経営を困難なものにしている2つの理由である。起業家の目標すなわち自らのビジネスの成功とは、この企業の成長そのものを意味していると捉えら

---

1) ティモンズ（1997）、p.220
2) 実際、ベンチャー企業の定義の中には成長という概念が含まれているものが多い。たとえば、松田（1998）等。
3) ここでは、ベンチャー企業の例が一般化されているが、より短期間で急成長を果たす業種も多い。たとえば、インターネットビジネスの場合、この曲線はより急激になるだろう。
4) ベンチャー企業の成長ステージに関する考え方には、このほかにも様々なものがある。

| 図表 6−1 | ベンチャー企業の成長ステージ |

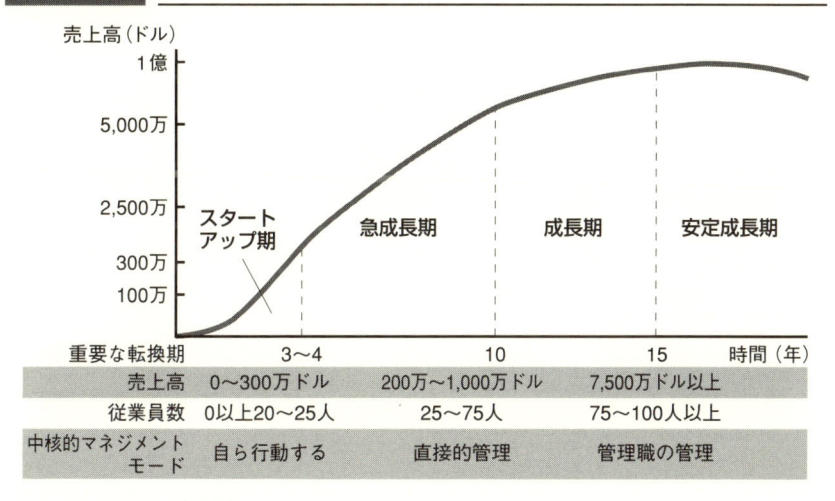

売上高（ドル）

	スタートアップ期	急成長期	成長期	安定成長期
重要な転換期	3〜4		10	15	時間（年）
売上高	0〜300万ドル	200万〜1,000万ドル		7,500万ドル以上
従業員数	0以上20〜25人	25〜75人		75〜100人以上
中核的マネジメントモード	自ら行動する	直接的管理		管理職の管理

出所：ティモンズ（1997）

　れるが、この成長を成し遂げるためには、複数分野の経営に関する重要な意思決定を整合的かつ、速やかに行う必要がある。

　スミス、スミス（2004）はこの複数の意思決定に関して市場戦略、財務戦略、組織戦略の相互依存性観点からベンチャー企業が成長するための戦略に関するフレームワークを紹介し、これらの意思決定が調和していれば、成功の確率が最も高くなるとしている（図表6−2）。

　先に、ベンチャー企業の成長は一般的に売上高や従業員数の増加で測られると述べたが、これは、売上高が増加すればより従業員数を増やしてより大きな組織が必要とされるためである。一般的には、売上高が急増すれば必然的にオペレーションの量も急増し、いつまでも創業当初のマネジメントチームだけで業務を遂行することは困難になる。また、売上高の増加に伴って業務を多角化すればより多くの製品ラインを持つことになり、そのためにはより多くの人材が必要となる。その反面、組織を拡大させないまま売上だけを急成長させることは困難であろう。こうした観点からみれば、製品やサービ

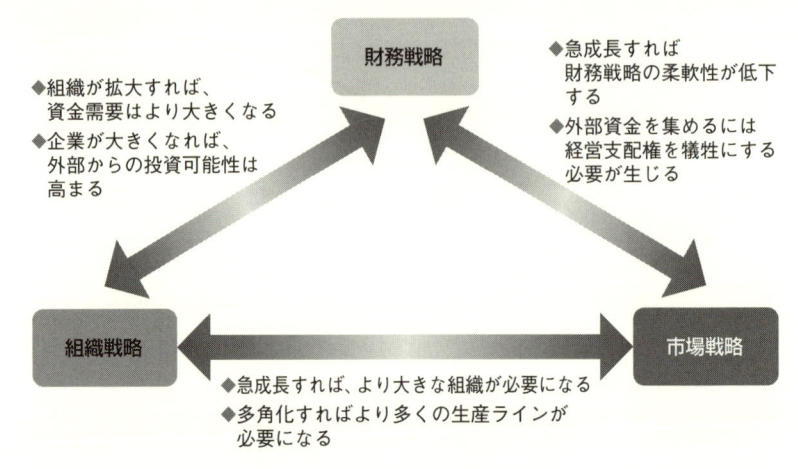

図表 6-2　ベンチャー企業の戦略に関するフレームワーク

```
                        財務戦略
    ◆組織が拡大すれば、              ◆急成長すれば
      資金需要はより大きくなる         財務戦略の柔軟性が低下
    ◆企業が大きくなれば、              する
      外部からの投資可能性は         ◆外部資金を集めるには
      高まる                            経営支配権を犠牲にする
                                        必要が生じる

    組織戦略  ←――――――――――→  市場戦略
              ◆急成長すれば、より大きな組織が必要になる
              ◆多角化すればより多くの生産ラインが
                必要になる
```

出所：リチャード.L.スミス、ジャネット.K.スミス（2004）

スの売上高を増加させるための市場戦略と、組織を構築するための組織戦略は互いに依存関係にあることがわかる。

　また、売上や組織が拡大すれば、仕入れのためのコストや従業員の増加に伴う支払給与の増加によって、資金需要は急拡大する。しかし一方では、企業組織や売上高が大きくなれば投資を始めとする外部からの資金調達を行いやすくなる。この際に、起業家がもしもエクイティファイナンスを活用して資金調達を実施すれば、経営権の一部を外部の関係者に渡すことになり、その後の経営の意思決定に影響を与えることになる。この観点からみれば、財務戦略と組織戦略も互いに依存関係にある。

　このように、起業家がベンチャー企業を経営するためには、互いに相互依存する市場戦略、財務戦略、組織戦略を速やかにかつ同時に検討して実行していかなければならない。製品やサービスが優れているだけでは成長することは困難であり、これら各戦略を整合的に実行できて初めて、ベンチャー企業は成長することができる。

したがって、起業家が事業計画書を作成する場合、以上に述べたような市場、財務、組織の各戦略が整合的に考えられ、急成長を果たすことの可能性があることを精緻に表現できるかが非常に重要となる。また、投資家を始めとするベンチャー企業の各ステークホルダーは、この整合性に注目することが多い。こうした戦略の相互依存性をうまく事業計画書に表現できると、様々なステークホルダーからの協力をえることが容易になるだろう。

　以下このことを念頭に、ベンチャー企業の戦略を市場戦略、財務戦略、組織戦略の3つに分け、事業計画書の作成に深く関連すると思われる既存の理論、フレームワークに関して解説する。特に、起業家が起業のための事業計画書に着手する段階、あるいは、非常に初期の段階に必要とされる、最も根源的なことに絞って、既存の考え方を解説する。

3　市場戦略：成長するためのビジネスチャンスの考え方

　起業家が、どういうロジックでそれをビジネスチャンスと捉え、起業するのかは成長するベンチャー企業の事業計画の中では最重要なパートだと考えられる。成長やビジネスチャンスに関する考え方やロジックが正しく表現されていれば、様々なステークホルダーは事業計画を安心して理解することができる。

　起業家が自らのベンチャー企業の成長を考える上で最も重要なのは、どのようなことをビジネスチャンスと捉え、どのような産業分野で起業するかである。シェーンは、起業家が優れたビジネスチャンスを捉える方法論に関して分析し、「10の鉄則」として整理しており、どの鉄則も起業家にとっては示唆に富む。[5] 以下ではその中から、事業計画書を作成する前段階で検討すべきことを選んで解説したい。

　特に重要なことは、起業家が有利な産業を選ぶ重要性とビジネスチャンス

5）シェーン（2005）

に関する考察である。ビジネスチャンスはビジネスモデルの根幹をなすものであるが、そもそも起業のためのアイディアを考える際に、ビジネスチャンスに関して考察しない起業家はいないであろう。しかし実際には、多くの起業家が直感などに頼るのに対し、ここで挙げられた考え方を適用すると極めて理論的にビジネスチャンスを考察できる。

ここでシェーンは "Inc.500" の分析を基に、起業するには有利な産業分野と不利な産業分野があることを発見し、起業家はその産業がベンチャー企業にとってどれだけ有利かを調べて事業を開始する必要があると指摘する。[6]

シェーンがこの点に関して提起しているのは以下の4点である。

◧ ベンチャー企業にとって有利な産業と不利な産業
① 知識特性

事業を行う基礎となる知識の特徴によってベンチャー企業に有利かどうかが決まるということである。ベンチャー企業でも容易に扱うことができるものと、既存企業にしかできないものがあり、特に、製造プロセスが複雑な場合、新しい知識の創造が多く必要な場合、知識が十分に文書化されていない場合、イノベーションの生まれる場がバリューチェーンの内側である場合、製造とマーケティングが付加価値の大半といった場合はベンチャー企業に不利である。

② 需要特性

市場（顧客需要）が十分な大きさであるか、またはその市場の成長が十分に速いか、及び市場が非常に細分化されているかに関するものである。特に市場が細分化されている場合はニッチ（隙間）市場にベンチャー企業が参入する余地がある。

---

6) Inc.は、米国で出版されている、成長する中小企業に焦点を当てたビジネス雑誌で、『ビジネスウイーク』、『フォーチュン』、『フォーブス』等と同様に最も権威のあるビジネス雑誌とされる。Inc.500とは、Inc.誌が選んだ急成長企業のランキングのこと（http://www.inc.com/）。

③ 産業のライフサイクル

ベンチャー企業が参入しようとしている産業が成熟産業かどうかを指している。顧客の増加が停滞し、既存企業が圧倒的な経験を有する成熟産業よりも、製品やサービスを供給する競合企業が少なく、その産業分野における経験が蓄積できないような新しい産業のほうがベンチャー企業にとって有利となる。

④ 産業構造に関する分析

製品やサービスの提供プロセスにおいて、巨額の資本を必要とするような資本集約度が高い産業、広告集約度が高い産業、シェアの集中度が高い、つまり大手企業が占めるシェアが非常に高い産業、そしてその産業に参入している企業の平均規模が大きいような場合は、いずれもベンチャー企業には不利であると論じている。この考えは、一般には参入障壁の高さとして議論されることが多い。これらは、いずれもベンチャー企業が成長可能であるかどうかと密接に関係する考察である。起業家は、事業計画を考える以前にこうした理論に触れる必要があるだろう。

シェーンは続いて、ビジネスチャンスを「商品が製造コスト以上の価格で売れる状況」と位置づけ、起業家がビジネスチャンスの源泉を見つける方法に関しても理論的考察を行っている。商品が製造コスト以上の価格で売れるということは、顧客のニーズが満たされていないことを意味しており、より優れた方法で顧客ニーズを満たすことができる可能性があるためである。

こうしたことを踏まえて、シェーンは音楽CDがレーザーの発明というテクノロジーの変化から生まれた例を挙げ、ビジネスチャンスは「変化」によってもたらされると論じ、起業家は、変化がどのようなビジネスチャンスをもたらすのかを見極めた上で事業をスタートさせるべきだと強調している。

◆ ビジネスチャンスをもたらす変化

シェーンはテクノロジーの変化、政策や規制の変化、社会や人口動態の変化、産業構造の変化の4つを挙げる。

① **テクノロジーの変化**

　一般的にこれまで不可能であったことを可能にする、あるいはこれまでよりもはるかに効率的にできるようにするものであり、この変化はビジネスチャンスに直結する可能性がある。

② **政策や規制の変化**

　テクノロジーの変化同様にビジネスチャンスに直結する。新規事業を阻む参入障壁の除去などはその例であろう。実際には規制によって直接阻まれている、あるいは規制の下では採算が合わないために参入できないという起業アイディアは多いだろう。通信事業者に対する規制緩和がブロードバンドビジネスを活性化させたことはその好例である。また、新たな規制によって需要が喚起される場合もある。チャイルドシートの着用がドライバーに義務付けられれば、チャイルドシートに付随する新たなビジネスを生むことになる。

③ **社会や人口動態の変化**

　人々の嗜好を変化させ、これまでに存在しなかった需要を生み出す。ここでシェーンは、女性の社会進出による冷凍食品市場の活性化、育児ビジネスの活性化や体臭に関するエチケットの向上がデオドラント関連ビジネスを活性化させた例を挙げて、社会の変化が新たな需要の喚起に直結したことを説明している。このような社会の変化はいつでも起こりうる。環境意識の高まりなどはこの例だろう。また、わが国においては、"超"高齢社会といった人口動態の急速な変化が定着しつつある。起業家は、あらためてこうした変化からどのようなビジネスチャンスを見出せるのかを考えてみるべきだろう。

　こうした変化を分析するためのツールにPEST分析がある。PEST分析とは、外部から直接的間接的に影響を与えるマクロ環境要因を、4つのカテゴリーに分類・整理して事業へのインパクトを評価するための手法であり、Political factors（政治的要因：法律改正、政権交代、規制の変化など）、Economic factors（経済的要因：景気動向、インフレ・デフレ、GDP成長率、失業率等）、Social factors（社会的要因：文化の変遷、人口動態、教

育、犯罪、世間の関心等)、及びTechnological factors（技術的要因：新技術の完成、投資動向等）の頭文字をとったものである。[7]

　もちろん、これら4つの要因を全て網羅的に分析するには膨大な時間やコストが必要であるため、起業家はビジネスチャンスを考えるにあたって、事業に関連の深い重要な要因や環境変化に絞って分析する必要がある。たとえば、携帯電話事業への進出を検討する場合は、Political factorsとして新たな帯域での新規参入の認可や番号ポータビリティ制度の導入などが挙げられる。Economic factorsとしては、長期的なデフレやそれに伴う携帯電話の基本料金の低下があるだろう。Social factorsとしては、携帯電話契約者数の伸び悩みや若年者・高齢者ユーザーの増加、そしてTechnological factorsとしては、第三世代携帯電話の登場やスマートフォンの普及とそれに伴うアプリケーションの増加等が挙げられるだろう。

④ 産業構造の変化

　シェーンがビジネスチャンスをもたらす変化として最後に挙げているのは、企業の破綻や合併、買収による産業構造の変化である。

　これらの現象が起こると産業内の競争力学が変化し、ベンチャー企業にも参入可能なニッチな事業領域が生まれることがある。この例として、シェーンは、米国の大手航空会社のハブ・アンド・スポーク方式の採用による集約化が不採算路線からの撤退を生み、それによってローカル空港間を結ぶ新しい航空会社が誕生したことを挙げている。

　ドラッカーもビジネスチャンスの捉え方に関して、シェーンと同様のフレームワークを提示している。ドラッカー（1997）は起業機会を体系的に調べるための方法論を「イノベーションのための7つの機会」として挙げている。これらの機会とは、

---

[7] 起業家が事業計画を検討する際に有益な環境分析のツールは数多く開発されている。代表的なものには、3C分析、SWOT分析、ポートフォリオ分析、競争環境分析などがあるが、事業計画書を作成するにあたっては、こうした分析ツールは、いずれも本章で述べてきたビジネスチャンスを客観的に分析するフレームワークと考えられる。起業家がこれらを的確に用いて、社内外の環境をできるだけ正確に把握することが重要である。

1) 予期せぬ成功と失敗を利用する
2) ギャップを探す
3) ニーズを見つける
4) 産業構造の変化を知る
5) 人口構造の変化に注目する
6) 認識の変化を捉える
7) 新しい知識を利用する

の7つである。[8] これらはシェーンの考察と非常に近いが、実際の事例が豊富であり、ドラッカーの考察らしく示唆に富んでいる。

ドラッカーはイノベーションに関する明確な定義は避けているが、イノベーションを「起業家に特有の道具」と位置づけており、「変化を当然のものとすること、さらにいえば健全なものとすること」が起業家精神の原理だとしている。ドラッカーのいうイノベーションのための機会とは、変化を活用してビジネスチャンスを発見するためのものだと解釈できよう。

ビジネスチャンスに関するシェーンとドラッカーの考察を紹介してきたが、ここで述べてきたようなビジネスチャンスに関する考え方や探索方法は、起業家のための理論の中でも一般的なものである。バイグレイブ／ザカラキス（2009）は市場規模や成長率といった点に関して事業機会チェックリストを提示し、起業家にとって優れた事業機会と劣った事業機会を分類している。ここに提示されている事業機会に関する考え方も、これまで説明してきたものとほぼ同様のものである。[9]

以上、ビジネスチャンスを発見するために役に立つ既存のフレームワークに関して述べてきたが、できる限り正しいと思われる方法でビジネスチャンスを発見できたとしても、起業家はそれだけで成長するベンチャー企業を生み出せるわけではない。

---

8) ドラッカー（1997）
9) バイグレイブ／ザカラキス（2009）、p.165

◪ 新規事業創造の必要条件

　ティモンズは、起業プロセスの構成要件として、創業者、起業機会の認識、必要資源の3つを挙げ、これらを適切に分析し、最大限に活用することで成功の可能性が飛躍的に向上するとしている。[10] ティモンズによれば、これら3つの構成要件は互いに、その他の要件との適合性を確保できなければならない。具体的には、創業者が感じる起業機会は必要な資源を確保・管理する能力と適合しなければならないということである。

① 創業者

　起業プロセスの要件の中で最も中心的な存在である。通常、新規事業を成功させる要件に関する議論は、その事業のマーケットの将来性を重視する考え方と、創業者と経営チームの能力を重視する考え方に分かれるが、ベンチャーキャピタル（VC）が最も重要視するのは常に経営チームの質と過去の実績だとされる。

② 起業機会

　ティモンズの指摘も先に述べたビジネスチャンスに関する考え方とほぼ同様であるが、特に、起業家が自らのアイディアをそのままビジネスチャンスと取り違えることに警鐘を鳴らしている。ティモンズは、アイディアを起業機会の出発点であり核であるとしながらも、全てのアイディアが起業機会ではありえないとする。これは、起業機会はマーケット志向である必要があり、単に新製品を生み出せることだけを起業機会と捉えてはならないためである。実際に、起業家のアイディアは、その後のサービス・製品開発や売買契約に比べて過大評価されやすいが、起業家のひらめきだけで急成長するベンチャー企業は稀である。

　ティモンズは、発明と新製品に伴う開発者の強烈な所有意識や、独創的なアイディアから生まれる起業家の思い込みが、事業の成功に必要な洞察力を

---

10) ティモンズ（1997）、pp.28-29

阻害する危険性に関しても論じている。確かに、よりよい製品開発は必ずしも事業の成功を保証しないということに関しては、様々な事例がある。

③ 必要資源

　ここで重要なのは、起業機会を捉え、事業を成功させるために要する資源の特定・収集・管理である。そもそも、資源をもっていない起業家は最小の資源から最大の成果を引き出す必要がある。ビジネス上の、あるいは個人的なネットワークを最大限に利用し、相手と有利な条件で取引し、資金等、様々な経営資源を調達することは極めて重要である。起業家は資源を必ずしも保有する必要はなく、外部資源を所有することなく、管理・利用することが必要になる。

　ここでティモンズが挙げた3つの構成要件は必ずしも初めから互いに適合していない場合がほとんどであろう。たとえば、起業家が起業機会を認識しても、起業に必要な資源を調達できるとは限らず、その起業機会に最適な経営チームを集められることは少ない。3つの構成要件を適合させる、言い換えればそれぞれの要件を適合させるために、幾度となく試行錯誤を繰り返す必要がある。

4　財務戦略：成長を支える資金調達と資本政策の考え方

　起業家は自らの経営するベンチャー企業の成長スピードをあげる必要に迫られている。これは、事業を拡大していくための時間を短くするということであるが、そのためにはより多くの売上を上げなければならない。そして、より多くの売上を上げるためには、より多くの資金を調達する必要がある。これは、事業が成長すると少なくとも増加運転資金が必要になり、手元のキャッシュが足りなくなるためである。事業が自然成長率を上回って成長すると過小資本の問題が生じ、経営者の給与の支払いすらできない場合もあるし、事業自体が黒字で成長を続けていても、倒産あるいは事業売却に至るケ

ースも多い。

　また、成長のための資金調達とは異なるが、ほとんどのベンチャー企業は創業後、製品やサービスを販売して売上や利益を計上できるようになるまである程度の時間を必要とする。まったく収入がないこうした期間に、起業家は設備や機材の購入、リース料、オフィスの賃貸料など、様々な先行投資をしなければならない。特に、研究開発型の企業で研究開発に多額の費用をかけ、製品を市場に供給するまでの時間が長い場合は、先行投資の額がかさむことになる。[11]

◆2種類のファイナンス手法

　このように、ベンチャー企業が成長する、あるいは製品・サービスの提供ために資金が必要なことは極めて簡単に説明できるが、特に起業家は成長のための資金をなんらかの手段で調達しなければならない。つまり、起業家は効率的なファイナンスの手法に関して理解し、それを事業計画書で示さなければならない。

　一般にファイナンスの手法にはデットファイナンス（Debt finance）とエクイティファイナンス（Equity finance）の2種類がある。デットファイナンスとは、銀行借入や社債発行により調達する他人資本のことであり、エクイティファイナンスとは新株や新株予約権付社債の発行などにより調達する株主資本のことである。バランスシート上では、他人から借りれば負債が増え、株主の自己資金によるものであれば株主資本が増える。つまりどちらが増えても企業の資産は増えることになる。こうした会計上の知識は重要であるが、ここではより単純化して、デットファイナンスは銀行借入による資金調達、エクイティファイナンスは株式発行による資金調達と理解してもかまわないだろう。

---

[11] このような研究開発の成果が実用化されるまでの間、開発コストがかさみ資金不足に陥った状況は「死の谷（Death Valley）」と呼ばれ、研究開発型ベンチャー企業が成功する上では乗り越えなければならない課題のひとつとされる。

① 銀行借入

　「銀行借入」とは、借り入れる時に約束したとおりの利子を金融機関に支払い、償還期限が来たら借りた資金を返済する義務を負い、通常は担保が必要となる。

② 株式発行による資金調達

　「株式発行による資金調達」とは、増資のことを指す。企業は株主によって所有されているため、増資で得た資金は返済する必要のない資金となる。

　増資は無償増資と有償増資に分けられる。有償増資は公募増資、株主割当増資、第三者割当増資に分けられる。資金調達手法のバリエーションを増やすため、起業家はこれら増資の種類や、発行可能な種類株式に関しても学ぶ必要があるが、以下では、増資による資金調達を行う際、起業家にとって最も重要な問題だと思われる資本政策に関して述べる。

◆資本政策とその目的

　資本政策とは、一般には株式公開に向けて株主構成や資金調達等に関する計画を作ることをいうが、上場を目指さない場合でも、資本政策の策定は起業家や経営チームにとって重要事項であることに変わりはない。

　資本政策を具体的にいえば資金調達のための株主割当増資、第三者割当増資、ストックオプション、株式分割等の手法を適切なタイミングで実施する計画を立てることであるが、より単純化すれば、いつ、誰に、いくらで、そしてどのような方法で株式の移動、増資等をしていくかを計画することである。増資や株式の移動は一度実行するとやり直しがきかないため、起業家は、慎重に資本政策を策定した上でエクイティファイナンスを実行しなければならない。またその際には、証券取引法、会社法、税法、株式公開規制に配慮しつつ、投資家を含む利害関係者の同意を得られるような努力が必要であり、早い段階で専門家のアドバイスを得る等の対処が重要となる。

　一般的な資本政策の目的は、
1）創業者のシェアの維持・安定株主対策

2) 創業者のキャピタルゲイン確保
3) 従業員・役員へのインセンティブ付与
4) 株式公開基準の充足
5) 事業承継対策

等が挙げられるが、そもそもエクイティファイナンスを実施するということは資金供与と引き換えに企業の経営権の一部を譲渡することであるため、簡単にこれらの目的を達成することは難しい。

これは、起業家や経営陣の持ち株比率（発行済株式数に対する持分割合）と資金調達額がトレードオフの関係にあり、持株比率を下げずに資金を調達することは不可能であるためである。企業が株主によって所有され、株主に承認された取締役会がその経営を行っていることは改めて説明するまでもないだろう。当然、持株比率により、株主の権利の程度は異なる。持株比率が高ければ、広範で強い権利を有するし、持株比率が低ければ、狭く弱い権利に留まる。[12] エクイティファイナンスによって資金調達を行った結果、起業家や経営チームの持ち株比率が低下すれば、企業をコントロールする権限が希薄化されてしまう。

◆資本政策と株価との相関

こうしたことから考えると、必要な資金を調達しつつ、経営陣のシェアを確保できるような資本政策をいかに策定できるかが重要になる。そのためには株価の決まり方に関してきちんと理解する必要があろう。資金調達額を株価で割ると新株発行数が算出できる。このとき、株価が高ければ高いほど新株発行数は少なくて済む。起業家の持株比率は起業家の持株数（既存株式＋新株発行数）であるため、新株発行数が少ないほど、起業家の持株比率低下の程度は少ない。

---

[12] 具体的には2/3以上のシェアを持てば株主総会の特別決議を成立させられるし、定款変更も可能となる。1/2以上のシェアでは、資本多数決の多数側であるため経営権の確保が可能である。また、1/3以上のシェアがあれば、株主総会の特別決議の否決が可能で、拒否権を有する。

また、高い株価で新株を発行すればするほど第三者への経営権の移転は少なくなる。つまり、起業家はエクイティファイナンスを実行する以前に自社の企業価値を向上させる、あるいは企業価値の将来性を示す必要がある。そのためには必然的に、売上高や利益が実際に向上することを理論的に示すなど、企業の成長可能性の確かさを投資家に示さなければならない。

ベンチャー企業とベンチャーキャピタル（以下VC）

ベンチャー企業がエクイティファイナンスを実施する際、最も重要な投資家はVCであろう。神座（2005）は、VCを「株式を公開していない段階にある有望なベンチャービジネス、または起業家を発掘し、事業成長のための資金を供給し、投資先ベンチャービジネスの経営支援を行って株式公開を促進し、公開後に市場で株式を売却して資金回収を図る投資会社」と定義している。[13]

ここで指摘されているようにVCは成長性の高いベンチャー企業を発見して資金供給を行うだけでなく、自らのリスクを最小化するため起業家に対して企業が成長するための様々なアドバイスを行い、投資先企業の企業価値をできるだけ速く高める。経験豊富なVCから投資を受けることができれば、起業家は資金だけでなくベンチャー企業経営に関するノウハウを得ることができる上、VCのもつ人的なネットワークを活用することも可能である。また、VCから投資を受けることで信用が高まり、事業環境が改善することも考えられる。

VCにおける「出口戦略」

しかし、VCから投資を受ける際にはVCがどのような目的で投資を行い、どのように投資収益を得ているのかに関する基本的理解が必要である。[14] VCはベンチャー企業にとっての資金の供給者であるが、VCに出資した出資者にとっては資金の運用者である。したがって、VCは投資した資金を何らかの手段で回収しなければならず、どのような手法で回収するのかは出口

---

13) 神座（2005）、p.2
14) VCのビジネス、国内VCの詳細な情報に関しては忽那憲治、長谷川博和、山本一彦（2006）に詳しい。

戦略と呼ばれる。

　この出口戦略として一般的なのは、投資した企業の上場による市場での株式売却と、投資したベンチャー企業が買収されることによる他社への株式売却である。[15] つまり、当初の予測よりも成長が滞った場合には株主として経営権を行使することになり、その際に、必ずしも起業家の経営判断に従うとは限らない上、上場後も安定株主として企業の経営に協力してもらうことは期待できない。

安定株主対策

　一方で、上場を考える起業家にとっては、資本政策を策定する上での安定株主対策は非常に重要になる。安定株主とは上場後も株式を継続保有してくれる株主のことであり、一般的には創業者、経営チーム、取引先等、キャピタルゲイン確保のために投資をするのではない投資家を指し、これら安定株主と創業者の持株比率を合算して過半数以上になることが望ましいとされる。これは、仮に上場できたとしても、その後もベンチャー企業には安定した経営体制が必要であるためである。企業を実質的に支配できる議決権の過半数を所有していれば、敵対的買収などへの対処も可能になる。起業家の最終目標は、上場することだけではないだろう。上場後の成長も見据えた上で、投資家の役割や資本政策を考える必要がある。

　ここでは、ベンチャー企業が成長するためのエクイティファイナンスに関する基本的な問題に関して述べてきたが、起業家は必ずしも常にエクイティファイナンスで資金調達を行う必要はないし、むしろデットファイナンスの方が適切な場合もある。

起業家と資本コスト

　起業家は調達する資金にかかるコスト（資本コスト）を考える必要がある。ここでいう資本コストとは、企業が資本を調達・維持するために必要なコストを指す。デットファイナンスの提供者の場合、起業家に対して金利を要求

15）正確には、このほかにもSecondary-Sale（他の株主への市場以外での株式売却）、Buy-Back（投資先企業による株式の買い戻し）があるが、上場した場合が最も投資企業の価値が高く、Secondary-SaleやBuy-Backは企業が好調でない場合が多いため、株価が低い場合が多い。

し、金利は企業にとってのコストとなる。

　一方、エクイティファイナンスの提供者の場合、起業家に要求するのはリターン、言い換えれば株式に対する配当、及び株価、つまり企業価値の上昇である。ベンチャー企業が配当を行うケースは少ないが、企業価値の上昇は、エクイティファイナンスを実施しなければ、元々既存の株主のものであるが、新株発行によってその価値は希薄化することになり、それは企業にとってのコストとなる。投資家はベンチャー企業に投資をするというリスクに見合うだけのプレミアム、つまり企業価値の急上昇を要求するため、エクイティファイナンスは、一般的に割高だとされる。

　ここでは、デットファイナンスとエクイティファイナンス、それぞれの資本コストに関して非常に簡単に解説したが、起業家は資本コストをきちんと考えた上でファイナンスの計画を策定して、それを事業計画書に反映させる必要があろう。また、一般的な資金調達のポイントとしては、調達金額、調達期間（短期資金か長期資金か）、調達コスト、経営権に対する影響、ディスクロージャーの必要性（株式や債券を発行するには、ディスクロージャーが必要）などを総合的に検討する必要があり、その際にも、資本コストに対して敏感になるような姿勢も求められる。こうしたことを検討する際には、既に上場を果たした同業他社の目論見書や有価証券報告書をつぶさに分析することが重要になる。

　どのように成長し、成長のための資金をどのようにして獲得するのか、言い換えれば、どのようなファイナンス手段を考えていて、それは企業の成長とどのように関連しているのかといった点に関して、起業家は最低でも本章で挙げたような点に関しては理解した上で、自分の考えを事業計画書に盛り込まなければならない。

5　組織戦略：成長のインフラとしての組織の考え方

　ベンチャー企業の成長を測る指標は、一般的には売上高と従業員数であると先に述べたが、企業の成長は従業員規模、言い換えれば組織の規模の拡大

を指しており、組織を作っていく能力は起業家に求められる能力の中でも特に重要なものであろう。

◪ 経営チームの重要性

　自らのベンチャー企業が成功することを事業計画書で表現するために起業家が理解すべき最も重要なことは、経営チームの重要性であろう。

　ベンチャー企業の経営チームは企業の成功に多大な影響を及ぼす。ティモンズ（1997）は、職業の代替、家族の雇用機会としての生業企業と、急成長するベンチャー企業との大きな違いは、高いレベルの経営チームの存在であると指摘し、そうした経営チームの存在しないベンチャー企業が必ずしも失敗するわけではないが、優秀な経営チームなくしてはベンチャー企業が急成長することは困難であると述べている。[16] 成長するベンチャー企業の経営チームの共通点として結束、チームワーク、誠実性、長期的コミットメント等が挙げられる。これらはいずれも簡単に醸成することのできるものではないが、起業家が自らの経営チームのどのような関係が、成功につながるのかを考察する際には大いに参考になるだろう。

　VCの投資行動も、経営チームによって大きく左右され、経営チーム重視の投資活動を行うVCは多い。「Bクラスの事業計画をもつAクラスの人物に投資することを常に考えるべきで、Aクラスの事業計画をもつBクラスの人材には投資してはならない」というのは、VC業界では通説になっている。こうしたことから、資金調達と同様、経営チームの確保は起業家にとっての最重要テーマであり、事業計画書に、いかに優秀で経験のある経営チームを組成しているのかを記載できるかどうかは、資金調達にも重大な影響を及ぼす可能性がある。

　起業家や事業領域によって、経営チームには様々なものがあると考えられるが、一般的には、取締役会設置会社[17]における取締役と捉えるのが妥当

---

16) ティモンズ（1997）、p.252
17) 取締役会を置く株式会社及び会社法の規定により取締役会を置かなければならない株式会社（会社法第2条7号）。

だろう。取締役3人以上で構成される取締役会は会社の機関であり、取締役は取締役会に出席して会社の業務全般を掌握し、取締役会の決議に参加し、この取締役会の決議で会社の意思決定がなされる。もちろん、執行役員をおく等の場合もあり、経営チームにどのような権限や、職制をあたえるのかは、企業によって様々である。

しかし、創業者である起業家が仮に代表取締役CEOの職に就くとしたら、組織を動かしてCEOの考えを実行することできるCOOや、企業のオペレーションを的確にチェックできるCFOなど、ステークホルダーがその経歴などから簡単に理解できるような人材を経営チームのメンバーとして事業計画書に記入することができるかどうかは非常に重要であろう。

◤最初に行うべきこと「ビジョンの策定」

起業家、あるいは経営チームが組織を構築し、ビジネスを行う際の重要項目はビジョンの策定であろう。

ビジョンとは、一般には起業家や経営チームが考える企業の理想の姿を言葉で表したものであり、様々な戦略の策定に直接的影響を与える。[18] もちろん、起業家が起業した時点で明確なビジョンを経営チームに伝えており、そのビジョンのもとに経営チームが集まるような場合も多いだろう。

ビジョンは、理想の姿を言葉にしたものであるため、その企業がどのようなビジネスをしようとする企業で何を目的とするのか簡潔に表現されている必要がある。起業家は事業計画書では必ずビジョンを示す必要があるが、それは様々な関係者に起業家や経営チームの考える企業の目標を伝え、それによってそれら関係者の意思決定に影響を与えると共に、成功に向けて、社内外の結束を高める効果をもつ。

たとえば、ベンチャー企業においては、当初の予定通り事業が進むことはまれであるが、ビジョンはそうした困難に直面した際の事業展開や経営戦略

---

18) ビジョンと同様の概念に企業哲学や企業理念などがあり、明確に区別をすることは困難であるが、ビジョンはこれらの概念に比べて具体的な目標であることが多く、ベンチャー企業の成長ステージや環境によって変化するといった特徴がある。

の再構築や、社員の力を一つの方向に結集するための道標、あるいは心のよりどころとなる。経営チームはビジョンを実現するプロセスを検討して具体的な経営計画を策定すると共に、現状をビジョンと比較し、そのギャップを埋める方法を考えるのが仕事となる。

　一貫したビジョンの基に開発された製品・サービスは顧客に対する企業への信頼を生み出す上、そのようなビジョンが共有できるような新規取引先や顧客拡大の可能性もあるだろう。また、投資家にとってもビジョンは投資判断の基準のひとつであり、ビジョン自体にその企業の企業価値以上のものを見出してもらえることもありうるだろう。

　ビジョンは、一般には創業者・経営チームの夢や理想を基に、周囲の評価やディスカッションを経て作り上げるものであり、創業者の夢をそのままビジョンにすればよいとは限らない。実現可能性、時代に即した事業の方向性等の観点からビジョンを見直す必要もあろう。このためには経済環境やマーケット、自社保有の資源などを適宜見直すと共に、情報の収集・分析を経て作り上げなければならない。ビジョンの実現にはステークホルダーの協力が必要であるため、ビジョンをステークホルダーに浸透させることが、ビジョンを実現するために不可欠ともいえる。

　経営チームとビジョンは起業家が事業計画を策定する上で最も早期に考えなければならないことであるが、起業家は成長を遂げるために、より長期的な組織開発を検討しながら事業計画書を作成しなければならない。

　フラムホルツ／ランドル（2001）は、年間売上高の規模と平行しながら組織が拡大していくことを指摘した上で、組織規模が拡大するに従って通過する成長段階を、7段階（第1段階：ニューベンチャーの創設、第2段階：事業拡大、第3段階：プロフェッショナリゼーション、第4段階：コンソリデーション、第5段階：多角化、第6段階：統合、第7段階：衰退・再活性化）に分類し、それぞれの段階における売上高の規模と経営者が重点的に開発すべき課題を提示している。

　また、企業をベンチャー企業とプロフェッショナル企業に分類し、利益や予算管理のあり方、リーダーシップ、企業文化等、様々な側面からこの2つ

| 図表 6−3 | 成長と組織開発 |

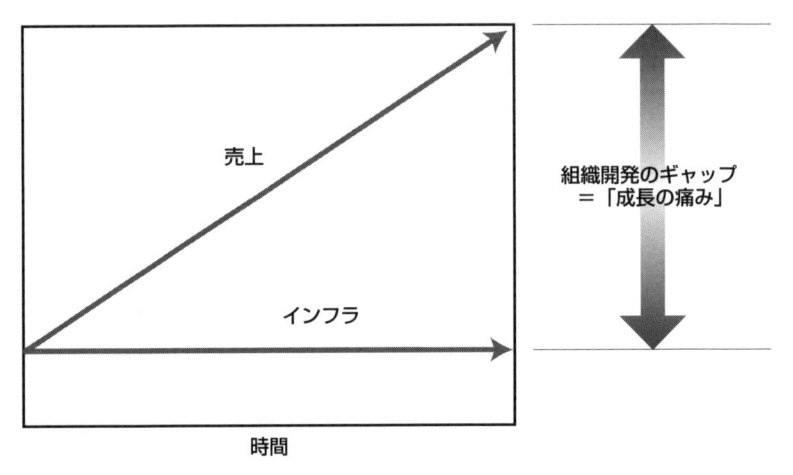

（図：縦軸に売上が右肩上がり、横軸に沿ってインフラが横ばい、両者の差が「組織開発のギャップ＝「成長の痛み」」として示されている。横軸は時間。）

出所：フラムホルツ／ランドル（2001）

の企業の相違点を分析し、最初の４段階（ニューベンチャーの創設～コンソリデーション）までの段階をベンチャー企業がプロフェッショナル企業に至るまでの段階であるとしている。

　特に重要なのは、成長と組織開発の間にズレが生じることであり、売上高で判断される成長段階からみればプロフェッショナル企業に当たるが、その組織開発がうまくいっていないと、企業を支えるインフラが発達せず、破綻の可能性が高まるとする。こうした状態を示したものが図表6−3である。ここでのインフラとは組織自体を指し、時間と共に売上げが増加しても、企業がビジネスを行う上でのインフラとしての組織がそれに見合った成長を遂げることができない場合、組織開発のギャップが生じることを示したものであり、このギャップを、ベンチャー企業が成長する際に体験する「成長の痛み」だと表現している。

◧ ベンチャー企業の成長に見合った組織開発を行うために

　こうした「痛み」を和らげるためにはどうしたらよいのだろうか。フラムホルツ／ランドル（2001）では、先にあげた成長段階を理解し、その移行を管理するためのフレームワークとして、起業家や経営チームが何をするべきなのかを3つのステップで解説している。

① **最初のステップ**
　起業家と経営チームは企業組織が現在必要とされているもの、及び将来必要となるものを適切に満たしているのかどうかを評価することになる。

② **次のステップ**
　最初のステップを基に組織開発計画を作成する。組織開発とは、企業の全般的能力を向上させるための計画をたて、それを実施するプロセスのことであり、業務効率と収益性を上げることが目標となる。起業家と経営チームはベンチャー企業が次のステージにうまく成長できるように組織開発計画を策定することが重要となる。

③ **最後のステップ**
　組織開発計画を実行に移し、その進捗状況をモニターする。ここでは新たな組織の開発、社内教育プログラムによるマネジメント能力の開発が含まれ、マネジメント能力、リーダーシップ能力の双方を開発することになる。ここで重要なのはモニターの視点であり、新たな組織の能力が企業成長のためのニーズを満たしているかどうかを考える必要がある。

◧ 組織の長期的成長のために

　フラムホルツ／ランドル（2001）はベンチャー企業の長期的な成長のために組織構造、マネジメント能力の開発、組織コントロールシステムの3つの点から、各成長段階に応じて、経営者がどのようなことをなすべきかに関して整理することが重要であることを指摘している。

① **組織構造の定義**
　一般的には組織図を指すことが多いが、人材をどのように組織化するかということである。人材の組織化は計画的に行われるのではなく、その場その場の決断が積み重なった結果として形成されることが多く、成長段階に応じた組織構造が必要となる。企業の成功はさらなる成長を促し、新しい組織構造が要求される。組織構造は機能に従うべきなので、要求される機能を滞りなく実行できる組織構造である必要が生じる。組織構造がうまく定義されていない場合、組織の目標達成能力に大きな問題が生じる。

② **マネジメント能力の開発**
　従業員一人ひとりに効果的なマネジメントスキルを身につけさせることである。業務を担当するマネージャーが、現在及び将来において業績を残す能力を高めるプロセスであり、これには参加者のコミットメントが重要であるため、起業家や経営チームは従業員にコミットメントを促していかなければならない。急成長するベンチャー企業では、次々とマネージャーを育成できないと次の成長に問題が生じるため、この能力開発は成長のために必要である。

③ **組織コントロールシステムの構築**
　組織の目標達成に向けて、従業員が望ましい行動をとる可能性を向上させるように設計された一連のメカニズムのことであり、組織の目標を達成するように従業員を動機づけるために設けるものである。全ての従業員が常に目標に沿った行動をとることは不可能であるが、組織にとって望ましい行動をとる可能性を高め、組織の目標と個人の目標をできるだけ合致させられれば理想的とされる。多くの企業で業績管理システムが整備されているが、成長していく過程で組織のあらゆる階層において人々の業績を管理する方法がきちんと整備されていないと、企業の成長に好ましくない影響を与えることになる。ここで提示されたフレームワークは、成長するための組織戦略を起業家が考える際には深い示唆に富んだものといえよう。
　ここで紹介した、成功するために起業家が考えなければならないベンチャ

一企業の組織戦略に関して、当たり前のことと考えてしまう場合もあるだろう。しかし、ここで述べたことは、組織を構築する上ではどんなベンチャー企業でも直面する課題を一般化したものであり、これらを前もって認識しておくことは、未来の課題を前もって知ることである。また、市場戦略や財務戦略は模倣される可能性があるが、組織戦略は模倣困難であるため、一般には他社との差別化の決定的な要因になる可能性があるだろう。

6 まとめ

　本章では事業計画書を作成する際に最も重要だと思われる考え方に関して、市場戦略、財務戦略、組織戦略の観点から簡単な解説をしてきた。ここで紹介した各戦略に関する理論やフレームワークはほんの一部であり、起業家が学ばなければならないことはあまりに多い。先に述べたとおり、ベンチャー企業の経営があらゆる企業経営の中で最も困難なものである。起業家は、戦略の相互依存性に関して理解すると共に、それらを整合的かつ速やかに実行するために、ここで示したものを端緒としてより多くを学ばなければならないであろう。

　もちろん、ここで挙げたような理論やフレームワークに関して真摯に学び、誰もが納得するような事業計画書を作成することができたとしても、それが即座に成功に繋がるわけではない。大半のベンチャー企業は起業家の当初の期待通り成長することは叶わず、倒産にいたるケースも多い。こうした失敗のリスクをゼロにすることはもちろん不可能である。しかし、事業計画書がビジネスを成功させるための航海図だとしたら、それが理論的であればあるほど、失敗するリスクは軽減できるはずである。

　少なくとも、成長を果たすためには適切にビジネスチャンスを捉え、資金調達を実施すると共に、成長を支える組織構築の基本的枠組みに関して理解し、それらが事業計画書に反映されていることは極めて重要だといえよう。

　事業計画書を作成する前、あるいは作成の過程でもかまわないが、起業家はここで述べてきたような経営学の理論やフレームワークに関して学びなお

してみてはどうだろうか。また、それだけでなく経営学全般に関して体系立てて学べば、その経営基盤はより強固になると考える。星野リゾートが急成長したのは、星野佳路社長が既存の経営学の教科書をきちんと理解し、いわゆる「教書通りの経営」を実践したことにあるとされる。[19]

　起業家の成功への鍵はこれまでに書かれた経営学の教科書にちりばめられている。

参考文献

ジェフリー・A・ティモンズ『ベンチャー創造の理論と戦略——起業機会探索から資金調達までの実践的方法論』千本倖生、金井信次訳、ダイヤモンド社（1997）

スコット・A・シェーン『プロフェッショナル・アントレプレナー——成長するビジネスチャンスの探求と事業の創造』英治出版（2005）

ピーター・F・ドラッカー『新訳　イノベーションと企業家精神（上）』上田惇生訳、ダイヤモンド社（1997）

リチャード・L・スミス／ジャネット・K・スミス『アントレプレナー　ファイナンス』山本一彦ほか訳、中央経済社（2004）

ウィリアム・バイグレイブ／アンドリュー・ザカラキス『アントレプレナーシップ』高橋徳行ほか訳、日経BP社（2009）

エリック・フラムホルツ／イボンヌ・ランドル『アントレプレナーマネジメント・ブック』加藤隆哉監訳、ダイヤモンド社（2001）

松田修一『ベンチャー企業』日本経済新聞社（1998）

神座保彦『概論　日本のベンチャー・キャピタル』ファーストプレス（2005）

忽那憲治、長谷川博和、山本一彦編著『ベンチャーキャピタルハンドブック』中央経済社（2006）

中沢康彦『星野リゾートの教科書——サービスと利益　両立の法則』日経BP社（2010）

19）中沢（2010）

第3部 起業へのプロセス

Chapter 7
資金調達の選択肢と関門

Chapter 8
起業を円滑・確実にする「営業力」
〜出会いと巻き込みによる成功法

Chapter 9
起業の法務

Chapter 10
アジア展開の三大拠点

Chapter 7

資金調達の選択肢と関門

1　金融機関からの借入について

◆**種類と限度額**

① **銀行借入れの種類**

　まずは、もっともポピュラーな銀行借入れについて見ていこう。もちろん、銀行の中には、都市銀行、地方銀行、第2地方銀行、信託銀行、信用金庫、信用組合などが入る。

・**証書貸付**

　借入れといえば証書貸付が一般的、代表的である。証書貸付は、「借用証書を差し入れて資金の融資を受ける」方法で、主に設備資金、長期運転資金、住宅ローンなど、長期にわたる融資に使われる。また、最近流行の消費者ローンも証書貸付で行われている。つまり、毎月分割して返済していくものだ。ただ、例外的に最終回に一括で返済するケースもある。

・**手形貸付**

　借用証書に代えて、「約束手形を銀行宛てに振り出して、資金の融資を受ける」方法である。主に短期の運転資金やつなぎ資金などに使われる。一括返済となるため、往々にして返済ができず、手形の書替をするケースが見られる。これを手形のジャンプという。

図表 7−1　ファクタリングの一例

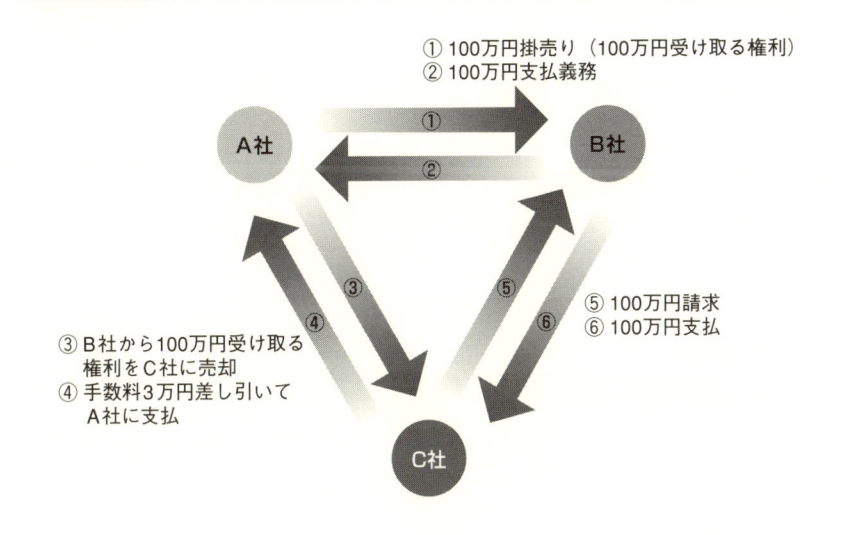

① 100万円掛売り（100万円受け取る権利）
② 100万円支払義務
③ B社から100万円受け取る権利をC社に売却
④ 手数料3万円差し引いてA社に支払
⑤ 100万円請求
⑥ 100万円支払

・手形割引

「商取引に基づいて受け取った約束手形や為替手形を銀行が買い取り、資金を融資する」方法である。ただ、最近は手形での受け取りをせずに、ファクタリング（債権買取）といってファクタリング会社に債権を譲渡し、ファクタリング会社から手数料が差し引かれてお金が振り込まれるケースが増えている（図表7−1）。そのため、手形割引は減少傾向にある。

・当座貸越

「当座貸越契約を結び、一定の限度額を定め、その限度額までは当座預金の残高を超えても支払いに応じる取引」のことである。一般的には、当座預金についての貸越契約をいうが、総合口座やカードローンといった普通預金についての貸越契約も含まれる。

② **借入限度額の判断基準**

　企業の倒産はある日突然訪れるのではない。必ずといっていいほど前兆が

ある。そこで、借りる側としてもどの程度の借入金であれば倒産の心配がないのか、借入限度額をつかみ、危険シグナルを察知することが大切といえる。

ここでは以下の4つの判断基準をあげるが、これら複数の基準を併用し、客観的に検討することが重要である。

1) 自己金融力
これは、借入金の返済原資である当期純利益と減価償却費で1年間の借入金の元利合計がまかなわれているかどうかを見る。借入金の元利合計よりも、当期純利益と減価償却費の合計額の方が大きければ問題はない。

2) 借入金対総資本比率
これは、借入金合計を総資本で割った値である。30％以下であれば安全圏といえるが、30～50％だと要注意で、50％以上はかなり危険といえる。

3) 借入金月商倍率
これは、借入金が月商の何倍あるかを求めたもので、一般的に、平均月商の3カ月分以下であれば安全圏といえる。4～5カ月分でやや注意、6カ月以上では危険といえる。

4) インタレスト・カバレッジ・レシオ
これは、企業の金利負担能力を示す比率である。企業が通常の営業活動によって得た利益が、支払利息や手形割引料などの金利負担の何倍あるかを見るもので、次の計算式で求める。
インタレスト・カバレッジ・レシオ＝(営業利益＋受取利息＋受取配当金)÷(支払利息＋手形割引料)
この数値が3倍超であれば安心といえる。1.5～2倍は要注意、1倍以下はかなり危険といえる。

以上のほかにも、倒産予知といった視点において考えられる指標としては、経常収支比率や自己資本比率があげられる。

経常収支比率が95％以下になったら要注意で、2期連続して95％を切ったら、かなり危険といえるだろう。

◆融資業務
① 融資業務の流れ

融資業務の流れは、
「融資申込受付→融資判断（審査）→決裁・承認→融資実行→融資実行後の事後管理→回収」
となっている。

まず、融資の申込をし、それを受け付けてもらうところから始まる。受付時には金融機関制定の融資申込書と企業の実態把握のための資料として、決算書3期分と事業計画書、そして資金使途を確認できる資料の提出を求められる。

次に徴求された資料を基に融資の可否を判断してもらうことになるが、融資の申込金額によって店長決裁と本部決裁に分けられる。店長決裁であればスピーディに融資の実行が行われるが、本部決裁となると少々時間がかかる。

決裁が下りると、申込人にその旨の連絡がある。このとき、「保証人を増やすように」とか「不動産担保を提供するように」といった、何らかの条件が付く場合がある。この条件をのまなければ融資を実行してもらえないため、通常はのまざるを得ない。ただし交渉によっては、条件を緩和したり、条件をなくすことも可能である。

融資案件が決裁・承認されると、融資形態に応じた書類を作成し、提出することによって融資が実行される（図表7－2）。

融資は実行が終わればそれで終了というわけではなく、キチンと全額返済して初めて終了といえるので、借りてしまえばこっちのものといった考えではなく、しっかり返済できるよう本業に専念しなければならない。

② 融資のポイント

金融機関は融資の申込を受けると早速審査に入るが、融資の決裁が下りる

図表7-2　融資に必要な書類

融資科目		必要書類
1. 共通		◆銀行取引約定書　◆印鑑（実印・取引印） ◆口座振替依頼書　◆商業登記簿謄本（法人）　◆定款（法人） ◆印鑑証明書　　　◆戸籍謄本または住民票（個人）
	2. 手形割引	◆手形割引申込書　◆商業手形
	3. 手形貸付	◆手形貸付申込書　◆約束手形
	4. 証書貸付	◆証書貸付申込書　◆金銭消費貸借証書
	5. 当座貸越	◆当座勘定貸越約定書
6. 担保		◆（根）抵当権設定契約書（不動産担保） ◆担保提供者の委任状（不動産担保） ◆担保差入証（預金担保）　◆印鑑証明書（不動産担保）

この他過去3期分の決算書や事業計画書等

かどうかのいちばんのポイントは返済能力にあるといえる。

そのため金融機関は、過去3期分の決算書などによる財務状況の把握だけでなく、事業計画書などの提出を求め、今後の収益力や資金繰りなどを検討する。

ただ、基本的に銀行などでは創業資金の貸出は行っていない。そのため、創業資金の場合は信用保証協会保証付きの制度融資を利用することになる。

たとえば設備資金の申込であれば、申込人はこの設備を導入することによって生産力がどの程度アップし、それに伴い売上がどの程度増え、収益がどれくらい増えるかを希望的観測ではなく、より現実的な数字で資金の流れと共に事業計画書に記さなければならない。そして金融機関側は、徴求した事業計画書の信憑性を検討し、融資の判断材料とする。

・資金使途と申込金額

また、返済能力と共に検討されるのが資金使途の確認と申込金額の妥当性である。資金使途の確認は金融機関にとって基本的な必須要件であり、申込

金額の妥当性も返済能力との兼ね合いから重要な検討要素である。

・担保

もうひとつ大きなポイントは、担保である。従来は担保至上主義といい、担保さえあればどんな申し込みでも受け付けていた傾向があった。しかし、担保はあくまで最終回収手段であり、基本的には担保に頼らず、きちんとした約定返済が望ましい。

・返済能力

したがって、返済能力の有無がいちばん重要となるのである。この返済能力の見極め力を融資審査能力というが、この能力が低いため担保に依存した融資が多く行われていたといえる。最近では、担保重視の融資傾向を反省する向きもあるが、保全という意味では担保の必要性は否定できない。

・申込人の人物

さらに重要なポイントとして、融資申込人そのものがある。事業経験や経営能力だけでなく、性格や人格、生活態度も評価の対象となる。過度な遊興癖の有無、交友関係、健康状態など対象となる点は数多くある。性格的には、責任感が強く、信義を重んじる人であれば文句なしである。

◆金融検査マニュアル

① 信用格付け制度の概要

金融庁の検査官が金融機関を検査する際のマニュアルとして「金融検査マニュアル」が作成されている。そのなかに「信用格付け」についての規定があり、金融機関も債務者に対する貸出審査の基準として参考にしている。金融機関は債務者の財務内容、格付け機関による格付け、信用調査機関の情報などに基づき、債務者の信用リスクの程度に応じて信用格付けを行うことになった。

各金融機関は、決算書に基づく財務の点数と財務以外の点数から総合点を導き出し、5段階から10段階の格付けを設定している。

ちなみに、この格付けに応じて貸出金利が決定されるので、低い金利で融資を受けようとするならば、高いランクの格付けを取得しなければならない。

財務における評価項目としては、
1）安全性（自己資本比率、流動比率など）
2）収益性（売上高経常利益率、総資本経常利益率など）
3）成長性（売上高増加率、経常利益増加率など）
4）企業規模（売上高、純資産など）
5）償還能力（キャッシュフロー額、債務償還年数など）
がある（図表7-3）。

　財務以外の評価項目としては、企業特性（業歴、経営者、従業員、営業基盤など）や経営環境（業界動向、競合状況など）がある。

　評価の中心となるのは決算書の中身である。というのも、決算書に載っている数字をもとにいろいろな財務指標が導き出されるからである。その点で決算書は資金繰りにおける生命線といえる。

　また、財務以外の評価においては、業界動向がポイントになる。業界自体が衰退産業であれば、いくらその業界で現在上位に位置していても、業績下降は明らかだからである。今の技術を活かした業種転換を考えるべきである。

② 債務者区分

　金融機関は融資先を債務の返済状況に応じた債務者区分で分類している。この債務者区分は原則として信用格付けに基づき、債務者の状況などにより以下のように区分する。

・正常先

　正常先とは、「業績が良好であり、かつ、財務内容にも特段の問題がないと認められる債務者」をいう。黒字で延滞（返済の遅れ）がない債務者のことである。

・要注意先

　要注意先とは、
　a. 金利減免・棚上げを行っているなど「貸出条件に問題のある債務者」
　b. 元本返済もしくは利息支払いが事実上延滞しているなど「履行状況に問題がある債務者」

図表 7−3　信用格付け制度の概要

財務評価	
〈財務評価〉 財務データ評価の採点	
◆評価項目	
安全性	25点
（自己資本比率、流動比率など）	
収益性	25点
（売上高経常利益率、総資本経常利益率など）	
成長性	10点
（売上高増加率、経常利益増加率など）	
企業規模	10点
（売上高、純資産など）	
償還能力	30点
（キャッシュフロー額、債務償還年数など）	
合計	100点

財務以外の評価	
〈財務以外の評価〉 財務以外の評価の採点	
◆評価項目	
企業特性	25点
（業歴、経営者、従業員、営業基盤など）	
経営環境	25点
（業界動向、競合状況など）	
合計	50点

↓

信用格付け総合評価	
〈総合評価〉 財務評価、財務以外の評価の合計評点	
◆評価項目	
財務評価	100点
財務以外の評価	50点
合計	150点
【格付け】	
A＝110点以上…………優良先	
B＝100点以上…………良好先	
C＝80点以上……………一般先	
D＝60点以上……………消極先	
E＝60点未満……………警戒先	

c. 業況が低調ないしは不安定な債務者、または、財務内容に問題がある債務者など「今後の管理に注意を要する債務者」

をいう。

　具体的には、2期連続赤字先や3カ月未満の延滞先が該当する。ただし、創業赤字で、当初の事業計画と大幅な乖離がない債務者は正常先と判断してもよいことになっている。具体的には、黒字化する期間が原則としてだいたい5年以内で、売上高や当期利益が事業計画に対しておよそ7割以上確保されている債務者をいう。また、赤字企業であっても、以下の債務者については、正常先と判断しても差し支えないことになっている。

　　1）赤字の原因が固定資産の売却損など一過性のものであり、短期間に黒字化することが確実と見込まれる債務者
　　2）中小零細企業で赤字となっている債務者で、返済能力について特に問題がないと認められる債務者

　要は、債務者区分の検討においては、業者などの特性を踏まえ、債務者の業況、赤字決算の原因、企業の内部留保の状況、今後の決算の見込みなどを総合的に勘案して行い、本基準の要件を形式的に適用してはならないのである。

　さて、要注意先のうち「業況が低調ないし不安定な債務者」は要管理先として分けられるが、3カ月以上の延滞先や融資条件緩和先（返済日を延ばす、毎月の返済額を減らすなど）が該当する。

・破綻懸念先

　3期以上連続赤字先や6カ月未満の延滞先が該当する。

　ただし、「金融機関などの支援を前提として経営改善計画などが策定されている債務者」については、以下のすべての要件を満たしている場合、経営改善計画などが合理的でその実現可能性が高いものと判断される場合は、当該債務者は要注意先と判断してもよいことになっている。

　　1）経営改善計画などの計画期間が原則としてだいたい5年以内であり、かつ、計画の実現可能性が高いこと。
　　2）計画期間終了後の当該債務者の債務者区分が、原則として正常先とな

る計画であること。
　3）当該支援金融機関などが経営改善計画などに基づく支援を行うことについて、正式な内部手続きを経て合意されていることが文書その他により確認できること。
　4）金融機関などの支援の内容が、金利減免、融資残高維持などにとどまり、債権放棄、現金贈与などの債務者に対する資金提供を伴うものでないこと。

・**実質破綻先**
　実質破綻先とは、
　・事業を形式的には継続しているが、財務内容において多額の不良債権を内包している。
　・債務者の返済能力に比べて明らかに過大な借入金が存在し、実質的に大幅な債務超過の状態に相当期間陥っている。
　・そのため、事業好転の見通し、再建の見通しがない状況で、元金または利息について実質的に長期間（6カ月以上）延滞している債務者。
をいう。
　なお、金融機関などの支援を前提として経営改善計画などが策定されている債務者のうち、
　・経営改善計画などの進捗状況が計画を大幅に下回っており、今後も急激な業績の回復が見込めず、経営改善計画などの見直しが行われていない場合。
　・一部の取引金融機関において経営改善計画などに基づく支援を行うことについて合意が得られない場合で、今後、経営破綻に陥る可能性が確実と認められる債務者については、深刻な経営難の状態にあり、再建の見通しがない状況にあるものとして実質破綻先と判断してよいことになっている。

・**破綻先**
　法的・形式的な経営破綻の事実が発生している債務者をいう。具体的には、破産、清算、会社整理、会社更生、民事再生、手形交換所の取引停止処

分などの事由により、経営破綻に陥っている債務者をいう。

　以上、債務者区分について説明したが、ポイントは、要注意先は要管理先と単なる要注意先（その他正常先とする金融機関もある）とに分けられ、この違いが大きいことである。というのも、要管理先に分類されると、融資が受けられなくなるからである。もちろん、破綻懸念先以下に分類されても融資は不可能である。
　ただし、経営改善計画書などにより債務者区分の１ランクアップの道が残されており、将来的に明るい材料を持っていれば融資を受けられる可能性も残されている。
　また、金融庁の「金融検査マニュアル」には「中小企業融資編」といった別冊があり、「特に、中小零細企業については当該企業の財務状況のみならず、当該企業の技術力、販売力や成長性、代表者などの役員に対する報酬の支払い状況、代表者などの収入状況や資産内容、保証状況と保証能力などを総合的に勘案し、当該企業の経営実態を踏まえて判断するものとする」といった判断姿勢が載っており（図表７－４）、検証のポイントや事例が複数掲載されている。

◘ 担保と保証人
① 物的担保
　物的担保とは、債務者または第三者の一定の財産（不動産など）を優先的に確保することによって、債権を保全する制度である。
　民法には、留置権、先取特権、質権、抵当権の４種類の担保物件が規定されているが、ここでは融資に関係ある質権と抵当権について説明する。
　この２つの担保は、当事者の契約によって成立するため、約定担保物権という。これに対し、法律で定められたものを法定担保物件という。
　質権は担保を取得するために不動産などの目的物を移転するが、抵当権は目的物を移転せず、制限を加えるのみとなる。したがって、抵当権であれば、元の持ち主が目的物をそのまま使用できることになる。

図表7-4 「金融検査マニュアル別冊」中小企業融資編（金融庁）

技術力について

高い技術力を背景に、今後、受注の増加が確実に見込まれ、それにより業績の改善が予想できる場合には、こうした点を勘案する。

販売力について

販売網が優れているなど販売基盤が強固で、今後、これらの強みを活かして業績の改善が予想できる場合には、こうした点を勘案する。

業種の特性について

たとえば温泉旅館業のように新規設備資金や改築資金が多い業種については、現時点での表面的な収支や財務諸表のみならず、赤字の要因、投資計画に沿った今後の収支見込、返済原資の推移を勘案する。

経営改善計画の策定について

大企業のような精緻な経営改善計画がない場合であっても、これに代えて今後の資産売却予定や収支見込などをもとに返済能力を確認する。

代表者などの個人資産を加味することについて

企業に返済能力がない場合であっても、代表者やその親族に預金などの個人資産が多額にあり、当該資産を企業に提供する意思が明確な場合には、これらを勘案する。

代表者など経営者個人の信用力や経営資質について

健康上の理由など一過性の原因により業績が低迷しているが、代表者などの信用力や経営資質が非常に高く、今後、これらを背景として業績の回復が見込まれる場合には、こうした点を勘案する。

Chapter 7 資金調達の選択肢と関門

図表7-5　抵当権と根抵当権の違い

	抵当権	根抵当権
業務上の取り扱い区分	1. 特定の債権を担保するために設定する。設定時には、被担保債権が特定されている。 2. 設定時の特定債権についてのみ優先弁済を受けることができる。（利息その他の定期金の請求権利は、元本と最後の2年分に限定） 3. 特定債権が弁済などにより消滅すれば、抵当権も消滅する。（付従性を有する）	1. 不特定の債権を担保するために設定する。設定時には、被担保債権は特定されていない。 2. 優先弁済額は、将来の確定時において極度額の限度までである。（確定した元本および利息・損害金のすべてについて） 3. 付従性を有しない。（金融取引では、取引が反復・継続するため根抵当権が利用されることが多い）

　一方、質権は担保物件を債権者が占有するので、債務者にその使用・収益を失わせ、心理的圧迫が加わるため、間接的に弁済を強制する効果もある。
　一般的に金融機関の融資においては、預金担保融資の場合は質権を、不動産担保融資の場合は抵当権を設定する。
　なお抵当権と根抵当権の違いについては、図表7-5にまとめておく。

② **人的担保**
　人的担保は、物的担保がモノの価値によって債権を確保する手段であるのに対し、ヒトの信用で債権を担保する方法である。
・保証
　主たる債務者が債務を履行しない場合、主たる債務者以外のものがその債務を履行することを債権者に約束することである。
　たとえば、AがBに対して債務を負っているときに、CとBの間で、もしAが債務を履行しない場合には、Aに代わってCがその債務を履行する旨を

約束することである。これを保証債務といい、この場合のCを保証人という。

・**保証の特徴**

付従性、随伴性があり、そのほかに補充権がある。補充権とは、主たる債務者が履行しない場合に、保証人がその補充として債務を履行すべき責任を負うことである。

・**保証の種類**

単純保証と連帯保証があるが、銀行取引においては連帯保証を使う。なぜなら、連帯保証には催告の抗弁権と検索の抗弁権がなく、さらに分別の利益が認められないため、銀行にとって有利だからである。

催告の抗弁権とは、債権者が保証人に保証債務の履行を請求してきたとき、保証人がまず主たる債務者に債務の弁済を請求するよう抗弁できる権利のことである。この権利がないということは、いきなり保証人に弁済を求められても拒めないということになる。

検索の抗弁権とは、債権者が主たる債務者に催告したあとでも、保証人はさらに主たる債務者にはこれこれの財産があり、主たる債務者が弁済資力を有していること、かつ、債権者が主たる債務者から弁済を受けることが困難でないことを証明したとき、保証人が、債権者に主たる債務者の財産に対して執行するよう抗弁できる権利のことである。これがないということは、主たる債務者に資産があろうとも弁済をさせられることになるのである。

分別の利益とは、たとえば、A、B、Cがともに甲の負っている主たる債務（たとえば150万円）について保証人になると、保証債務はA、B、Cに分割され、原則として債務の額を平等の割合で分割した額（各自50万円）について保証債務を負担すればよいことをいう。

2 公的融資制度と助成金について

◻ 制度融資と信用保証協会
① 制度融資の概要

　制度融資とは、中小企業の人々が経営向上に必要な事業資金を円滑に調達できるように、たとえば東京では東京都と東京信用保証協会、取扱指定金融機関が協調して、低利な資金を提供する制度をいう。つまり、東京信用保証協会が東京都の趣旨に沿って中小企業者の信用保証を行ない、金融機関が東京都の定めた条件で「設備資金」や「運転資金」を融資するものである。

　申込手続きは、取扱指定金融機関になっている都内の銀行、信用金庫、信用組合などで行う。したがって、取引金融機関があれば、そちらの融資窓口で申し込むことになる。なお、金融取引のない人や取引の浅い人は、東京都、東京信用保証協会、商工会議所、商工会などの斡旋窓口に申し込むことになる。

　制度融資が利用できる人は、以下の4条件を満たす人となる。

1）資本金の額が3億円（卸売業1億円、小売業・サービス業5,000万円）以下、または従業員数300人（卸売業・サービス業100人、小売業50人）以下の中小企業・事業協同組合等。
2）都内に事業所（住居）があり、信用保証協会の保証対象業種を営んでいること。ただし、一定の業歴要件が必要となる場合がある。
3）法人税（所得税）事業税、その他の税金を滞納していないこと。
4）許可、認可、登録、届出等が必要な業種にあっては、当該許認可を受けていること。

　なお、農林、漁業、遊興娯楽業のうち風俗関連企業、宗教法人、非営利団体、その他不適当と認める業種の人は利用できない。

　また、「協会の保証付き融資」または「金融機関固有の融資」について、延滞などの債務不履行がある人や、銀行取引停止処分を受けている人、破産、民事再生、会社更生等法的手続き中の人は利用できない。

制度融資の詳細を図表7-6に示す。

② 信用保証協会の概要

　信用保証協会は、「中小企業者などに対する金融の円滑化を図ることを目的として設立された公的機関」である。現在全国に52協会あり、各地域で保証業務を行っている。ちなみに、2010年2月末現在の保証利用残高は約35.6兆円であり、件数は約340万件となっている（図表7-7）。

・保証の流れ

　信用保証協会は、中小企業からの保証の申込に対して、企業の事業内容や経営計画などを検討し、保証してもよいと判断したら、金融機関に保証の承諾を通知する。

　この通知に基づいて、金融機関も当該融資申し込みの検討に入る。従来は、保証協会の保証が付いた融資であれば、ほとんどの場合融資の実行に及んでいたが、最近では金融機関側の基準から外れていると、保証協会の保証付きであっても融資されないケースが増えている。それだけ、保証協会付き融資に延滞や焦げ付きが増えているからであろう。また、責任共有制度も影響があると思われる。

・代位弁済

　焦げ付きが生じた場合には、保証協会は、申込人である中小企業者に代わって金融機関に借入金の残金を返済する。これを代位弁済という。

　代位弁済が行われるため金融機関にはマイナスが生じないように思われるが、代位弁済の件数が多くなると手間がかかるのは当然として、責任共有制度から2割負担が生じるうえ、保証協会付きの融資が取り扱えなくなることもある。そのため、やはり融資には慎重にならざるを得ないのである。

　保証協会側としては、代位弁済をすると求償権（支出した金額を請求できる権利）を取得するので、その後は申込人である中小企業者に直接返済を求めることになる。

・利用条件

　製造業では資本金3億円以下、従業員数300人以下、卸売業では資本金1

図表 7−6　制度融資の詳細

（平成22年4月現在）

制度名 （略称）	融資対象	融資限度額	資金使途 融資期間	利率 (年)	連帯保証人	物的担保
小口 資金融資 （小口）	・中小企業信用保険法第2条第2項に定める小規模企業者 ・この融資を含め全国の信用保証協会保証付融資の合計残高が1,250万円以下	1企業・組合 1,250万円	運転資金 7年以内 設備資金 10年以内 （据え置き6カ月以内を含む）	右図の金利表を参照	法人 　代表者個人 個人 　原則不要 組合 　代表理事	原則として 無担保
小規模 企業融資 （小企）	従業員数が製造業等30人以下（卸・小売・サービス業では10人以下）の中小企業者	1企業 8,000万円			法人 　代表者個人 個人 　原則不要	原則として 無担保
産業力 強化融資 （チャレンジ）	・公的機関の認定・認証・登録等を受けて実施する事業 ・東京都等の助成金の交付決定を受けた事業 ・平成22年度において重点的支援を行う事業等	1企業 1億円 1組合 2億円	運転資金 設備資金 10年以内 （据え置き2年以内を含む）		法人 　代表者個人 個人 　原則不要 組合 　代表理事	8,000万円以下 無担保 8,000万円超 有担保
区市町村 認定書 必要型 （経営緊急）	セーフティネット保証（5号）に係る区市町村長の認定を受けた中小企業者及び組合	1企業 2億8,000万円 1組合 4億8,000万円	運転資金 設備資金 10年以内 （据え置き2年以内を含む）		法人 　代表者個人 個人 　原則不要 組合 　代表理事	
区市町村 認定書 必要型 （経営セーフ）	セーフティネット保証（1〜4号、6〜8号）に係る区市町村長の認定を受けた中小企業者及び組合	1企業 1組合 2億8,000万円				
区市町村 認定書 不要型 （経営一般）	・最近3カ月の売上が前年同期比5%以上減少又は減少見込 ・金融機関からの総借入金が前年同期比10%以上減少 ・倒産等企業に事実上の債権を有している ・災害により事業活動に影響を受けている ・東京都知事が指定するもの	1企業 1億円 1組合 2億円	運転資金 7年以内 設備資金 10年以内 （据え置き1年以内を含む）		法人 　代表者個人 個人 　原則不要 組合 　代表理事	

※このほかにもたくさんの種類がある。

〈金利表〉【責任共有制度の対象となる融資の利率】

制度名 借入期間	「チャレンジ」 「経営セーフ」 （7、8号） 「経営一般」 固定金利	「小企」「創業」「組」	
		固定金利	変動金利
3年以内	1.7％以内	2.1％以内	短プラ ＋0.9％以内
3年超　5年以内	1.8％以内	2.3％以内	
5年超　7年以内	2.0％以内	2.5％以内	
7年超　10年以内	2.2％以内	2.7％以内	

※責任共有制度について
東京都制度融資を利用する際には、信用保証協会が原則として融資額の100％を保証していたが、平成19年10月から、一部を除き8割保証となり、金融機関が信用リスクの2割相当を負担することになった。
（責任共有制度の対象外となる融資の利率は、対象となる利率より0.2％低いものとなる。）

億円以下、従業員数100人以下、小売業では資本金5,000万円以下、従業員数50人以下、サービス業では資本金5,000万円以下、従業員数100人以下となっている。

・保証料

基本的には1％の料率であるが、貸出の条件によって多様なため確認を要する。

政府系金融機関による支援制度

① 日本政策金融公庫

日本政策金融公庫は、旧国民生活金融公庫や旧中小企業金融公庫などを一本化するため、2008年10月に発足した全額政府から出資の政府系金融機関である。

・目的

「一般の金融機関が行う金融を補完することを旨としつつ、国民一般、中

図表7-7　信用保証協会の概要

【信用保証協会】（2010年2月現在）
保証利用残高………約35.6兆円
店　舗　数………全国に52協会
※設立………1951年1月（全国信用保証協会協議会）／1955年7月（全国信用保証協会連合会）

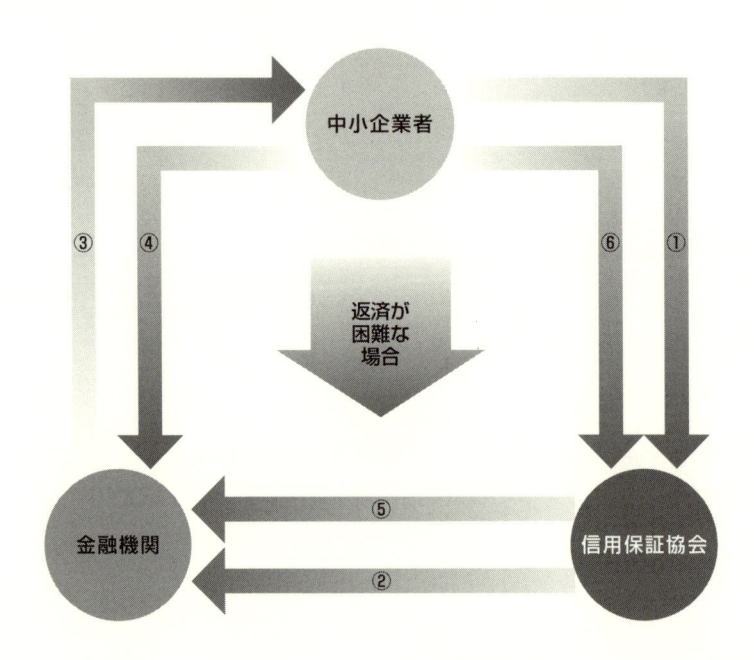

```
                    中小企業者
         ③  ④                  ⑥  ①
                    返済が
                    困難な
                    場合
                      ↓
       金融機関   ←⑤―   信用保証協会
                  ―②→
```

① 保証申し込み………信用保証協会、または金融機関窓口へ
② 保　証　承　諾………企業の事業内容や経営計画などを検討し、保証の諾否を決め、金融機関に連絡
③ 融　　　　　資………保証承諾の通知を受けた金融機関は資金を融資する。このとき信用保証料が必要
④ 償　　　　　還………融資条件に基づき、借入金を金融機関に返済
⑤ 代　位　弁　済………万一、なんらかの事情で返済ができなくなった場合は、信用保証協会が中小企業者に代わって、金融機関に借入金を返済
⑥ 返　　　　　済………その後、中小企業者と信用保証協会の相談をもとに同協会に借入金を返済

小企業者及び農林水産業者の資金調達を支援するための金融の機能並びに我が国にとって重要な資源の海外における開発及び取得を促進し、並びに我が国の産業の国際競争力の維持及び向上を図るための金融の機能を担うとともに、内外の金融秩序の混乱又は大規模な災害、テロリズム若しくは感染症等による被害に対処するために必要な金融を行うほか、当該必要な金融が銀行その他の金融機関により迅速かつ円滑に行われることを可能とし、もって我が国及び国際経済社会の健全な発展並びに国民生活の向上に寄与すること。」となっている。複数の事業を営むためこのような幅広い目的となったのである。

ちなみに、2009年3月末現在、全国で152支店、総融資残高は、国民生活事業（旧国民生活金融公庫）7兆5,392億円、農林水産事業（農林漁業金融公庫）2兆7,583億円、中小企業事業（旧中小企業金融公庫）5兆6,393億円、国際協力銀行7兆2,806億円、危機対応円滑化業務1兆4,301億円となっている。

・国民生活事業とは

対象者はほとんどの業種の方で、幅広く融資業務を行っている。無担保・無保証人融資もあり、かなり使い勝手はいい。セーフティネット（経営安定のための資金）として、社会的、経済的環境の変化などにより売上が減少するなど業況が悪化している人や取引企業などの倒産により経営に困難をきたしている人向けの融資の他、創業・第二創業として、事業を始める人や事業開始後概ね5年以内の人や、経営多角化・事業転換などにより第二創業を図る人向けの融資、企業再生・事業承継のための資金、社会貢献・環境対策の促進・少子高齢化への対応など多くの種類がある。もちろん設備資金などの融資もある（図表7-8）。

◆創業資金融資

前項において日本政策金融公庫における新規開業資金について触れたが、ここでは都の制度融資と足立区斡旋融資における創業資金について図表7-9にて紹介する。

図表 7-8　日本政策金融公庫（国民生活事業）

◆新規開業資金（新企業育成貸付）

対象者	次のいずれかに該当される方 1. 現在お勤めの企業と同じ業種の事業を始める方で、次のいずれかに該当する方 　1）現在お勤めの企業に継続して6年以上お勤めの方 　2）現在お勤めの企業と同じ業種に通算して6年以上お勤めの方 2. 大学等で修得した技能等と密接に関連した職種に継続して2年以上お勤めの方で、その職種と密接に関連した業種の事業を始める方 3. 技術やサービス等に工夫を加え多様なニーズに対応する事業を始める方 4. 雇用の創出を伴う事業を始める方 5. 1～4のいずれかを満たして事業を始めた方で事業開始後おおむね5年以内の方
資金使途	新たに事業を始めるため、または事業開始後に必要とする資金
融資額	7,200万円（うち運転資金4,800万円以内）
返済期間	設備資金　15年以内〈うち据置期間3年以内〉 運転資金　5年以内（特に必要な場合は7年以内） 〈うち据置期間6カ月以内（特に必要な場合は1年以内）〉
利率（年）	・【基準金利】 ・事業の拡大が見込まれるものの、黒字化に至っていない方（注1）の設備資金・運転資金【特利A】 ・技術・ノウハウ等に新規性が見られる方（注2）の設備資金【特利C】
取扱期間	平成24年3月31日まで
保証人・担保	融資に際しての保証人、担保（不動産、有価証券等）などについては、お客さまの希望を伺いながら相談。

(注1) 次のすべてに該当する方
1. 融資後3年以内に雇用の拡大を図る方
2. 最近の決算期における売上高（または最近の売上高）が前期に比し10％以上増加している方
3. 最近の決算期において経常利益が赤字（個人の方は所得300万円以下）であるが、融資3年以内に黒字化（個人の方は所得300万円超）が見込まれる方

(注2) 一定の要件を満たす必要がある。詳しくは支店窓口まで。

※ 使いみち、返済期間、担保・保証人の有無などによって異なる利率が適用される。
※ 技術・ノウハウ等に新規性が見られる方は、上記以外の返済条件（実績連動金利型貸付）や、一定の要件を満たせば挑戦支援融資制度も利用できる。

基準金利	5年以内　　　　2.25％ 5年超6年以内　2.35％ 6年超7年以内　2.45％ 以下1年ごとに0.1％上乗せ（14年超16年以内、17年超19年以内は2年同率） 19年超20年以内3.55％となる。
特利A	5年以内　　　　1.85％ 5年超6年以内　1.95％ 6年超7年以内　2.05％ 以下1年ごとに0.1％上乗せ（14年超16年以内、17年超19年以内は2年同率）
特利C	5年以内　　　　1.35％ 5年超6年以内　1.45％ 6年超7年以内　1.55％ 以下1年ごとに0.1％上乗せ（14年超16年以内、17年超19年以内は2年同率）

以上のほかにも特利Zまである。

図表7-9　東京都の制度融資と足立区斡旋融資

東京都の制度融資

（平成22年4月現在）

制度名（略称）	融資対象	融資限度額	資金使途 融資期間	利率（年）	連帯保証人	物的担保
創業融資（創業）	次のいずれかに該当するもの ①事業を営んでいない個人で、創業しようとする者 ②事業を営んでいない個人で、自己資金があり、創業しようとする者 ③創業した日から5年未満の中小企業者及び組合 ④創業した日から5年未満であり東京都出資の投資法人傘下の投資事業有限責任組合から出資を受けている中小企業者 ⑤創業した日から5年未満で、独立行政法人中小企業基盤整備機構の「ベンチャーファンド」事業が出資する投資事業有限責任組合から出資を受けている中小企業者 ⑥分社化しようとする法人	1企業・組合 ①1,000万円 ②③④⑤ 2,500万円 ⑥1,500万円	運転資金 7年以内 設備資金 10年以内 （据え置き1年以内を含む）	図表7-6の金利表を参照	法人 　代表者個人 個人 　原則不要 組合 　原則代理事 （①②では不要）	原則として無担保

足立区斡旋融資

制度名	融資対象	融資限度額	資金使途	利率	連帯保証人	物的担保
創業資金 ①申告前	これから区内で創業する方及び区内で創業してから確定申告時期が到来していない方であって、「創業計画書」を作成し区の承認を受けている方（区の中小企業相談員の面接を受けること） ※1回限りの利用	1,000万円	運転資金 設備資金 併用資金 返済期間・据置期間は金融機関と保証協会で決定	金融期間所定の利率	信用保証協会の保証	なし
②申告後	すでに確定申告を済ませている方であって、創業5年未満の方	①と合わせて1,000万円				

※利子補給率　2.5％（期間3年）
※信用保証料補助　0.3％
　ただし、創業資金は30万円が上限。

◆助成金・給付金制度

① 助成金の概略

返済する必要のない助成金・給付金は受給要件にあてはまればもらえるというありがたい制度である。

受給するための前提条件としては、雇用保険に加入している事業主であることが必要となる。というのは、助成金の財源は一口に税金といわれているが、その中身は雇用保険からの拠出によるものなのである。

当然のことながら、助成金にはいくつもの種類があるが、これらは申請しなければ受給できない。

申請にあたっては、書類作成など大変な面もあるが、お金のためだと思えばできるだろう。なお、社会保険労務士に任せるというのもひとつの選択肢である。1割程度の手数料は取られるが、面倒がなく、さらにプロが関わってくれるということで安心できる。

助成金の種類としては、「高年齢者や障害者を雇用した場合」や「従業員の教育をした場合」、「会社の職場環境を改善した場合」や「新事業に進出した場合」などいろいろある。ただし、これらは毎年新しい助成金ができたり、内容が改正されたり、なくなってしまったりするので、キチンとチェックしなければならない。要は、現在受給できる助成金があるかどうかである。

ここ数年不正受給が多く発覚し、審査が厳しくなっているのが現実である。また、雇用保険自体の財政も厳しくなっているため、助成金の種類や金額は減ってきているのも事実である。しかし、要件に合致すれば助成金はもらえるのだから、トライする価値は十分にあるだろう（図表7－10）。

② 助成金・給付金の一覧

数多くある助成金を目的別に分類すると以下のように分けられる。

■新規起業・異業種進出の助成金（8種）

（個人事業の開始、法人の設立、異業種への進出などを行う際に活用できる助成金）

いちばんお金が必要で経営が不安定なこの時期にこそ助成金を活用し

図表7-10　助成金・給付金活用のポイント

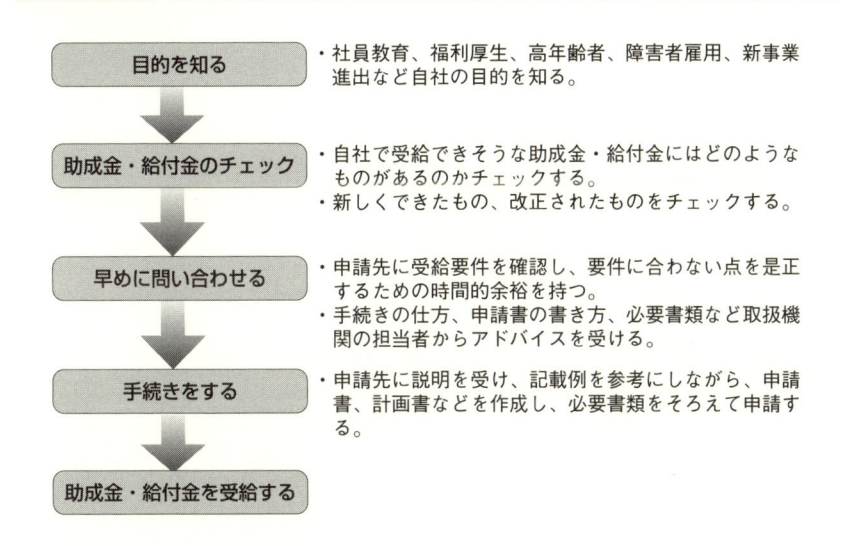

```
目的を知る  ・社員教育、福利厚生、高年齢者、障害者雇用、新事業
            進出など自社の目的を知る。
    ↓
助成金・給付金のチェック ・自社で受給できそうな助成金・給付金にはどのような
                          ものがあるのかチェックする。
                        ・新しくできたもの、改正されたものをチェックする。
    ↓
早めに問い合わせる ・申請先に受給要件を確認し、要件に合わない点を是正
                    するための時間的余裕を持つ。
                  ・手続きの仕方、申請書の書き方、必要書類など取扱機
                    関の担当者からアドバイスを受ける。
    ↓
手続きをする ・申請先に説明を受け、記載例を参考にしながら、申請
              書、計画書などを作成し、必要書類をそろえて申請す
              る。
    ↓
助成金・給付金を受給する
```

て、経営の早期安定・成長を目指すといい。

1）中小企業基盤人材確保助成金
2）介護基盤人材確保助成金
3）地域求職者雇用奨励金
4）地域求職者雇用奨励金（中核人材用）
5）受給資格者創業支援助成金
6）高齢者等共同就業機会創出助成金
7）地域再生中小企業創業助成金
8）沖縄若年者雇用促進奨励金

■労働者の雇用に伴う助成金（12種類）
　（労働者の雇入れの際に活用できる助成金）
■労働者の雇用条件・福利厚生など雇用管理に伴う助成金（13種類）
　（労働者の雇用条件の改善や福利厚生の充実を行う際に活用できる助成金）

- ■労働者の能力開発・教育訓練の助成金（6種類）
  （労働者の能力開発、教育訓練を行う際に活用できる助成金）
- ■介護事業関係の助成金（4種類）
  （介護事業者を対象とした助成金）
- ■建設業関係の助成金（5種類）
  （建設業を対象とした助成金）
- ■高齢者に伴う助成金（5種類）
- ■障害者に伴う助成金（9種類）
- ■その他（5種類）

紙面上全部を網羅できないので、自分なりに詳しく調べてみるといいだろう。

3　投資家：ベンチャーキャピタルからの資金調達

◆ベンチャーキャピタルとは（以下VC）

① VCの目的

　VCとは、将来有望なベンチャー企業に出資する金融機関である。政府系、銀行系、証券会社系、事業会社系、独立系等がある。

　VCは、ベンチャー企業に出資することによって株式公開を支援し、株式公開後に株式を売却することでキャピタル・ゲインを得ることを目的としている。

　株式公開できそうな有望な会社に投資する点が、投資会社としてのVCの特徴である。

　各VCごとに投資スタンスが異なるので、そこからの資金調達を成功させるためには、それぞれの特色すなわち投資対象、投資ステージ、投資金額、ハンズオン体制等を理解したうえで交渉する必要がある。

　一般的に、独立系VCは積極的な投資スタイルで、事業会社系VCは、親会社事業との関連事業を好むといった傾向がある。

・VCが投資したくなる会社とは

その運営ファンドごとに投資スタンスが違うので一概にはいえないが、以下のポイントを意識することは大切である。

VCは、経営陣の評価を重視する。
そのビジネスの分野で豊富な経験を有し、優秀かつ信頼できる経営陣が望ましい。行動力あるトップとこれを補佐する優秀な参謀が必要である。

VCは、成長市場に投資する。
ターゲットとしている市場の「規模の大きさ」と「成長性」を極めて重要視する。

VCは、差別化を重視する。
差別化された優位性を確保しているかに重点をおく。

VCは、株式公開可能性のある会社に投資する。
根源的にキャピタル・ゲインをもたらす株式公開が求められる。

② **VC一覧**

我がSBIホールディングスを初めとする数多くのVCが存在している。以下に列挙する。

- SBIホールディングス
- 大和SMBCキャピタル
- ジャフコ
- 日本ベンチャーキャピタル
- 日本アジア投資
- フューチャーベンチャーキャピタル
- 中央三井キャピタル
- ウォーバーグ・ピンカス
- インテック・アイティ・キャピタル
- 三菱UFJキャピタル
- 野村プリンシパル・ファイナンス
- ちばぎんキャピタル
- 一柳アソシエイツ
- ウィルキャピタルマネジメント
- グローバルベンチャーキャピタル
- ジェーヴィックベンチャーキャピタル
- イノベーション・エンジン
- ビー・エイチ・ピー
- ベックワンキャピタル
- アント・キャピタル・パートナーズ
- みずほキャピタル
- みなとみらいキャピタル

- ・グロービス・キャピタル・パートナーズ
- ・エム・ヴィー・シー
- ・オリックス・キャピタル
- ・日本テクノロジーベンチャーパートナーズ
- ・アイシービー
- ・船井キャピタル
- ・CSKベンチャーキャピタル
- ・日立コーポレートベンチャー
- ・日興プリンシパル・インベストメンツ
- ・モバイル・インターネットキャピタル
- ・アグリビジネス投資育成
- ・伊藤忠テクノロジーベンチャーズ
- ・伊藤忠ファイナンス
- ・エー・アイ・キャピタル
- ・信金キャピタル
- ・ケイエスピー
- ・新規事業投資
- ・あおぞらインベストメント
- ・西武しんきんキャピタル

◪ VCの投資プロセス

① 投資先の発掘

　VCが投資対象を探し出す手段として、新聞・インターネット・各種セミナー・ベンチャー関連の雑誌等からのピックアップ、会計事務所・法律事務所等からの紹介などが挙げられる。

　また、当然であるが、投資を希望する企業からのアプローチもある。事業計画を直接送付してきたり、持ち込んでくるケースもある。我がSBIでは、希望者にプレゼンをしてもらい、投資に値するかどうかの判断をしている。一方、昨年より、SBIインベストメントとSBI大学院大学との共同開催として、ビジネスプランコンテストも実施している。

② 投資先の調査分析

　VCは、投資希望先から定款・会社案内もしくはパンフレット・決算書や確定申告書・事業計画書・株主名簿・役員経歴書・組織図・登記簿謄本・資金繰り表・重要な契約書類等の資料を徴求し、市場動向・業界情報等を調査し、事業計画の実現可能性を含め、事業の将来性を検討する。

③ 投資条件決定

VCが投資希望者の事業が物になりそうだと判断したら、両者の間で各種の投資条件を交渉して取り決める。ここでは交渉術なるものも必要となる。交渉の専門家に頼むという選択肢もある。

④ 投資実行

VCは、投資委員会なるものがあり、ここで審査を行う。一般的には1〜2カ月程度の期間で審査が終わり、承認されれば投資の実行となる。

⑤ 投資先支援

VCは、ハンズオンの一環として、取引先提携先の紹介や管理部門の人材紹介などを行う場合もある。

⑥ 投資回収（エグジット）

VCは、投資先の株式を上場時に売却するか、一部は市場に影響を与えない形で少しずつ売却して、キャピタル・ゲインを得ることになる。

事業計画書の重要性とまとめ方

① 事業計画書とは

事業計画書は、融資の申込や助成金の申請にも必要であるが、VCからの資金調達にも重要なポイントを占めている。

事業計画書とは、新規事業を立ち上げたり、事業の拡大や転換を図るときに、さまざまな相手に対して自社の事業内容を説明したり、理解や協力を求めるためこれをキチンと文書化したものである。

事業計画を文書化することによって、リスクや第三者的な視点で見た問題点や注意点、検討課題や追加調査項目、変更点などが見えてくることもある。事業計画書を書きながら事業計画書の修正をしていき、より精度の高い事業計画書にしていくことが事業の成功へ近づいていくことにもなる。

また、その事業に関わるメンバー間において、共通の認識や参加意識を高めるためにも効果があり、事業を進めていくうえで発生する計画とのギャップについても、計画書をもとに把握することができる。つまり、事業計画書は、事業を邁進するうえでの軌道修正のためのものさしとしての大切な役割

図表 7-11 事業計画書：表紙見本

事業計画書

会 社 名	株式会社　ダサイ		
代 表 者 名	代表取締役　中嶋ひろみ		
住　　　所	〒121－0816　東京都足立区○○町1－2－3		
電 話 番 号	03（3×××）1234		
連 絡 者 名	専務取締役　齋藤五郎		

（会社概要）

設 立 年 月 日	平成20年4月		
資 本 金	10百万円	発行済み株式数	200株
従 業 員 数	社員5名 アルバイト・パート2名		
事 業 内 容	フルカラープリンターの製造・販売 コンピューター周辺機器の製造・販売		

（過去3期分の財務データ）

	平成　年　月期	平成21年3月期	平成22年3月期
売上高（千円）	－	1,250	78,148
当期純利益（千円）	－	△25,364	△17,846

を果たすのである。

② **事業計画書のまとめ方（その1）**

　まず最初は、会社の概要を書く。会社名、代表者名、住所、電話番号、設立年月日、資本金、従業員数、事業内容、過去3期分の財務データなどである。これを表紙としてもいい（図表7－11）。

　次に中身について箇条書きに整理していく。

1. 事業コンセプト

　事業コンセプトは、その読み手に対し、自社の事業を正しくそして、深く理解してもらうために大変重要な項目である（図表7－12）。

　1）新規性
　　・商品やサービスの内容
　　　どういう点に新規性、独自性があるかを中心にその特徴。

図表 7−12　事業計画書：事業コンセプト

〈販売の具現性〉
①ユーザー評価
　〈プラス評価〉　　◆印刷時間が短い　　◆ランニングコストが安い　　◆画質がきれい
　〈マイナス評価〉　◆初期設定が難しい　◆ファンの回転音が気になる
　　　　　　　　　　◆スタンバイから印刷までのスタート時間が、モノクロレーザープリンタより長い

②引き合い状況

相手先	担当者の部署・役職	数量	価格	条件等
毎日印刷（株）	専務取締役	2台	450千円／台	AP-400試験導入
キョウクル（株）	購買部担当取締役	10台／月	320千円／台	AP-100
〃	〃	5台／月	100千円／台	AP-200

※毎日印刷の試験導入の結果を待って、中堅印刷会社3社より導入を検討する旨、内諾を得ている。いずれも、価格が40万円台なら導入したいとの意向である。
※キョウクルとは、販売台数が月20台となった場合は、1台あたり3千円の販売奨励金を渡す契約を検討している。

③契約・受注状況

商品区分	相手先名	数量	価格	今後の見込み
AP-100	（株）甲乙商会	30台／月	290千円／台	今後取り扱い増加が見込める
AP-200	〃	30台／月	100千円／台	
AP-100	東日本家電（株）	180台／月	300千円／台	決済条件の改善を要求している

- 技術・ノウハウの特徴

  新技術・ノウハウを理解するために、既存の標準的、基本的技術・ノウハウなどについて、その概要。その上で当社の技術・ノウハウのポイントについてわかりやすく。

- 申請事業に関わる特許権などの取得・出願状況

  もしあれば、権利の種別、名称および内容、取得済あるいは出願中の別、出願・登録年月日など。

- 開発・事業化の経緯

  商品・サービスを開発・事業化するに至った経緯や動機について簡潔に。

2) 実現性

- 開発・商品化の実現段階

  事業のコアとなる商品・サービスの開発および商品化について、開発段階、試作段階、商品化段階などのどの段階にあるか。

- 製造の実現性

  製造技術・量産技術の確立状況について書く。その際、課題があればありのままに。

  アウトソーシングする場合、そのメリットとデメリットを認識したうえで、利用の程度を書く。

- 販売の具現性（具体性）

  ユーザー評価、引き合い状況、契約・受注状況などから、今後の販売見込みを把握することが目的となる。

3）競合性

- 競合商品、他社状況

  競合商品の有無および他社状況について。

- 他社商品との比較

  他社商品との比較において、コスト・サイズ・重さ・精度・速度・耐久性などの面における定量比較をまじえて、強み・弱みを客観的に分析する。

- 他社参入を防止するための方策

  特許権などの有無、大手企業との共同事業・共同開発、ニッチ市場追求など、強力な競争企業の参入を防止するための方策があれば書く。

4）市場性・成長性

- 対象とする市場の規模・成長性

  まず、業界全般の状況を。次に、市場を大分類から、個々の商品・サービス単位の小分類に至るまで区分して、段階的に、それぞれの市場規模やシェア構成などの概況について分析する。

- 市場ニーズ、購入者層

  この市場にはどのようなニーズや購入者層が想定されるのか、また、自社商品・サービスはそれをどのように満たすことができるのかを書く。

③ 事業計画書のまとめ方（その２）

2. 事業スケジュール

　ここでは、事業コンセプトを実現するために「どのように売るのか」「それをどのように調達するのか」「モノをどのように作るのか」「どのような設備を設置するのか」「どんな人に入社してもらうのか」といった具体的な戦略と行動計画を把握することが目的となる（図表7－13）。

1）販売活動
　・基本方針
　　販売についての方針、行動目標など（たとえば、当面優先する方針として、顧客からの信頼を獲得する、低価格戦略による市場シェアを確保するなど）。
　・対象ユーザー
　　販売にあたり、どのようなユーザーを対象としていくのか。
　・販売ルートおよび価格体系の図示
　　販売チャネルとウエートを把握できるように。
　・マーケティング戦略
　　・価格戦略
　　　商品・サービスの価格設定、各販売ルートでの価格設定について具体的に。
　　・プロモーション戦略
　　　潜在顧客に対して、商品・サービスをどのように知らしめ、アプローチしていくのか。広告宣伝、販売パンフレット、ダイレクトメール、口コミ、雑誌での特集記事などの具体的な方法、また、どのようなメディア、広告媒体に重点を置くのか、また、その予算について。
　　・流通戦略
　　　小売店、卸売業者、商社、代理店など、何をどのように使っていくのか具体的に。

図表 7-13　事業計画書：事業スケジュール

【事業スケジュール】
1. 販売活動
(1) 基本方針
　当社は技術を中心とした会社であり、営業経験が浅いため、営業部門を早急に確立し、強化する必要がある。当面は、コンピューター関連機器の販売ノウハウの確立と、製品性能を適切に説明できる人材の育成を課題と考え、注力していく方針である。
　当社の開発したプリンターは他に類がなく、日本国内に限らず世界に通用するものと考えている。しかし、当面は国内販売に限定して市場を開拓し、顧客の信頼獲得とブランドイメージの確立を目指すことを優先する。
　海外への進出は特許の実施権を第三者に供与することとし、当社が直接海外に進出することは現在考えていない。

(2) 対象ユーザー
AP-100は企業向け
AP-200は個人向け
現在開発計画中のAP-400は印刷業者向け

(3) 販売ルート及び価格体系の図示

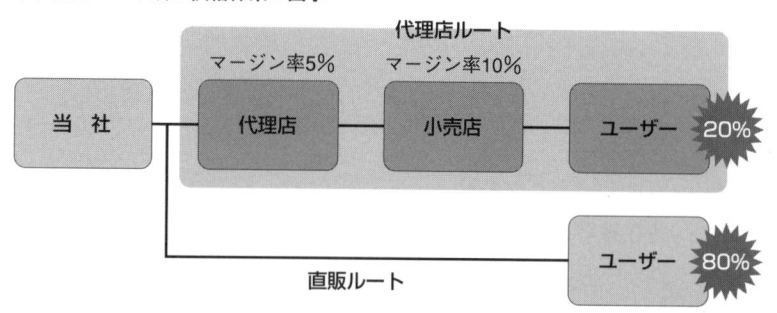

```
                    代理店ルート
            マージン率5%    マージン率10%
  当 社 ──── 代理店 ──── 小売店 ──── ユーザー 20%
     │
     └──────────────────────────── ユーザー 80%
              直販ルート
```

　現在のところ販路が一切ないため、また、高利益率を確保するため、当初は新聞・雑誌に広告を掲載して製品の知名度を高め、電話による受注を中心とした顧客への直接販売を実施する。直販ルートの物流は、宅配便による輸送を考えている。
　販売体制が整備され、顧客に認められ、知名度が上がってくれば、より広範囲に販売していくために、代理店契約を締結していくことも検討している。第3期の販売ウエートは、上記の通り直販ルート80%、代理店ルート20%を想定している。
　将来的には、直販ルートが30%、代理店ルートが70%になると予測される。

・販売計画

　市場成長率、経済成長率、公的予算、他市場の成長率など、外部環境などについて計画設定上必要であれば仮定として書く。

　売上高計画、売上原価計画ともに、販売数量、販売単価を商品・サービスごとに予測し、それらを積み上げて作成する。

2）設備投資計画

・設備投資の内容

　この事業における主な設備投資について、それぞれ物件名、用途・仕様、導入時期、投資金額、資金調達方法を書く。

・設備投資スケジュール

　ここでは、資金支出の計画と、その費用化としての減価償却費予定額の算定をする。

3）人員計画

　求める業務能力・職務などを記載し、必要人員を年度別に表にする。

4）研究開発活動

　現在までの研究開発実績およびその成果を簡潔に書き、現在までの投資額および今後の予算額、現在の研究体制、予想される研究成果について簡潔に記す。

④ 事業計画書のまとめ方（その3）

3. 財務計画

　「1. 事業コンセプト」および「2. 事業スケジュール」で検討した内容に基づき、利益計画と資金計画を立案する。事業計画を数値化することにより、「利益がどれくらい出るのか」「事業として成り立ち、会社が発展していくのか」「立案した計画で資金繰りが成り立つのか」「必要としている資金はいくらなのか」など明らかになり、計画の妥当性を検証することができるのである。

1）利益計画

　計画損益計算書を作成して、利益計画を行う。

売上高、売上原価は、販売計画から転記する。人件費は、人員計画から転記。減価償却費は、設備投資計画から、研究開発費は、研究開発活動から転記する。広告宣伝費は、販売活動を踏まえ、必要と考える広告宣伝費の計画を各年ごとに見積もる。その他の経費は、上記の費用以外に発生することが想定される費用を計上する。

2）資金計画

　事業計画の策定にあたっては、利益計画の計画損益計算書と連動させて、計画キャッシュフロー計算書を作成することが重要である。利益が上がっても、それがすぐに現金化されるものではないので、資金繰りをあらかじめ見積もる必要がある。

・営業活動によるキャッシュフロー

　まず、税引前当期純利益に現金支出を伴わない減価償却費を加算し、さらに、流動負債の増加を加算し、流動資産の増加を減算する。そして、法人税等の支払額を控除して算出する。

・投資活動によるキャッシュフロー

　固定資産の取得と売却については、設備投資計画から転記する。また、投資株式の取得と売却、子会社株式の取得と売却、貸付金の増減やその他の投資項目による資金の増減を記入する。

・財務活動によるキャッシュフロー

　銀行などの借入と返済、社債の発行と償還、株式の発行（増資）と自己株式の取得や配当金などの支出に伴うキャッシュの調達と流出を記入する。

Chapter 8

起業を円滑・確実にする「営業力」
～出会いと巻き込みによる成功法

1 営業の重要性に気づけ

◆営業とは何か？

　起業が才能のある人に留まるかぎり、日本は活力の維持さえ覚束ない。切実に求められるのは、私のような凡人が活発に試みることである。起業家の育成を謳うMBAで学ぶ社会人が増えているが、その彼らにしてほとんど起業しない。頭脳とあまり相関はなさそうで、私は勇気づけられる。MBAで教える起業を尊重するとして、本章ではおもに凡人の起業について述べたい。

　さて、特別な才能を持たない人が起業を目指すうえでもっとも重要になるのが「営業力」である。が、仮にこうした認識を持つ人がいたとしても、営業をひどく矮小化してとらえていたりする。すなわち、営業職が収益を獲得するための手段や方法で片付けてしまう。しかし、それでは営業の本質を理解できず、したがって営業力の伸長を実現できない。

　だれにとっても生きるうえでの最大の売りは「己」だろう。人生は、自分という商品の営業活動の歴史にほかならない。営業とは人生を切り開く根源的な行為であり能力である。

　営業力は自己実現を希求する人に必須だ。そして起業は職業人としての自己実現のなかでも最高峰にそびえる。営業の重要性がわかっていただけよう。

　「人」という文字は人が支え合うことを暗示し、「人間」という言葉は人同

士が関わることを暗示する。私たちは社会的な存在である。どれくらい人と関われたかにより、人生で享受する褒美は決定づけられる。こうした人間関係を進んでプロデュースすることが「営業活動」なのである。

　私たちは、人との関係性を「縁」と呼ぶこともある。徳川将軍家の剣の指南役、柳生家に有名な家訓がある。

　　小才は、縁に出合って縁に気づかず。中才は、縁に気づいて縁を活かさず。大才は、袖すり合うた縁をも活かす。

　剣術から武道へ。この言葉には、敵をも味方に変えてしまう「活人剣」という深遠かつ高邁な思想が込められているそうだ。剣を通じて自分を磨き、相手を高める。時代背景は置いておき、一般的な縁という意味合いで解釈しても名言といえよう。敵を縁と見なせるなら人生の達人だ。"無敵"になれる。

　自分は努力を怠っていないつもりなのに果実を手にしていない、そう思う人は出会いを生かせていないのではないか。会社、地域、社会、どれも人の集まりだ。ここで成功を収めるには縁を掘り下げることが絶対条件となる。自分は人によってしか生かされず、生きるとは自分を人と人の間に据え付けることだ。独り頑張ると空回りし、消耗が激しい。

　人生を上昇軌道に乗せるのは、縁を生かす、己の心のありようだ。最良の才能とは、「私」を人によって生かしきる能力である。独り頑張らない。才能とは心である。

　なお、「剣を通じて自分を磨き、相手を高める」と述べたが、剣を「営業」と置き換えられそうだ。営業を通じて自分を磨き、相手を高める。営業を究める姿勢を大切にするなら、人間として、起業家として、経営者として成功へ近づく。

▶営業の効用

　私の周囲にも、将来の起業を考えて熱心に学びつづける人がいる。尊敬に値するが、「学び」に対する誤解があると起業にたどり着けない。仮に踏み切ったとしてもうまくいかない。そこで起業家の勉強について触れたい。

勉強が目指す最終的な姿は2点に尽きる。第1は心が開いていること。第2は勇気を授かっていること。よりよい人生を切り開いていくうえで根本となる積極的な精神を獲得し、それが体質に昇華した状態にほかならない。

第1について

　心が開いていなくては、人が入ってこられない。他者を呼び込めないと自分の努力が孤立してしまう。異質の努力を受容・吸収し、互いの努力を共鳴・増幅させる前提といえる。世の中、出会いや縁を生かせない人であふれ返っている。それもこれも心が開いていないためだ。私のような凡人は人を助け、人に助けられるべきである。人とどこまで広く深く関われるかは心のありようで決まる。

　勉強は、生まれつき持つことのない「度量」をもたらすものでなくてはならない。

第2について

　勇気を授かっていなくては、大胆な行動を起こせない。頭に取り込んだ知識は勇気に励まされ、体を巻き込んだ挑戦へ結びつく。知識は勇気を触媒として成果に変容する。知識の実践につきまとう恐怖心に打ち克つ前提といえる。

　勉強は、生まれつき持つことのない「覚悟」をもたらすものでなくてはならない。知識を得るには相当な時間とカネが必要になる。その典型が卒業を含めたさまざまな資格である。勇気がないと支出がかさみ、実入りがわずかだ。

　心が開いていること、勇気を授かっていること。勉強を続けているのに行動を起こす機運に至らない人は、自分が正しい学び方をしているか問いかけなくてはならない。目に見えた成果に結びつかないのは、それを間違えているためだ。これは起業に必須の「営業」に関する学習でも同様である。

　なお、学び方が正しいかを判断するのは簡単だ。顧客に限らず、周りに人が集まってくること。勉強を重ねて人を遠ざけてしまうことほど愚かなことはない。豊かさと幸せがどんどん逃げていく。学びの最大の目的は人間としての成長である。

私は、ベンチャーの出発点は「志」であってほしいと思う。だからといって、ベンチャーの動機がカネであってはならないなどと言うつもりはない。アントレプレナーは大きなリスクを冒すわけだから、うまくいった暁に手にするカネがインセンティブになっていたとしても非難するに当たらない。
　ただし、徐々に志に目覚めていかなくてはなるまい。成功を収めたかに見えるベンチャーのあっけない挫折の原因は、会社が劇的に成長したにもかかわらず、創業者がほとんど成長しなかったということではないのか。
　ところで、自分の成熟の度合いを計るものさしがある。人と接したとき、長所と欠点のどちらが先に見えてくるかだ。長所が飛び込んでくるとしたら進んで人と交われ、人から学べる。幸いなことに人と接する時間に喜びや意義を感じる。欠点が飛び込んでくるとしたら進んで人と交われず、人から学べない。気の毒なことに人と接する時間に苦痛や無駄を感じる。
　それは心の姿勢がもたらすちょっとした違いだが、積み重なるうちに人生が別物になる。「我以外皆我師」。人間的な成熟が縁をつくり、縁を生かすうえで大切である。私は、多忙な経営者は修養の機会を設けるのが難しく、仕事の一環としての営業をそれに充てるべきだと考える。
　現実には経営者のなかにも営業を避けたがる人が少なくない。いやだから。実は、嫌いなものが人間の幅を広げてくれ、深みを増してくれる。「もの」とは、ヒト、コト、モノ。
　好きなものに接したり囲まれたりすることは安心であり気が楽だ。この上なく快適。かたや、嫌いなものに接したり囲まれたりすることは苦痛であり気が重い。この上なく不快。それは居心地の悪さにつながる。が、この不快こそ私たちにとり肥やしとなる。学びとは違和感である。眉をしかめること。
　営業はわがままで手ごわい顧客と接する。しばしば意見が対立し衝突が生じる。営業は、偉そうな顧客とみじめな自分のどちらも受け入れる度量がなくてはやっていけず、この経験を通じて人間性が磨かれ、人間力が鍛えられていく。
　いったん創業してしまうと、社長は好きなものを手繰り寄せ、嫌いなものを遠ざけられる立場にある。ここから人間としての成長が止まる。若くして

頂点に立ったベンチャー経営者にひどく子どもじみた人が少なくないのはそのためだ。企業は、経営者の器以上に大きくなることはなく、器以上に大きくすると破綻を招きやすい。自社を発展させたいと願うなら、自分を成長させたらよかろう。

　好き嫌いにこだわるのはアマチュアに共通しており、それでは創業後に待ち構える幾多の困難を乗り越えられない。かの大山康晴は「将棋の駒に好き嫌いなどあってはならない」と断じた。手ごわいライバルとのぎりぎりの戦いに勝利を収められないと……。氏の言葉は経営の極意に通じる。社長が社員の力を存分に引き出せるなら会社はつぶれない。

　起業の前でも後でも広い意味の営業が必要になる。そして、相手に果敢に働きかけるほど不快な思いを味わわされる。しかし、そうした経験を通じて人間としての成長が促され、成熟が図られていく。これが営業の最大の効用である。

　先端のベンチャーは頭に自信のある人が立ち上げる。技術系は顕著だ。ゆえに、抵抗や反発、拒絶がつきものの営業を嫌いやすい。だったら、いきなり営業を好きにならなくてよい。少しでも「人間」を好きになるところから始めよ。人間を好きにならずに成功をつかもうとすると、気の遠くなる頑張りを強いられる。そもそも相手の対応は、鏡に映った自分の心だ。

◆営業軽視のツケ

　今日、商品の販売や仕事の受注はトータルな仕組みで推進すべきとし、とりわけ効率を追求する。もっともなことだ。ITやアウトソーシング、エコロジーといった新規分野は、ベンチャーがウェブと連動させながら広告や広報、展示会やセミナーを展開して有望な"引き"の創出に努めてきた。

　だがこの間、営業は間違いなく弱体化している。引きを前提にした売り上げ形成しかできなくなる。これらの業界では、「打ち合わせ」を「営業」と思い込む人が大多数を占める。引きを得て見込客へ出向くのは打ち合わせの範疇である。それに慣れきった人はストレス耐性が極端に低く、営業と呼ぶにはひ弱すぎる。

また、ベンチャーは概してビジネスモデルや商品・技術による「競争優位」を志向する。しかし、すぐにどこかが追随したり模倣したりする。起業時にはライバルが不在でも、うまくいくほどライバルが出現しやすい。遠からず競争優位は失われよう。その際に先駆者として営業基盤を構築しているなら恐れるに足らない。商品力が横並びになったとき、営業力による差別化が効いてくる。

　どんなに伸びている事業も成熟期に移行し、どんなに売れている商品も飽和期に直面する。やがて向かい風が吹くようになり、ほどなく淘汰や再編の嵐が吹き荒れる。そうした環境下で生き残りを決定づけるのは「営業」である。企業や事業、商品などが世間の注目や顧客の関心を集める状態は営業の死、したがって会社の死を招きやすい。危険極まりない。

　私がベンチャーを眺めて圧倒的に不足していると感じるのは、業績が落ち込んだときの販売・受注回復の営業努力である。危機感が薄いのか、無力感にとらわれているのか、社内にこもって「商品が売れない」「仕事が取れない」とこぼしている。引きに頼ってきたため、引きがないから仕方ないとの論理がまかり通る。経営者を含め、だれも必死に動いていない。

　起業は新規分野に限らない。既存業界でも事情は似たようなものだ。実は一握りの企業を除き、いつだって景気が売ってきた。営業が売ったわけではない。それは売り上げ形成の状況と照らし合わせれば容易に察しがつく。

　景気の変動と業績の起伏がきれいに重なる企業がほとんどだ。営業が機能していない何よりの証拠である。大半は既存顧客に顔を出し、顕在ニーズを刈り取るレベルに留まっている。受け身の姿勢、待ちの状態に終始する。営業が顧客の引きに頼ると、成績はその増減を見事になぞる。

　日本は内需縮小が加速し、右肩下がりの経済が鮮明になる。世界は金融資本主義が浸透し、ジェットコースター型の経済に突入した。国内に関しては激しい乱高下を繰り返しながら著しく縮んでいく。経営では、会社を大きくすることより会社をつぶさないことを重要視しなくてはなるまい。景気に左右されない会社にするうえで営業強化が優先課題となる。

　世の中、営業に不満を抱く経営者は多いが、その強化に本腰を入れる経営

者は少ない。営業に対する正しい理解と深い愛情を欠くことが、営業が機能しない最大の理由といえる。たいていは数字目標を掲げ、訓示を垂れる。売れればいいというのが経営者の本音である。

景気の変動と業績の起伏が重なる。私たちはバブル後に経験済みである。気象条件で運命が左右されるフライトのようなものだ。コックピットに経営の非常ランプが点滅する。営業はちゃんと機能しているか。業績に一喜一憂するヒマがあるなら、経営者は自問せよ。売っているのか、売れているのか。

起業家は「業を起こし、業を営む」と認識せよ。起業は営業に支えられ、存続が叶う。会社をつくるのはたやすい。社長が1人でも資本金が1円でもよく、登記を済ませるだけだ。しかし、会社を続けるのは難しい。まして、会社を大きくするのはきわめて難しい。起業では永続性が重要になり、そのためには営業力が不可欠である。

せっかく立ち上げた会社をつぶしては起業の志を遂げられず、社会への貢献も果たせない。創業の苦労が台無しになったり、おいしい部分をさらわれたりする。ときに債権者の前で土下座までさせられる。

2 "起業ごっこ"から始めよ

▶営業力の発揮

起業に踏み切るには、営業力を判定することが手っ取り早く、自信にもつながる。乱暴な言い方になるが、ビジネスモデルや事業計画などつくらなくても、社長が仕事を取ってこられるなら小規模な会社は回っていく。起業の是非を「営業力」の有無で判断するのは基本中の基本である。

ついては、営業力を判定しながら営業力を養成する賢明なやり方がある。自分の名刺から会社や部署、肩書などを消すのだ。実際には「個人名刺」を作成する。これはかなり正確な検証方法である。だれも相手にしてくれなかったり、大勢が取り合ってくれたり、自分の営業力が丸裸になる。同時に、起業後の営業活動の感触までつかめる。

危険なのは、現職での営業成績を目安にすること。とくにシェア上位企業

で働く人は、企業力を割り引いて営業力を判定すること。それが大手企業なら、当人が考える以上に看板やブランドの力で売れている。起業を目指す人は営業力を見極め、営業力を鍛えるうえでも早めに個人名刺を持ち歩こう。

ところで、いまや接点ならバーチャルで容易につくれる。が、それでは人と関わる、そして交わるとはいえない。まして動かすには至らない。コトが起こらないのだ。「接点を耕して交点と成し、交点を高めて力点と為す」。どれだけ人と交わり、人を動かすか、リアルの努力が起業の機運と環境を用意してくれる。ここで個人名刺がおおいに役立つ。

出会いを大切にすると言いきる人がネットに目立つ。しかし、人生でもっとも難しいのは出会いを大切にすることだ。私たちが縁を生かしてきたなら、2合目を歩いていない。

それは凡人にとり並大抵の苦労ではない。出会いとはしゃにむに求めるものだ。なかでもその扉を開くための「申し入れ」にどれくらいの情熱と手間を注いだかが問われよう。これなしには縁のきっかけさえつかめない。

起業を目指す人が会うべきは、より有能な人物、より有力な人物である。出会いを大切にするとは、会いたがらない人に会えるよう知恵を絞り、汗をかくことだ。冷や汗に決まっている。人生といわないまでも平板な日常を変えるほどの出会いは覚悟を決めないとつくれない。縁とは地獄である。

起業家は来る日へ向け、世間や周囲から"共感"の芽を見つけ出し、粘り強く育てあげていく。営業力を発揮し、関係性を掘り下げたことになる。

◆ 起業の予行演習

起業を本気で目指すなら、サラリーマン時代からそれに見合った働き方を設計しなくてはならない。やみくもに頑張っても夢で終わりやすい。この時期を準備段階と明確に位置づけ、ステップアップを貪欲に図っていく。

初めはできる仕事を上から与えられるが、やがてできない仕事を上へ申し出る。これが能力の開発を促してくれる。

そして前例のない仕事を上へ提案する。「社内起業」とはこれ。自分が推し進めたい事業のリーダーや主要メンバーに収まる。これが胆力の開発を促

してくれる。このステップに上ると労働観が一変し、毎日遊んでいる気分になる。

　以上が"就社"の範囲での起業への段取りである。母屋の軒先を借りるわけだから気軽に行え、自分が独立する稽古場となる。これでかなり自信がついたはずだが、辞表を出す前に「リハーサル」を行う。

　いきなり起業する人がいるがその勇気に頭が下がる。しかし、リスクを小さくできるならそれに越したことはない。すなわち、会社をはみ出すのだ。他人の起業を無償で手伝う。この経験が自分の起業にもっとも役立つ。無償だから就業規定に触れないし、起業が失敗しても損害が及ばない。

　一定の収入のあるサラリーマンのうちに本番に備えた練習と訓練を積んでおく。たいした金額でないが、交通費や通信費、資料代なども自腹になる。だが、プロジェクトの一員になることで、変化の乏しい職業人生に凄まじい自己革新が引き起こされる。体験は勉強の数倍、いや数十倍は身につこう。

　その過程で役員などに誘われるなら、起業の前段として転職を決断してもよい。また、当事者としてやっていくなかで、起業や経営、事業に関する能力を冷静に評価できる。たとえば社長より参謀が向いている自分を発見したりする。

　起業を目指す人にとりいちばん有益なのは、アントレプレナーの"予行演習"である。それと、他人の起業を無償で手伝うと、自分の起業を無償で手伝ってもらえる可能性がある。いいことづくめだ。

◆起業への第一歩

　会社はごく簡単につくれる。堂々巡りの思考は何も生み出さない。行動の勇気がきのうの自分と違ったあすの自分へのかけ橋となる。ずばり、起業とは「名刺」をつくることだ。起業を願いながら果たせない人は、この真理がわかっていない。ただし、名刺はカネをかけること。「ローリスク・ハイリターン」だからだ。

　この時点で登記を済ませておく必要はない。社名をつけ、社長や代表など、憧れの肩書を添える。登記を行っていないので「取締役」は使ってはならな

い。そして名刺を携え、多くの出会いを求めてひたすら足を運ぶ。会う人、会う人、会う人に名刺を渡し、自分は何を通じ、どう役立とうとしているのか、思いのたけをぶつける。これが起業への第一歩である。

　名刺の作成に当たり、巷に流通する名刺は参考にならない。それらは看板やブランドが確立した大手企業の名刺に準じている。自分の職業上の身分証明書と連絡先カード代わり。起業を目指す人がまねても無能を露呈するだけだ。

　営業を活発化すればすぐにわかるだろうが、地位が高いとかカネを持つとか社会的な影響力の大きい人ほどたくさんの名刺を受け取る。そのなかで相手の心をとらえて離さない、印象に残る名刺を考案しなければならない。決め手の1つは、内容の打ち出しによる差別化である。

　ヒントを明かせば、自分と相手の"接点"になりそうな名刺をつくることだ。シーズとニーズ、もしくは強みと課題の接点と言い換えてもよい。相手がこれを認めたとき、あなたに質問を投げかけてくる。縁のきっかけはつかんだことになる。

　なお、この接点とは起業の"種"みたいなものだ。それすら持てない、蒔けない、育めないというのであれば、起業を目指す資格はないと思ってほしい。

　「たかが名刺」と侮るなかれ。己の意志と努力で真新しい道を通そうとする人にとり不可欠かつ最重要のツールである。渾身の知恵を絞った名刺は、あなたの決意を鼓舞して起業を強力に後押ししてくれる。思いもよらない縁をもたらすことさえある。「されど名刺」と舞いあがれ。

◆起業専用名刺のつくり方

　これまでの説明では具体的なイメージがわきにくいと思うので、私が還暦前年の2010年4月から1年がかりでサードキャリアにシフトしようと作成した"勝負名刺"をネット上に公開している。今後受注したい仕事への誘導を目論む転職専用名刺である。起業専用名刺を作成する際に参考になろう。

　インパクトの強い3つ折り・6面構成・4色印刷に仕立てたせいか、手渡

す相手の反応の大きさに驚いている。この名刺はおもに2点の狙いを秘める。

　第1は相手との初対面時に話材となる。要は話が弾む。それも自分がしゃべるのでなく、相手に尋ねさせるのがミソ。質問への回答がさりげないアピールになるように留意した。こちらの都合や思惑で話を畳みかけたところで、ろくに聞いてもらえない。PUSHでなくPULLを意図した。その場の緊張をほぐす効果があるのは言うまでもない。

　第2は相手に後日、想起してもらう。要は自分を思い出させる。営業力や人間力が秀でていれば別だが、相手が名刺を振り返るのはよくよくである。少なくとも名刺箱に収納されている間はつねに存在を主張するように留意した。

　実は、相手が敬意を払って受け取り、注意を払って取り扱ってくれる唯一のビジネスツールが名刺である。ほかに見当たらない。このメリットを生かしきるには定形を尊重せよ。55ミリ×91ミリの寸法を守る。これをはみ出すと、保存される可能性が落ちる。

　また、サンプル名刺で明らかなように、顧客の購買心理の段階を示す「AIDMAの法則」におおよそ従った。広告のセオリーながら、営業活動に応用できそうと考えた。これに素顔や経歴などのプライベート情報を加えて自分に親しみを感じてもらい、相手と縁を育みつつ人脈の広がりを期待した。

　起業専用名刺とは"起業ごっこ"である。これを大勢に差し出して弾みをつけてほしい。出会いを土台に「有言」を通じて共感者を募り、「実行」へ向けて力を束ねる。

　名刺は起業家の分身だ。それに命を吹き込むなら、起業が円滑かつ確実になる。夢を夢で終わらせない大きな推進力、頼もしい助っ人である。起業とは名刺をつくることだ。

3　起業の恐怖を乗り越える

◇挑戦なくして創造なし

　起業と密接に関わる「創造」について考えたい。起業が創造そのものだ。ゆえに、創造を理解することは起業を理解することにつながる。創造における真理は起業における要諦である。結論を述べれば、創造は成功の条件だ。

　さて、創造とは挑戦であり、したがって失敗である。よほどの才能か幸運に恵まれないかぎり、人は挑めばかならずしくじる。挑戦なくして創造なし。失敗なくして創造なし。私たちは著名人の成功に目を奪われやすいが、失敗に目を向けることが大事なのだ。

　「失敗」が成功をつくる。これに気づけない人は生涯、成功と縁がない。若い頃は失敗を増やすことにエネルギーを注げばよい。私のような凡人は失敗を経ずして成功に届かないと考えるべきだ。成功とは創造の報酬である。正確に述べれば、成功とは失敗の報酬である。

　私はMBAの講師を引き受けたが、いい点数を取れる人をつくりたかったわけではない。「挑戦」を恐れない人を育てたかった。失敗を犯す学生を見たかったのだ。それはMBAで得たものを行動に変えないと出てこない。その行動の代表例が創造、なかでも「起業」である。

　ところで、人はなぜこれといった失敗を犯さないのか？　自分ができそうなことをやってきたからだ。私は、失敗を犯さない人は努力を怠っている人だと思う。論外だ。

　戦後教育は失敗を恐れる人をつくり、世に送り出してきた。ゆえに高学歴者ほどその傾向が強い。それは右肩上がりの経済にとてもマッチした。が、経済は右肩下がりに転じた。私たちが挑戦をためらうとかならず下降線を描く。「失敗は恥」という固定観念がはびこる日本の凋落は決定的だろう。

　わが国では新しい産業が育つとか有望なビジネスが芽生えるとか、大きなうねりがなかなか湧き起こらない。とくに世界に通用するもの。その原因として指摘されるのは、私たちが創造を不得手とすることだ。まったくそのと

おり。しかし、それ以上に苦手なのは「破壊」である。

　つくろうとすると大変さが先立つ。現実に創造らしい創造はまれだ。ところが、先に壊してしまえばつくらざるをえない。破壊が創造をもたらす。創造とは内なる狂気である。うわべの知性と馴染まない。

　私たちが評価すべきは、挑戦による失敗である。無数の失敗の向こうにわずかな成功があるのでないか。そして、この成功が次の社会や世代を潤す糧となる。成熟社会や飽和市場においてより大事なのは破壊である。まして行き詰まりが深刻になり、黒い雲が垂れ込めているとしたら。

　では、なぜ破壊できないのか。教育の堕落だ。有為の人材が知識を持つのと引き換えに覚悟を失ったからだ。わざわざMBAに入り、起業コースで学び終え、行動を起こさない学生がほとんどである。評論家になれない評論家ばかり。もしくは自分が携わる仕事を無難にこなそうとする人ばかり。リスクを取る覚悟が人を"進化"させるというのに……。

　教育の目的は、しくじる人材を世に送り込むことだ。それを第一に担うべきはMBAである。人は怖くて壊せない。ゆえに何も生み出せない。破壊は真のエリートの特権であり使命である。創造を前提とした破壊には、深い思慮と確かな知恵が欠かせないからだ。

　守っていく力と壊していく力がせめぎ合わない世の中は不幸である。健全性、そして活力がどんどん失われていく。日本はダイナミックな息吹がまるで感じられない。

　社会にしても企業にしても暮らしにしてもうまくいっていないのに、皆が守ろう守ろうとする。そうした姿勢を突き崩すことが再生の足がかりだ。

　しかし、創造はもっとも難しい。なぜなら、それを可能にするのは手法を含めた知識でなく「態度」だからである。問われているのは、これまでにどれくらい創造的な生き方、働き方をしてきたか。その検証は簡単であり、挑戦により犯した失敗を数えればよい。創造的人材の"勲章"といえよう。

　創造とは、失敗の体験のゴミ捨て場に咲いた一輪の花だ。失敗を養分にして育まれるのが「創造性」である。

　笑い話みたいだが、私が研修などでワークショップを命じると、大半の社

員が「やりたいことがない」と途方に暮れる。社会に対するテーマを持って生きてこなかったのだ。市場に対するテーマを持って働いてこなかったのだ。これではがむしゃらになれず、挑戦そのものがなされない道理である。失敗がないからむろん創造もない。起業とはやりたいことである。

なお、現実の起業を考えるときには、創造性と合理性が激しくぶつかる。その醍醐味がプランニングである。合理性を踏まえない創造性は具現化したとしても継続できない。平たく言えば、ビジネスにならない。それは結局、社会に受け入れられないか市場で敗れ去る。

これまでに述べた内容から気づいたと思うが、創造には自己否定に加えて行動度胸が求められる。いずれも勉強好きが不得手としがちな態度である。なかなか創造に至らない、起業につながらないわけだ。

◪低い起業率はなぜか？

巷ではいろいろな起業図書が刊行され、それなりの売れ行きである。また、さまざまな起業講座が開催され、それなりの盛況である。本書も本学もその1つだ。根っこに自己実現欲求があり、憧れの強さや関心の高さがうかがえる。私の周りにも読書や受講に熱心な若者がいる。

どのようなテーマでも学習者のわりに実践者は少ないのが通例だが、起業についてはその傾向が際立っている。彼らがつぎ込んだ時間とカネの大きさに比べ、起業率は目を疑うほど低い。「頭」に仕込んだ起業を「体」で表現する人はごくわずかだ。「心」が制止する。

起業をためらう理由は、自信がないことに尽きる。うまくいかないと思っている。要は失敗が怖い。確かに新会社の3年後、10年後の生存率を知ると愕然とする。

おおむね人は行動を嫌う。結果が出てしまい、それを認めるしかないからだ。周囲に笑われるだけならまだしも、損害を被ったりする。そのプレッシャーやストレスに耐えられない。勉強がそれに留まるうちは結果と向かい合うこともなく、かつ周囲に褒められたりする。ありがたい。

学習に励むのに不遇をかこつ人に共通するのは、得たものを実践に移さな

いことだ。成果の出しようがない。まして活躍の場はつくれない。しかも、行動を起こす前から結果を案じ、ブレーキを踏んでいるのは自分だと感じている。さみしさが募り、イライラが昂じる。行動を増やせば失敗は増える。そして、失敗を増やせば成功は増えるというのに……。

　自責こそプライド。勇気こそアドバンテージ。ささやかな成果は行動の後についてこよう。起業はもっとも厳しい決断であり、自分を信じることだ。起業への挑戦は極限まで人の意欲を奮い立たせ、能力を引き出す。体験から学べるものは勉強の比でない。私は「自己投資」と呼べるのは行動だけだと考える。MBAの学生などは行動猶予という意味合いで用いる。

　私は、努力している実感がほしくて勉強へ向かう自己満足欲求の強い若者が気がかりだ。起業の学習をもっと積んでからというのは現実的でない。知識が先行すると迷いが膨らむ。頭が重くなると体がつんのめって前へ進めない。ますます勉強へ逃げたくなる。人は易きに流れる。

　起業では、まま失う。ゆえに失うものが少ない人は気楽に挑める、大胆に試せる。すでに得ている人は起業に二の足を踏む。例えば、一流大学を卒業して一流企業に入社する。安定した生活を手放さなければならず、家庭を設けていればなおさらだろう。とくにサラリーマンとして一定の保障を与えられることに慣れると、無意識でそれを求めるようになる。起業は若いほど、早いほど容易である。

　どんなに周到に準備を行ったつもりでも、起業に踏み切ると想定外の事態に見舞われる。人はあらかじめ行く手など見通せない。肝心なのは、立ち塞がるいかなる困難に対しても自責と受け止め、勇気を携えてぶつかっていくことだ。

◧ 起業とは衝動

　南極探検家の西堀栄三郎に有名な言葉がある。「石橋を叩けば渡れない」。起業にも当てはまる。それはリスクそのものであり、用心深く考えたら否定的な結論に落ち着く。「石橋を叩いたら渡る勇気を持て」とも……。用心深く考えたら起業に踏み切れ。

計画を立てたがる人は行動が遅くなりやすい。概して成果をつかむことに臆病である。行動を起こせない後ろめたさから計画を立てるとの見方さえ成り立つ。自分への慰み。こうした人はセルフスターターが務まりにくい。

　起業とは抑えがたい衝動であり、計算し尽くした計画ではない。起業とは出たとこ勝負の実行であり、綿密な予定ではない。考えてから歩くのでなく、歩きながら考える。あるいは、歩いてから考える。起業を実現するのは思考でなく行動である。

　成功した起業家の大半は、自分のなかに熱い思いが芽生え、それを具体化するビジネスの着想や構想が得られた段階で、起業に踏み切ったのではないか。それが世の中への貢献性に加え、時代への適合性を持つなら、血が騒いで当然である。彼らは走ってから考えた。案ずるより産むが易い。

　また、資本主義は「自信」を土台とする。心のなかは不安だらけでもそれを拭い去り、一歩を踏み出す人に味方する。迷ったら前へ出る気迫を持たなくては起業に至らない。幸い、人は後ずさりするようにつくられていない。前へ進むとき持てる力が目覚める。ずばり「覚悟」が起業の壁を乗り越えさせる。覚悟とは自責と勇気である。

　なお、起業は世の中を変えることであり、それは社会の本流から外れたアウトサイダーに微笑みやすい。たとえば、世間に馴染めず、居場所を見つけられない。起業家は本来、養殖するものでなく、天然・自生である。MBA出身者の起業率が低いのもそれと無関係ではあるまい。

　私がMBAで学ぶ人に望むことはたった1つ「起業」だ。それはエリートの権利でなく責務、日本の現状を考えれば使命であろう。勉強で習得した知識は即座に行動へ変換すべきであり、そうしたものだけが血となり肉となる。自分の能力を本気で伸ばそうとしたら、会社をつくるのが断然早い。

　実学重視の社会人大学院は程度の差こそあれ起業家育成を謳う。しかし、卒業条件に起業を定めているところがない。文部科学省が認めるかどうか私はうといが、少なくとも当該コースの学生に対しては「会社設立」を義務づけるべきだと思う。ビジネスモデルや事業計画の立案などを含め、MBAでの学習の総合評価とする。「あのMBAに入学すると起業できる！」。画期的

ではないか。

　資本金込みで、最小の会社設立は30万円に収まる。学生はそれなりの職業人、しかも起業を考えている人たちだから、どうにか用立て可能な範囲だろう。彼らの背中をポンと押してやるなら、全員が"社長"として巣立てる。

◨失敗を前提に成功を目指す

　起業図書や起業講座が教えてくれるセオリーやノウハウは貴重である。ビジネスモデルを構築し、事業計画などを策定して、それを実行するのに必要な資金と人材などを調達してスタートを切るやり方が中心になる。それに異論を差しはさむつもりはないが、それがすべてではない。

　どんなに考え抜いたつもりでも動きはじめると計算違いが出てくる。本格的な起業では、うまくいかなかったときに負うリスク、当人が受けるダメージがきわめて大きくなる。自らを立ち直らせるメンタリティを備えていないと、文字どおり"一発勝負"で終わる。当人にも気の毒なことだ。

　最初の起業で成功をつかめるのは、よほどの才能が素晴らしい幸運に恵まれたときに限られる。が、マスコミなどで脚光を浴びることからも察せられるように、それはめったにない。起業の心構えとしては、そうした"例外"を期待してはならない。

　自分は凡人だと考えよ。自分は不運だと考えよ。仮に起業が5回に1回成功するなら、才能と幸運に恵まれない自分は1回目でなく9回目に成功すると考えよ。

　ということは、それまでに8回失敗することになる。8回の失敗をくぐり抜けなくては9回目の成功に行き着けない。ということは、8回の失敗をくぐり抜けられるなら9回目の成功に行き着ける。何だ、自分は8回の失敗を乗り越えることに努めればよい。余計な力みが取れる。

　凡人が天才のやり方を手本にするのは愚かしい。これを身の程知らずという。天才に学べるところは学ぶとして、大半は自分に適合しないと考えるのが無難だろう。凡人は度重なる失敗の末にようやく成功に巡り合えるのだから……。

起業で忘れてならないのは、失敗を前提に成功を目指すことだ。言い換えれば、幾度もやり直しが利くように「再起」を果たせない失敗は避ける。それには、生きられるところで生きながらえ、会社を大きくするチャンスを貪欲に探っていく。とりわけ確信を持てない状態で勝負をかけない。

　起業家は創業後、つねに手応えと相談する柔軟性、リスクを検証する冷静さを失わないようにする。小心とずるさは自分を守る知恵なのだ。命をぎりぎりつなぎ、8回の失敗を着実に喫する。起業とは歩いてから考えることである。

　かたや、失敗を乗り越えられる起業を教えられなくては、MBAは高らかに掲げる使命を果たせない。ついては成功の知識に加え、失敗の知恵を授ける。むしろこちらが大切である。再起の糊代を残した起業を学生に指導するのだ。ならば起業に踏み切る凡人が増加し、低すぎる起業率も改善されよう。

　念を押したい。起業に失敗しない。起業が失敗する。だから起業せよ。仮に起業が失敗したとしても、その挑戦はかけがえがない。働く舞台、生きる世界が一変する。

　起業とは、勇気を踏み板にして自責に飛び込むことだ。覚悟の褒美として今後を生き抜く基本姿勢が身につく。長い人生を眺めても覚悟を決められる機会は少なく、広い世間を見渡しても覚悟が決まっている人は多くない。

　起業は、職業人としての行動の最高峰に位置づけられる。それを何年も勉強するより、3カ月で失敗するほうが断然賢くなれる。うまくいかず、財布や引き出しの小銭をかき集めた経験は一生の財産となるはずだ。起業の失敗には突出した価値がある。私が勧めるゆえん。

　もう一度言おう。MBAは起業に失敗がつきものという現実を踏まえ、成功のみならず失敗にも大きな意義を見出せるように導かなくてはならない。学生自らが失敗をおおらかに受容し、さらに積極的に評価する胆力を植えつけるのだ。

　余談だが、私はMBAで「かならず社長になる講座」をやってみたい。この名称はもちろん不可。単位認定の最低条件は自分を代表取締役とする株式会社の設立である。私は頭が悪くて教えられないので、学生は自らの頭で考

えるしかない。イメージとしては行動重視の「起業プロジェクト」である。演習と討議のためのスクーリングが欠かせない。学生は授業と並行し、私が本章で述べているようなことも実践していく。

4　いよいよ起業へ踏み切る

◯雇われない働き方としての起業

　凄まじい環境変化と熾烈なグローバル競争にさらされ、企業は業績の安定どころか存続の保証を失った。それにともない、サラリーマンと長らく一体になってきた安定という実体が崩れ落ちた。「気楽な稼業と来たもんだ」は昔話である。決められた時間にやってきて、言われたことをそつなくこなすとの意識で携われる仕事、勤められる職場は消えていく。

　今日、社員といえども経営マインドが求められるようになり、一人ひとりに成果責任が問われている。今後、他人にリスクを取らせて自分はそれを避けながら働くという発想や姿勢が通用しなくなる。社会と経済が重大な局面にさしかかるなか、働き方に大革命が押し寄せるのではないか。

　世の中のどこを探しても「安定」の二文字は見つけられない。入社時点で人気の業種や企業、職種はそれをピークとして下り坂に入る。おそらく財政逼迫下の公務員はもっと危うい。遠からずサラリーマンという"職業"が消える。もともとそうした職業はない。日本は「1億総自営業者」の時代を迎えようとしている。そして、その延長に起業がある……。

　国民の圧倒的大多数はだれかに会社をつくってもらい、そこで働きたいと願ってきた。しかし、不況の嵐が吹き荒れるたびにリストラが繰り返され、会社は社員を守らないことがはっきりした。会社が倒産に直面したり再編に巻き込まれたりする事態も頻発した。平穏無事のサラリーマン人生は送れそうもないと悟りつつある。

　私たちが身を置く労働環境、就労形態は様変わりする。どの道、自営業者という自覚を迫られる。ならば、会社に雇われない働き方の延長としての「起業」を試みたらよい。

あるいは、職場や仕事が面白くない。それを我慢するならまだしも愚痴をこぼしながら留まるのは精神衛生上も好ましくない。自分を腐らせ、職業人生を台無しにしかねない。

私は学生時代のアルバイトを除いて会社勤めの経験がないが、上からあれをやれ、これをやれと命じられるのは耐えがたい。仕事は自分で決める。むろん成果責任は負う。平たく言えば、世の中に理想とする会社がなかったので、自分が働きたい職場をつくった。朝日をいっぱい浴びられた。

起業はこうでなくてならないと杓子定規に考えては窮屈で困難になるばかりだ。その多様性こそ尊重しなくてはなるまい。将来的にIPOを見据えたものから、ニュアンスとして「独立」に近いものまで……。当然、フリーランスなども自営業者になるわけだから、起業の入口に相当する。

日々責任と向かい合いながら働くうちに自分が見えてくる。一般に自分のことがもっともわかりにくい。己を客観視できる人は例外だ。自分は何を目指したいのか、何を行いたいのかが固まってくる。あるいは、自分の資質や気質、能力や嗜好がつかめてくる。当面心がけるべきは、自分にとり理想の職場と仕事を突き止め、最適な規模を探っていくことだ。これらはヤル気の持続とも関わってこよう。

起業はたいてい失敗する。が、会社をつくらないかぎり失敗も味わえないし、その先の成功に届かない。これは真実である。私たちは職場や仕事などを失うと肝が据わるし、何とかせざるをえない。やけくそとはいわないが、どこかに開き直りがなくては未知の世界に飛び込めない。

起業をおおげさにとらえると行動を起こせない。「下手の考え休むに似たり」。何も考えないことだ。「やってみなはれ」。何も案じないことだ。まずは独立に挑み、経験を積みながら起業に挑む。起業家の予備軍としての自営業者がもっと増えてよかろう。

私は、一人ひとりが「自分」に目覚め、それを大切にしてほしいと思う。一度かぎりの人生なのだから狭い場所に縛りつけず、広い空に羽ばたかせてほしい。そして「自由と自我」の心地よい風に吹かれよ。そんな一つに"ゆるゆるの起業"がある。個人が奔放な働き方を追求しなくては、日本を覆う

閉塞感は決して打ち破れない。自由と自我とは己の解放である。
　起業の動機が「面白半分」でも十分ではないか。然る後、積極的にサラリーマンに戻る人が出てくる。しかし、それは会社をつくれないからとか、会社にぶら下がるしかないからといった後ろ向きの意識とは別物である。サラリーマンとして働くことに適性や価値を認められるだけでも起業を経験した甲斐があった。己を知る職業人生の旅に出たことになる。
　私は講演や研修などで、「会社はつぶれる」を前提に働き方や生き方を考えることの大切さを繰り返し説いてきた。倒産しないまでもリストラにより会社から放り出されるとか、不本意な処遇を押し付けられるかもしれない。いざというときの有力な選択肢として起業を準備しておく。
　私はごく普通の人たちがもっと起業を楽しむように変わってほしい。まねごともよし。膨大な母数から明日と将来を支える企業が生まれるはずだ。なお、どん底期は先行きが明るく、起業へ踏み出す好機といえる。既存の企業を含め、世間や周囲は失敗だらけだから気楽でもあろう。

◆ ビジネスモデルは頑張らない

　起業を目指す人は名刺を携えて出会いをつくり、自分をアピールする。名刺は起業までの段階に応じ、こまめに作成して構わない。が、おおよそ2タイプで間に合う。きっかけづくり、そして助走である。
　きっかけづくりの名刺では「志」をはっきりと謳い、「方向性」をざっくりと示す。これに対し、相手からさまざまな意見が寄せられる。情報や知識、知恵などの助言にほかならない。この積み重ねを通じて志が磨かれ、方向性が尖っていく。企業理念すなわち創業時の「社是」が決まり、経営・事業戦略すなわち創業時の「社訓」が定まった。
　助走の名刺では「志」と「方向性」をはっきりと謳い、「方法」をざっくりと示す。やはりこれに対し、相手からさまざまな意見が寄せられる。この積み重ねを通じて方法が浮かびあがっていく。事業内容すなわち創業後の「マーケティング」が固まった。
　以上、出会いを通じて他者を取り込んだ結果、新会社のビジョンとドメイ

ン、ビジネスモデルが形づくられた。経営とは従業員の力を引き出して生かし切ることだ。このやり方では、ビジネスモデルの構築に至るプロセスが経営の学習になっている。経営とは人を信じることである。

　実は、ビジネスモデルを頑張ってつくったところで思いのほか報われない。頭に自信がある人ほど自らの意思と行動により職業人生を切り開いてきたという気持ちが強い。「こう考え、こう行う」「こう決め、こう動く」。

　が、それは賢いやり方とはいえない。周りの助けを引き出せないからだ。豊かさと幸せは外からもたらされるというのに……。起業を目指す人は出会った人に流されるべきである。流されないのは案外、他者を受け入れる度量がなかったというのが真相ではないか。貴重な縁をほとんど生かせない。他力を獲得できないと自力が孤立する。皆で盛りあがったらよい。

　誤解が生じないように説明を補えば、起業に当たりビジネスモデルが確立しているなら理想である。しかし、それを前提と思い込むと起業にたどり着けない。万能でも何でもない。新会社の持続的成長を決定づける要因は、体制や制度、仕組みの完成度でなく活発な「風土」だったりする。

　起業家がビジネスモデルの構築に全力を注ぐことに異論は唱えないが、それに劣らず新会社の風土の形成に情熱を傾けるべきだ。先端のベンチャーこそ愚直な基本を大切にしたい。そして風土に直結するのが「クレド」であり、それを根づかせるのが全員で"唱和"する習慣である。

　ベンチャーの社長は概してスマートだ。社員に低次元の話や泥臭い話をするのが苦手である。幾度も繰り返すのはもっと苦痛である。しかし、それが経営のキモとなるため、クレドに託する。これしきのことで創業後、経営層や管理職を悩ませる日常的な負担がぐっと軽減される。

　なお、起業前に明確になっている企業理念と経営・事業戦略を踏まえて「行動指針」を制定したものがクレドである。すなわち、社是と社訓を実現するための業務や仕事のあり方と姿勢を律するのだ。

　……当初はこわごわ渡した「社長」などの肩書入りの名刺。だが、この頃には顔つきが社長らしく変わっている。念を押せば、そのためにも名刺には思い切ってカネをかけよ。起業とは名刺をつくることだ。すべてはここから

始まる。

◆こだわりととらわれ

　ビジネスモデルの策定に関してもう少し述べたい。起業を目指すからには、自分なりの夢と目標があり、新たな会社や事業へのこだわりがある。これが起業へ向かわせる原動力になる。そして、起業が近づくほどこだわりが鮮明になる。

　しかし、人はこだわるあまり、知らず知らずのうちにとらわれていることがある。こうした状態で策定されたビジネスモデルは具現化しても破綻しやすい。あまりに初歩的なつまずきを避けるためにも、起業家は出会いを通じて自分の懐に他者を呼び込んでいく。出会いとは侵食である。

　いい意味で使われることの多い「こだわり」という言葉は曲者だ。起業においても、それはまま失敗の芽となる。こだわりはとらわれに変わりやすい。

　こだわりとは、特化による存在の際立ちである。とらわれとは、呪縛による存在の硬直化である。存在を個性や価値と置き換えてもよい。こだわりに己が縛られはじめ、そのうち身動きが取れなくなる。自分自身をがんじがらめにした状態、これがとらわれである。

　こうした実例は名門企業などに留まらず、創業まもないベンチャー企業でも見受けられる。たいていビジネスモデルに柔軟性が失われており、業績が振るわない。

　こだわりとは、それを捨てると己でなくなってしまうという、のっぴきならない"存在証明"である。個人に則して述べれば、こだわりを捨てても生きていけたりしないか。それどころか、こだわりを捨てると生きやすくなったりしないか。

　企業に則して述べれば、こだわりを持つことで危険なのは、社会や経済、市場や顧客を眺める目線が固まり、しかも距離が縮まること。ゆえに視角が定まり視野が狭まる。こうした状態では環境変化への適応が難しくなり、また新たに出現する機会を見逃す。

　そして、それがとらわれである。こだわりが経営やマーケティングを独り

よがりなものにしているのではないか。起業家が肝に銘じなくてはならないのは、とらわれずにこだわることだ。

私が見た範囲では、ベンチャーはテーマへのこだわりが少なく、手段へのとらわれが目立つ。好調が長続きしないのもうなずける。己の存在証明と呼ぶに値するこだわりがどれほどあるだろう。起業後も冷静な検証を怠ってはならない。

私たちにとり厄介なのは、とらわれは安堵や安心につながることだ。それは、とらわれに感じる窮屈や退屈よりはるかに大きい。起業家とて硬直化の可能性と隣り合わせである。

5　営業発ネットワーク型起業へ

◇巻き込みによる船出

起業のスタイルが様変わりした。個人が1人で推し進める孤軍奮闘型の起業は依然として多い。一方で、何人かがプロジェクトで取り組むネットワーク型の起業が広がりを見せているのだ。私がこれまでに述べてきた起業についても準備段階からこちらを意識している。

個人事業主になる独立はそれなりの決断であり、むろん有意義である。だが、どうせなら早めに周囲の巻き込みを図りたい。そうした気持ちを忘れないようにしないと、自分が食べるために細々と続けるのが精一杯になる。独立を足場にしてネットワーク型の起業を志向するというのも一法だろう。先に飛び出してみせるわけだ。

起業の背景や意図、環境は人それぞれであり、こうしたらよいと一概に決めつけられない。しかし、私は本章が主眼とする営業発のネットワーク型起業を勧めたい。これをベースとして自分に適したやり方を探ってほしい。

繰り返しになるが、起業を目指す人は早めに専用名刺をつくる。起業に必要な一切を"出会い"から調達するためだ。なるべく会社勤めの間に次の3点を済ませておく。

第1は「仲間」を見つける。才能のある人を除き、1人で経営や事業を行

っても会社は大きくなりにくい。凡人は数名を巻き込みたい。

　第2は「株主」を見つける。カネはないよりあったほうがよい。資金繰りで追い詰められると経営判断を誤りやすい。株主は仲間と顧客までしばしば呼び寄せてくれる。

　第3は「顧客」を見つける。創業時に売り上げの見込みを立てられる。心が落ち着いて好循環に入りやすい。営業活動が成果として現れるには時間がかかると思わなくてはならない。

　さて、ネットワーク型の起業では、会社の経営や業務の運営、目論むテーマや事業の展開に必要となる能力や経験を洗い出し、それに見合った人材をあらかじめ創業メンバーとして手当てする。これが起業の準備を担う「プロジェクトチーム」のメンバーにもなる。

　そして皆でビジネスのアイデアを肉付けし、収益獲得の仕組みにまとめる。これがビジネスモデルである。さらに3〜5年間の目標とそこへ至るシナリオを数字で裏付ける。これが収支計画である。この両者がしっかりしていれば、資金は後からついてくると楽観する。それはどんな会社を立ち上げ、どんな事業を行うか、その有望性を最重視した起業にほかならない。結集した英知で勝負するのだ。

　ネットワーク型の起業では各人の専門的な知識、ノウハウ、キャリア、人脈などを生かせるので、経営が軌道に乗るまでの試行錯誤が少なく、事業の拡大や会社の発展も圧倒的に速い。自分の一切合財を投入する"命懸け"の起業スタイルは過去のものになりつつある。プロジェクトチームの面々も起業までは会社に所属した状態かもしれない。

　起業家は率先して動くにしろ、1人で頑張ろうとしないこと。成功率が低く、実入りが少ない。そのうえ"孤独"ときている。志や価値観をともにする仲間との出会い、そして巻き込みの手続きを経て船出せよ。また、実務面でも1人では限界がある。自分がうとい分野や領域に通じた人が大勢おり、彼らが持つ情報や知識、知恵は頼もしい。

　ネットワーク型起業は仲間と一緒に大海原へこぎ出す。資本家を含めた創業メンバー全員でリスクを分かち合う。順風のときはともかく、嵐に遭遇し

たときに乗組員のありがたさを実感する。苦悩も分かち合う。

◧ 起業に不可欠な4要素の人材

　会社を設立し発展させるうえで不可欠な人材は、おもに4要素であろう。

　1番目はアントレプレナー、つまり起業家である。おそらく言い出しっぺ。志を標榜し、構想を提示して、きっかけを整備する。必要なメンバーと資金を調達し、創業へひた走る。おおよそのビジネスモデル構築まで主導するケースが多い。

　2番目はスペシャリスト、つまり専門家である。経営や財務、人事や法務、マーケティング、事業や商品など、それぞれの領域において新会社の設立と運営に必須となる高度な知識を提供する。一部は外部に委託するケースがある。

　3番目はマイスター、つまり職人である。経営やマーケティング、事業や商品などをわかりやすく魅力的な現実に落とし込む。顧客はもとよりすべての関係者の共感と納得を得られる仕組みや姿形に表現する。精緻な技を提供する。

　4番目はマネージャー、つまり経営者である。組織を機能させ、業務の遂行を通じて収益を獲得する。人とソロバンに長けていなくてはならない。いわゆる「社長」である。起業後の事業の拡大と会社の発展を実現し、例えば株式公開へ牽引する。

　なお、4要素を兼ね備えた人はまずいない。一代で目覚ましい成功を収めた創業社長に見られる程度である。会社を大きくしようと頑張っているのに思いどおりにならないのは、4要素が揃っていないからだ。

　起業は「段取り8分、本番2分」である。起業家は自分が得意とする要素を理解したうえで、新会社が発足する前に残る要素をクリアしておきたい。IPOを目指す起業ではこの体制づくりが成否をかなり左右する。とくに経営者の要素が欠けていると零細企業や中小企業の域を抜け出せない。

　ネットワーク型の起業では準備を進めるなかで、メンバーの総意に基づいてだれが経営に当たるかを決める。会社の発展にとりベストな社長を選出す

るのだ。全員でIPOを達成し、成果をシェアするのだから、やはり経営者の要素が強い人が適任である。

　言い出しっぺはネットワーク型の起業を志向した以上、皆の判断に従う。社長になりたいのと社長になれるのは別次元の話である。起業家は気持ちを切り替え、自らのためにも新会社の体制をシビアに築こう。

　また、自分が持っていない要素に関して細かく口をさし挟まないことだ。信頼の置けるメンバーを集めた意味がない。自分の会社でなく「みんなの会社」をつくるという発想を大事にせよ。まれに経営者の要素を持たない起業家が会社を大きくしてしまう。その多くは時流という運に恵まれたわけで、長続きは叶わない。皆にとり不幸である。

　なお、ビジネスモデルを確立したうえでの本格的な起業になると相応のカネを用意しておかなくてはならず、それを提供するのが投資家である。おもにベンチャーの創業初期に出資する個人投資家は「エンジェル」と呼ばれる。天使なのだが、経営に深く関与してくるかもしれない。会社は株主のものという現実も知っておきたい。

　起業数の増加には、起業家と投資家の役割分担が欠かせない。リスクはおもに投資家が負う。成功率の向上には、起業家と経営者の役割分担が望ましい。IPOはおもに経営者が果たす。そうした認識が広まり環境が整わなければ挑戦が活発にならず、日本に元気を取り戻せないはずだ。

6　営業力を身につける

▶起業家に必要性が高い「提案営業」

　ここまで「営業発の起業」について述べてきた。営業を基点とするので、出会いと巻き込みを重視する。志を共有したうえで多様な能力と経験を取り込むことにより、起業を円滑・確実にして最終的に成功へ導く。事前に起業に必要な仲間や株主、顧客などを手当てしておく。それ以前に他人の起業を手伝って練習を済ませておく。

　広い意味の「営業活動」を機軸とした起業は挑戦が容易であり、リスクも

低減できるので、勉強を続けているのに行動を起こせない人に有効だ。しかも準備の過程が営業力の養成につながり、さらに人間力の向上につながるので、経営者としての修養も積むことができる。

営業発の起業は特別な才能を条件とせず、営業力があればだれでも実行できる。この営業力は起業後でも欠かせない。むしろ会社を立ち上げてからのほうが重要かもしれない。決して褒められたことではないが、社長のトップセールスで数十名の従業員を賄っている企業が珍しくない。

起業家は会社の創設期には率先して営業を推進しなくてはならない。そして、会社の成長期には増える社員に対して営業を指導しなくてはならない。起業家に営業を毛嫌いする気持ちがあると、全員にかならず伝染する。営業力を身につけることは、何よりも起業家自身をもっとも助ける。

おもに法人営業については、なるべく早い時点で経営を軌道に乗せようとすると、収益の核となる優良顧客を確保することができる。起業家は新規開拓に全力を注がなくてはならない。その際に守るべき原則は「行くべき顧客を訪問し、会うべき人物と面会する」ことだ。

すなわち、訪問先は規模順とする。ポテンシャルの大きさを問う。面会先は地位順とする。決定権の大きさを問う。えげつない言い方になるが、金持ちとつきあえる企業は金持ちになれるからだ。当初から"勝ち残り"を意図する。

実際、窓口や現場など担当者へアプローチすると、営業活動のスパンが長くなり、商談のスケールが小さくなり、成約のアベレージが低くなる。いいことが1つもない。多忙を極め、かつ収支責任を負わなくてはならない起業家は、営業においても経済合理性を追求せよ。「営業生産性」とはこれ。

本章の締め括りに、どうすれば営業力を身につけられるかについて述べる。今日の起業家に必要性が高いのは「提案営業」であろう。それはコンサルティングセールスの思想とソリューションセールスの技術に根差す。提案営業に関しては巷に図書が出回っており、1～2冊手に取ればあらましはつかめる。

紙幅が残りわずかなので具体的な説明は割愛する。ここではきわめてシン

プルな、しかしもっとも肝心な4つの急所を明らかにしよう。

◇仕事の特性を理解する

　第1は営業の仕事の特性を理解する。知識や技術、手法を頭に詰め込んだところで営業力は伸ばせるわけでない。しゃにむに行動を起こすことが先決だ。それを通じて得た体験の知恵が営業力にほかならない。

　起業家が営業力を高めたいと本気で願うなら、日々果敢に働きかけ、数えきれない屈辱と失敗を味わい、わずかばかりの称賛と成功を収める。その繰り返し。成果を上げられない人に共通する誤解は、「営業はうまくやらなければならない」である。そう考えると、相手から拒絶を食らう前に自分がブレーキを踏みやすい。営業とは暴走である。

　まして提案営業ではトップダウンでアプローチする。それも伸び代の大きい顧客を優先する。ルーティン営業のように勝手を知った既存顧客の担当者への「顔出し⇒御用聞き⇒見積書対応」とは困難度が別次元である。精神的な負担どころか苦痛、さらに恐怖を感じるかもしれない。

　提案営業とは失敗への挑戦である。しくじらないのは、できそうなことでお茶を濁しているからだ。若い世代に限らないが、顧客から侮辱や叱責、拒絶を受けると、すぐにめげたり落ち込んだりしやすい。心の強さは営業としてやっていこうとしたら不可欠なのだ。

　実は、度重なる失敗の末に獲得されるのが、営業成果を大きく左右する「ストレス耐性」である。これが備わるなら、どこへでも行ける、だれとでも会える。俗に言う"打たれ強さ"は後天的なものだ。人は経験を通じてもっとも学習することのできる動物である。失敗を信じよ。

　幸い、失敗と成績は正比例の関係にある。売り上げを伸ばそうとすると絶望的な気分に陥るし、どうしてよいか分からなくなる。ここは発想を転換し、失敗を増やすつもりなら果敢な行動を起こせる。成果など後からついてくる。

　営業とは、活発な「精神風土」を形成することに尽きる。優れた体制や制度、仕組み、手法や技術などに勝る。それには、困難に挑戦して失敗する自分を社員にさらけ出さなければならない。上がしくじらないと、力の劣る下

はつらい。有力顧客へ大型案件を仕掛けて当然という空気が充満しなくては、営業が強い会社にならない。

営業力を伸ばすには「負けて覚える将棋かな」。私の経験では、わがままで手ごわい顧客を相手にする営業活動はうまくいかないのが普通である。営業とは、失敗する自分を受け入れることだ。ほかにない。失敗を楽しもう。

◆仕事の本質を理解する

第2は営業の仕事の本質を理解する。私はNPO法人営業実践大学の理事長として大勢のトップセールスパーソンと接触し、業種や商品にかかわらず営業の基本は変わらないと気づいた。それは私自身が大切にする基本と一致した。

「営業とは何か？」そう問われれば、私は迷わず「与えること」と答える。にもかかわらず大方は「得ること」と考える。それどころか「奪うこと」と勘違いする。

人間社会ではどの道、得ようとしても得られない。得ようとして得られるなら、私たちはとっくに豊かさと幸せをつかんでいる。だが、現実にはそうなっていない。なぜなら、皆が得たいと望んでいるからだ。自社や自分が顧客に何を与えられるかを追い求めよ。営業とは与えることである。

これは経営や人生にも当てはまる真理だ。MBAで勉強した挙げ句、自社や自分が得る目標を定め、得る計画を立てている。愚の骨頂。うまくいくはずがない。「企画」とは何を与えるかを明らかにすることである。周りに与える目標を定め、与える計画を立てればよい。そしてひたすら行う。

営業活動とは、顧客にどれくらい与えられるかの競争である。個人成績や企業業績は与えた結果にほかならない。顧客から奪おうとすると性根が卑しくなり、営業に誇りも喜びも感じられない。これではいつまでも営業が好きになれない。

私はコンサルタントして長らく「営業発の全社改革」に打ち込んできた。その一環で講演や研修を行う機会が多いが、「売ろうとして売れる時代はとうに終わった」という認識が出発点になっている。とはいえ、営業は数字に

責任を持たなくてはならない。「では、どうするか？」を説いてきたつもり。
　一部の素材や品目を除き、主要国は需給関係がおおむね逆転しており、日本は供給が需要をはるかに上回る。しかも人口減少による内需縮小が加速する。商品の販売や仕事の受注にともなう苦労は年々増していこう。売れない環境下で売ろうとするとストレスが募り、ますます営業が嫌いになる。
　私が愕然とするのは、多くの企業でいまだに研修と称して売るための勉強を行っていること。経営トップや営業幹部の「営業観」が腐っているのだ。かつての売り手優位の環境下における成功体験がこびりついてはがれない。いかに買わせるかに関心が向かうと、たいてい業績は低迷する。そうでなく顧客の繁栄や幸福に関心を寄せ、その実現に貢献する姿勢を大事にせよ。それが与える営業である。
　については、自社や自分の観点でなく顧客の立場から、つねに営業活動のありようを検証していかなくてはならない。主役の顧客を基点にして"客観視"するわけで、これが「顧客志向」である。見据えているのが「顧客価値」であることは言うまでもない。ちなみにトップセールスパーソンとは客観視の達人である。アマチュアを抜け出せない人との決定的な違いだ。

◆景気に左右されない営業になる
　第3は景気に左右されない営業になる。その重要性はすでに説いた。私は社会全体のことを考えれば、むろん好況が望ましい。が、一営業担当者としては不況が好ましい。とにかく燃える。好況期に数字を残しても景気が売ったのか自分が売ったのか判然としない。私は不況に売ってこその営業だと信じる。何事も真価が問われるのは苦しいときである。
　では、景気に左右されないためにはどうすればよいか。それは簡単だ。好況期と不況期の営業活動で遭遇する現象に注目すればよい。営業担当者が景気後退により実感する最大の変化は顧客の注文が減ることである。要望やニーズの減少にほかならない。したがって、要望やニーズに応えないことに尽きる。これまでの数字は応えた結果なのだから……。
　好況期では注文をもらうことを営業活動のゴールにすることができる。し

かし、不況期でも営業活動のゴールにすると、注文が減った分だけ収益が落ちる。これが景気に左右される営業の正体である。私は不況期に製造業などで、例えば前年対比5割減という嘆きを耳にした。社長に理由を尋ねたら、注文が5割減ったからだという言葉が返ってきた。やれやれ……。

　今日、売る営業と売れない営業では成績に数倍から数十倍の開きがある。しかし、顧客からもらう注文にここまでの開きはない。当たり前ながら、差がつくのは注文をもらった後だ。この点を肝に銘じて営業活動に携わっているのが一握りの成績優良者である。

　ゆえに、顧客から注文をもらうことは営業活動のスタートになる。始まりの合図にすぎない。ここからが営業担当者としての"腕"の見せどころである。そのためには要望やニーズにYESと応じず、NOと返す。相手の注文を受け入れた途端に収益の伸びにフタをしてしまうからだ。実際、YESと答えると顧客先を辞し、見積職としての"作業"で済ますことができる。

　そうでなく営業職としての"仕事"に取り組むのだ。つまり、NOと答えて顧客先を辞すことなく腰を据える。注文にはたいてい何らかの背景が潜んでおり、それを探り出していく。顧客が抱える事情や意図、顧客が望む効用や目的などである。それらは顧客の「課題」と密接に関わる。

　そして、幾度かのやりとりを通じて課題を掘り下げ、最終的に顧客へ「課題解決策」を投げかける。ハードやソフト、サービスなど、多様な商品が組み込まれることになる。営業担当者が小さな注文を大きな案件に育成したわけだ。これが「案件育成営業」であり「課題解決営業」である。

　注文が旺盛な好況期では作業レベルの営業活動に留まっても数字は立つ。しかし、注文が低調な不況期では仕事レベルの営業活動に達していないと会社は回っていかない。言い換えれば、注文の量が減る不況期では営業活動の質で勝負するしかない。「広く浅く」から「狭く深く」へ導こう。

　そもそも提案営業が定着しているなら、景気の変動と業績の起伏が完璧に重なることはありえない。あちこちの企業で「提案営業」と呼んでいるものの中身は、顧客の要望やニーズに応える「御用聞き営業」か、自社や自分の都合であれこれ投げかける「商品推奨営業」のいずれかである。

やってはならないのに、営業担当者は顧客の注文を受け入れる。営業の「え」の字も知らない経営トップや営業幹部が「要望やニーズに応えよ」と、ひたすら御用聞きをつくってきたせいだ。業績下落の張本人は誤った命令や指示により、下に仕事でなく作業をすり込んできた結果である。

◆「真逆営業」へ針路を取る

　第4は「真逆営業」へ針路を取る。成長期と成熟期、好況期と不況期では営業のありようは正反対になる。環境が逆なのだから当たり前だ。営業の考え方も進め方も一切引っくり返す。私は「真逆営業」と命名した。「まぎゃく」は若者の造語。売れる時代の常識は売れない時代の非常識で決まり。

　私がクライアントで指導してきたのは、この一点に集約される。そして、その具体的な中身が「提案営業」なのである。自社のセリングポイントを訴求する商品推奨営業から、顧客のベネフィットを描写する課題解決営業へ。YESと応じて顕在ニーズを刈り取る御用聞き営業から、NOと返して潜在ニーズを掘り起こす案件育成営業へ。180度の方向転換が収益伸長のカギになる。起業家や経営者がこれを理解しておかなくては地獄を見る。

　「真逆営業」のほんの一例を挙げれば、自社の営業担当者の立場を離れ、顧客の購買コンサルタントの役割に徹する。すると、商談をやめ、相談に乗るようになる。それにより、大勢のなかの一業者と見なされず、かけがえのないパートナーと認められる。売れない時代の営業との決別である。

　また、提案営業についてイロハを確認しておけば、アウトプットとなる「提案」よりもインプットとなる「営業」、すなわち顧客理解のほうを重視する。提案の良し悪しはインプット次第であり、さらに顧客理解の大きさが売り上げの大きさを決定づけるからだ。

　これも当然ながら、営業を行えない人は、提案はもっと行えない。両者は土台と仕上げの関係である。家づくりをイメージすれば、どちらが重要か述べるまでもない。パソコンに向かわず、顧客と対する。提案営業はどこまでも奥深い。

---付記---

　なお、本学でも私が「実践営業論」としてソリューションセールスのインターネット授業を行っている。起業家に重大な提案営業の理論と実践について、「和田創方式提案書フォーム」なども交えながら体系的かつ具体的な講義を心がけた。ビジネスに即座に生かせることもあり、学生から高い評価を得ている。常識を述べたにすぎないのに衝撃を受けたといった意味不明の反響も寄せられる。ありがたい。

　人生とは自分という商品の営業活動の成果にほかならない。起業はもとより、独立や転職、キャリアアップ、就職や結婚など、豊かさと幸せを求めて新たな扉を開き、次のステージに進みたいと思う方は提案営業を掘り下げて学んでほしい。「実践営業論」は単科の受講が可能なので、SBI大学院大学の事務局にお問い合わせいただきたい。

　本章はおもに私のブログ「和田創　講演講師の引き出し」からピックアップした記事を編集加工したものであることをお断りする。また、経営トップや営業幹部が21世紀の営業常識を理解する一助になればとの思いから、インターネット上に「営業変革講演」や「月刊トップセミナー」などのビデオ映像を公開している。業種や規模を問わず多くの企業で研修や会議の教材として用いられている。光栄だ。

　皆さまが起業に挑戦し、職業人生を謳歌することを心より願う。どうか日本を元気にしてほしい。

Chapter 9

起業の法務

1 起業と「法に臨む姿勢」

　「起業」とは、社会において事業を起こす行為である。起業は個人的な志から始まるが、その志を実現するプロセスは社会的なものである。すなわち、起業の志は自我と強く結びついて個人的な成功を目標とするが、人間として生きることは社会的な営みであるから、起業が例外でないのは当然である。ところが、起業の際に社会構造の基盤（ソフトインフラ）である法（ないし法律）に臨む姿勢は、その志の高さと比較して相当低い水準に止まっているように思われる。

　起業に関する法務について技術的解説を行う優れた論稿は既に多数存在する。本章は「起業の法務」と題するが、ここで「法務」というのは「法に臨む姿勢」のことである。すなわち、本章は起業に関する法律技術的解説を目的とするものでなく、起業に臨む経営者ないし管理者として、企業が生きる環境である社会構造のソフトインフラ＝法に対しどのような姿勢で対するべきかについて論じるものである。

　紙幅の関係から十分に議論を掘り下げることができないが、そのことがむしろ読者諸氏自らの今後の思索を促すものとなることを期待する。

2　会社法と起業

◇事業主体の種類と選択の要素

　事業は利益獲得の期待の反面で、必ず損失負担のリスクを伴う。

　個人事業では獲得利益は全て自分のものにできるが、生じた損失は事業資産のみならず私的生活上の財産（つまり全財産）をもって支払うことになる（無限責任）。また、事業は必然的に他の事業主体等との商取引を伴うからそこに債権債務関係が生じるし、事業用財産について権利義務関係が生じる。これらの権利義務が事業資金の出資者にどのように帰属するのかも問題となる。

　個人事業は出資者が事業主体であって、権利義務は出資者に直接帰属する（直接責任）。さらに、事業は知的・肉体的な労力提供者を必要とし、全て事業主体＝出資者が行うこともちろん可能であるがそこには自ずと限界がある（人的集団の形成）。1人又は少数者の出資では事業規模にも限界が生じる（資金的集団の形成）。

適切な事業主体を選択する

　上記のように、事業主体の選択には概略4つの考慮要素がある（付け加えれば納税主体の問題もある）。

　会社法は、株式会社の基本形として従来の有限会社を株式会社の中に取り込み、合名会社と合資会社を一括して持分会社とし、さらに合同会社（LLC：Limited Liability Company）をおいた。これらは全て「会社」すなわち権利義務帰属主体たる法人格が認められた事業主体である。法人格が認められると、資金や労力を提供する人（自然人）の帰趨にかかわらず存続する事業体の形成も視野に入る（永続企業＝Going Concern）。

　しかし、事業の種類・業態等によっては法人格を求めずに事業体を形成することもある。民法に定める組合契約によるもの（民法上の組合）、有限責任事業組合に関する法律に定める組合契約によるもの（LLP：Limited

Liability Partnership)、商法に定める匿名組合契約によるもの（匿名組合）、さらに信託法に基づく事業主体の形成も可能である。

　このように、事業主体は多種・多様であって、どのようなケースでどの事業主体のあり方が適切か、その選択の判断基準を持つことは重要であるが容易でない。おおむね以下に従って判断することになるだろう。

・法人格は必要か
・出資者と労力提供者は一致するか
・必要とする人的・資金的規模
・出資者が負う責任の限度
・永続企業か時限企業か
・事業利益に対する課税のあり方

　事業主体の最善の選択を一義的に決定することは困難である。しかし、起業の成否を決する重要な要素であるから、安易な選択はできない。

◪ 会社とは何か

① 会社の種類

　会社とは、形式的には、会社法に基づいて設立される事業主体であり、実質的には、法人格が認められた事業主体である。法人格とは、権利義務の帰属主体となる法的地位である。

　会社法は、株式会社・合名会社・合資会社・合同会社の4種類の会社を定めている（なお、現在の会社法が施行される以前有限会社法に基づいて設立された会社（有限会社）は「有限会社」の商号で活動を継続できるが、原則として会社法の規律に従うこととされた）。

合名会社と合資会社

　「持分会社」として一括して規律されていて、社員（出資者）の責任が有限（有限責任社員）か無限（無限責任社員）かを区別し、その両者によって構成される持分会社を合資会社、無限責任社員のみによって構成される会社を合名会社とする。

合同会社（LLC）
　現在の会社法で創設された会社であり、ほぼ同時に事業主体として創設された有限責任事業組合（LLP）とともに、英米法において「パートナーシップ」と総称される事業主体の形態である（LLCは英国型をモデルとし、LLPは米国型をモデルとしている）。LLCは会社であって法人格があるが、LLPは組合であって法人格がないところに基本的な相違があるが、むしろ実質的な違いは課税対象の相違である。すなわち、LLPは組合構成員にのみ課税するが（パススルー課税）、LLCは法人の利益と社員の受ける配当利益の双方に課税する（これは、LLPがLLCより事業主体としての確立度が低いからではなく課税政策と理解される）。

株式会社
　従来小規模かつ閉鎖型の会社として想定された有限会社を取り込んだことからわかるように、小規模・閉鎖型から大規模・公開型までを広く含む多様な会社である。ここで規模は資金的・人的な観点であり、閉鎖型・公開型の区別は出資者の人数や交代（出資の回収）可能性の観点であって、これらを組み合わせれば、会社法は

・小規模・閉鎖型
・小規模・公開型
・大規模・閉鎖型
・大規模・公開型

との4つのモデル（さらにいえば、小規模と大規模の中間に様々な規模が分布する）の株式会社を規律するのである。
　上記のような株式会社の多様性は、会社法によって認められたものであるというより、会社法が現実社会においてすでに存在する多様な株式会社のあり方を前提として規律をまとめたものといえよう。

② 無限責任と有限責任
　事業において出資者の責任が無限か有限かは、事業主体が法人格を有するか否かに直接関係がない（これに対し、直接責任か間接責任かは法人格の有

無と関係ないとはいえない。取引相手から見れば、権利義務が法人に帰属する以上出資者の直接責任は付加的＝保証人的な意味だからである。しかしこれも法政策によるものと説明することもできる）。

株式会社の特質

　株式会社は、出資者（株主）の責任が間接・有限であることに特質があり、さらに、出資持分を株式という出資単位に構成して出資者＝株主を無個性化し、かつ株式の流通による出資金回収を保証したところに特質がある。

　出資者の責任が直接・無限であれば出資を躊躇することは明らかである。しかし他方、有限責任の採用には法人に対する債権者との関係で法人財産の確保が必要となって、法人財産の分配制限（利益の配当制限）が行われ、かつ出資者の個人的な財産と法人財産との峻別（財産分離）が厳格にされるから、個人又は少人数の事業体ではデメリットも当然ある。さらに、責任を間接・有限とすることによって出資持分の流通（譲渡）が容易になるし、事業破綻リスクの上限が設定されるから経営監視（モニタリング）の負担も軽減される。このように、間接・有限責任は、不特定又は多数の出資者から出資を募る制度として優れている。

出資者、債権者間の契約形態

　債権者の側から見ても、実は出資者の直接・無限責任が間接・有限責任よりも良いわけではない。上記のとおり、法人に対する債権者から見て出資者の責任は保証人的な意味であるから当てにすべきでない。有限責任によるリスクからの債権者保護は法政策によって十分可能であるし、各自の契約による自衛も可能である。かえって、出資者の個人的財産と法人財産分離が厳格にされることは債権者のメリットでもある（個人的財産には債務も含まれる）。さらに、不特定・多数の出資者の出資による事業規模の拡大は、債権者としてのビジネス・チャンスの拡大でもある。

　このように、間接・有限責任は専ら出資者（株主）の利益を図って採用された制度ではなく、出資者と債権者との間で最適な契約形態として選択された契約条件である（なお、このように会社を「契約の束」とする考え方については追って説明する）。

本章においては、日本の事業体の大多数が採用している会社形態である株式会社を念頭において、以下の論稿を進める。

◘ 会社法
① 法改正の契機とその方向性
　現在の会社法は2005年6月に成立、2006年5月に全面施行された。この改正は、当初現代語・口語化と諸法（商法・商法特例法・有限会社法その他）に分散していた会社関係法規の統合による平易化を目的としていたが、そのことは結局会社法の全面改正を意味することとなり、この機に各方面からの要望を調査しそれを盛り込むことによって、会社法の「現代化」すなわち「現下の社会経済状況における会社のあり方」の規律が図られることとなった。
　今回の改正を到達点とする数次に亘る法改正には、以下の4つの方向性が見られる。

1）企業価値の向上を図る
　従来の商法は、企業が利益を上げるかどうかに関知せず、価値中立的な組織の構成や関係者の利害調整を規律するものとしてとらえられた。しかし、新会社法では企業価値を向上させるために必要な制度を大幅に取り入れている。すなわち、数次の個別法改正による経営者に対するインセンティブ付与制度の導入（ストックオプション等の役員報酬制度の改正）、企業再編成の自由化（会社分割・株式交換等）、経営監視システムの選択制（監査役型・委員会型等）から始まり、今回の改正において対価の柔軟化（合併等）、市場資金調達と返戻の自由化、機関設計の自由化等が図られて、企業価値の向上のために会社法がどうあるべきかについて積極的に関与する姿勢が見られる。

2）契約自由の原則＝市場原理の導入
　歴史的には、会社は国家から特別の許諾を得てはじめて設立でき、会社の

あり方に関わる組織法規律（会社法）は当然強行法規（それに違反すると無効になる規律）であると考えられてきた。国家（法）が「法人格」を与えるのだから国家（法）がそのあり方を決めるのは当然と考えたからである。

しかし、今日では会社設立は原則として要件を満たす届出によって行う（準則主義）ことからも、会社法の全ての規律が強行法規でなければならない根拠は明らかではない。

米国では1960年代から会社は「契約の束」であるという考え方が有力である。すなわち、会社組織も分解すれば多数の関係者（出資者・経営者・債権者・取引先・労働者等）間の法律関係の集合体ないし結節点でしかないという考え方である。そして、それぞれの取引関係は契約関係で結ばれて、契約自由の原則＝市場原理の導入によって規律されるから、「最適条件」の取引条件が実現されるために会社法は強行法規である必要はなく、むしろ任意法規（契約によって変更可能な規律）でなければならないとするのである。新会社法に見られる順列組み合わせのような選択肢を置くこと（講学上「因数分解」等と言われている）も、制度設計の組み合わせを大幅に自由化することによって任意法規化するひとつの手法である。

強行法規か任意法規か

強行法規を任意法規にするということは会社のあり方を当事者が自由に決めること（契約自由）を意味するが、契約内容は究極において市場原理によって決まるから、言い換えれば、会社のあり方の決定に市場原理を導入するということになる。先に述べたとおり、企業価値の向上のために会社がどうあるべきかについて会社法が積極的に関与する姿勢を示していることと併せ考えれば、そこには企業価値の向上のためには法が一定の枠組みを強制するより市場原理に任せる方が効率的とする思想を見ることができる。

この方向性は、「事前規制から事後規制へ」の移行を伴う。自由な選択の結果を事後的にチェックして適法性・適正性を確保するというシステムである。事後的なチェックには、市場によるものや公正取引委員会・証券取引委員会などの独立性の高い公的機関によるもの等があり、また裁判所の司法審査は従来より一層重要性を増すだろう。

新会社法においては、定款自治の大幅な導入は端的に会社のあり方を関係者間の交渉で決めるということであり、さらに役員責任制度、機関設計の自由化、種類株式制度の拡大、剰余金分配機関の自由化その他多数の規律において契約自由の原則＝市場原理が導入されている。

　3）国際的な標準に合わせる
　20世紀末の社会主義体制の崩壊と情報伝達技術（IT）の急激な普及によって市場のボーダーレス化が一気に加速し、今日では一国内のみ通用するローカル・ルールはグローバル・ルールに置き換えなければ、ボーダーレス市場に参加することさえ不可能である。また、諸外国で可能なことが日本においては不可能であるということがあれば、日本法に準拠する企業は競争上のハンディキャップを負うことになる。つまり、新会社法は、国際ルール（国際的標準）への統一と、諸外国制度との比較優位の確保を実現することを目的としたのである。

　4）経営における財務の重要性の増大
　財務の重要性の増大は、市場原理の導入によって企業に対する市場の影響が強まった結果である。たとえば、これまで事業統合・再編の手段は合併や営業譲渡等限られた手法しかなかった。また合併には自社株式を交付する（対価）以外の選択肢がなかったが、今後はその対価を自社株式にするか、他社（たとえば親会社）株式にするか、社債にするか現金にするか等が選択できる（対価の柔軟化）。その結果、事業統合・再編の手段としてどのような手法が適当か、何を対価にするのが適当か等、より高度に企業価値を向上させる手法を十分に検討しなければならない。
　もちろん、企業価値の向上は企業価値の指標をどのようにとらえるかによってその意味が変容する。しかし、株主が法理上会社の所有者であって重要なステークホルダー（利害関係者）であることは間違いなく、株式価値（時価総額）の大きさが主要な指標であることは疑いない。ここにおいて、財務の重要性はもはや明らかである。

これまでの経営者の資質は「事業」のプロであることで足りたが、今後はそれに加えて財務がわかる、すなわち「投資家の視点を持つ」経営者である必要がある。

　以上４つの方向性は、さらに各国の会社法制度間の競争をも指し示す。つまり、どの国の会社法制度がより競争力の高い企業を生み育てることができるか、ボーダーレス市場における国家経済間の競争である。そうであれば、国家としてボーダーレス市場から離脱することを選択しない限り、今後この方向性が変わることはないだろう。

② 市場原理の限界

　1990年頃までの日本の株式会社のほとんどは、株式の「持ち合い」（金融機関を中核とするグループ内ないし友好企業間で相互に株式を持ち合うこと）によって過半数以上の安定化比率（発行済株式総数に占める安定株主保有株式数の比率）を示していた。安定化比率が50％を超えると資本市場で誰がその残りの株式を取得しても会社支配権は変動しない。すなわち、この時期の経営者の地位は、株価や株主の変動等株式市場の圧力や影響を全く受けなかった。この状態は、後に説明する「所有と経営の分離」とは関係がない。「所有と経営の分離」論においては株主は存在するが機能しない状態だが、上記の状態はいわば株主が存在しない（株主が経営者に対して対等の立場にない）状態である。

　しかし、バブル経済崩壊後の株式持合いの急速な崩壊によって、上記の状態は一変した。すなわち、投資家に支持されなければ経営者は信任されない（解任される）リスクに晒され、株価が低迷すれば買収リスクに晒される。逆に株価が高騰すればＭ＆Ａ法制を活用した事業拡大のチャンスがめぐってくる。このように経営者は市場からの圧力や影響に直ちに晒されることになった。すなわち、株式会社はそのあり方を市場原理に委ねるようになったのである。経営者にとっては実力主義の厳しい時代だが、これが会社法の想定する正常な姿である。先に述べたように会社が「契約の束」であると考えれば、

関係者（出資者・経営者・債権者・取引先・労働者等）間の関係を対等に保たなければ、その法律関係を契約自由の原則＝市場原理に委ねる基礎条件が成立しないからである。

　それでは、全て市場原理に委ねれば会社をめぐる関係（法的適正の実現や経済的な最適配分）は全てうまくいくのだろうか。上記のとおり、契約自由の原則＝市場原理に委ねるためには、その基礎条件として、会社をめぐる関係者（出資者・経営者・債権者・取引先・労働者等）間の関係を対等に保つこと、すなわち、市場が健全かつ有効に機能することが必要とされ、そのための法律（強行法規）が必要とされることになる。ここで全てを挙げることはできないが、「情報の非対称性」「エージェンシー・コストの理論」「不完全契約論」「集合行為論」「ウォールストリート・ルール」「予測可能性＝標準モデル論」「チェックコスト縮小論」等、強行法規を必要とする根拠について様々に論じられている。

　以上の考察から、会社のあり方を規律する会社法は、今後も市場原理を貫徹する（すなわち任意法規化）の方向性をとりつつ、他方でその基礎条件を整えるための強行法規の整備が並行して進められることになるだろう。

◘ 会社の目的

　会社の目的は利益を上げることである。新会社法には旧商法52条にあった「営利性」規定はないが、上記で検討したとおり、新会社法が「企業価値の向上」を積極的に意図していることは疑いない。それでは、ここで、利益を上げること、企業価値を向上させることとは一体どういうことだろうか。

　有力な議論は「株主価値の最大化」を挙げる。法理上株主が会社の所有者だから、所有権の権能（収益・処分権）として剰余金等の配当やキャピタル・ゲインの獲得を最大化することが会社の目的だとするのである。しかし、ここで配当率やROE（投資あたりの利益率）の向上が目的なのか、時価総額の増加が目的なのかは明確でない。株主価値（投資効率）と企業価値（時価総額）は必ずしも一致しないからである。すなわち、普通は会社が儲かれ

ば株主価値も増大するが、それを余剰資金として保有したり長期計画で投資を実行する場合には、時価総額は増大するけれども投資効率は低下するのでROEは下がる。こういった場合企業価値は増えるが株主価値は下がるのである。さらに、「株主」価値といっても、長期保有目的の株主と短期保有目的の株主ではその利害は一致しない。

健全・有効に機能する市場を前提にすれば、株価は市場において適正に実現する。また、会社法のもとで、経営者は会社に対して経営責任を負うが株主に対して直接に義務を負うわけではない。そうであれば、経営者としては、「企業価値の最大化」を目的に据えるべきである。とはいっても、企業価値と株主価値との差は明確ではない。後に詳細に述べるが、会社は永続的な存在（サステナビリティ）を前提としている以上、企業価値の向上とは、その長期的な向上を意味し、ここにおいて、短期的な株主価値（投機的利益）との差は明らかである。長期保有目的の株主に限定した場合、企業価値の向上と株主価値の向上は一致する。会社の目的は、「企業価値の長期的な向上」と考えるべきである。

そこから、「企業の社会的責任（CSR）」やコーポレートガバナンス、コンプライアンスとの結節点も自ずと見えてくる。

3　会社の持続可能性（サステナビリティ）と経営管理

▶現代社会における株式会社の機能・役割

現代社会におけるほとんどの会社・企業の形態である株式会社は、国民経済の管理者であり、労働の場の提供者であり、商品・サービスの提供者であり、さまざまな経済活動の組織者であって、現代の国民経済は株式会社の活動に根本的に依存し、国民経済の盛衰は株式会社の活動に左右される。すなわち、「国民経済のSustainable Development（持続可能な発展）」の問題として、株式会社のSustainability（持続可能性）を検討する必要がある。一例として、「失われた10年」「20年」とも称されるバブル経済崩壊後の国民経済の長期低迷は、政治の失敗がそれをさらに助長した事実があるとしても、

マネーゲームに走った経営者の失敗を根本原因とすることが明らかにされている。さらに、今日のボーダーレス経済の急激な展開は、国民経済の枠を超えて地球規模の問題（すなわち「地球社会のSustainable Development」）として検討することを迫っている。

つまり、株式会社のサステナビリティ（持続可能性）とは、かような機能と役割を担うものとしての持続可能性を想定した株式会社のあり方を論ずる概念である。

① **株式会社の本質──「会社は誰のものか」**

株式会社のサステナビリティを論ずるためには、株式会社の本質をどのように理解すべきかについて深く考察することが有益である。

株式会社の本質についての議論は、以下3つの論点で争われる。

1）株式の本質をめぐる論争

株式の本質をめぐる論争は、株主はその有する議決権（共益権の典型）を自己の利益の実現のために行使すべきか、それとも、公共の利益のために行使すべきかという考え方の対立である。さらに、この議論は、議決権を含む株主の監督是正権（共益権）は株式上の権利（私権）か、それとも、株式法上（すなわち、法により付与される権利であって株式上の権利ではない）の権利（公権）か、という考え方の対立にも繋がる。

ここでまず論じられるのは、株式会社観の対立、すなわち、私有物観（組合観）と公共物観（法人観）の対立である。法的には同じ株式会社であっても、その大部分を占める小規模閉鎖会社と少数の大規模公開会社の二極化が進行する中で、大多数である前者を株式会社の典型と見るか、それとも、法は株式会社を不特定多数の出資者の資本糾合の仕組として想定しているのであるから実在数では少数ではあっても後者を株式会社の典型と見るべきとする考え方の相違によって、株式会社を私有物（小規模閉鎖会社）と見るか、公共物（大規模公開会社）と見るかの見方が分かれるのである。

そして、私有物観に立てば、株式の本質は観念的な持分＝共同所有権（物

権）である。これは通説・判例がとる立場（社員権論：すなわち、共益権は株式上の権利であると考える立場）であり、所有権の収益権能が自益権に、処分権能（支配権能）が共益権にそれぞれ対応することになる。これに対して公共物観に立てば、共益権は社会公共のために行使しなければならない参政権に相当する公権の一種である。したがって、共益権は一種の一身専属的権利であって譲渡・相続の対象となる財産権ではないことになり、株式は自益権そのもの、すなわち剰余金配当請求権及び残余財産分配請求権が株式の本質であるということになる。そして、これらの自益権は団体法的に変容された債権の一種であるから株式の本質は債権であるとの考え方に結びつく（株式債権論）。

なお、この論争は会社の社会的責任（CSR）をめぐる議論にも繋がる。すなわち、公共物観（株式債権論と親和性がある）に立てばCSR重視の経営が当然ということになる。しかし、CSR重視の経営の結果企業価値（≒株主価値）が増大すれば私有物観（株式社員権論と親和性がある）と矛盾するものではない。

2）株式会社の主権者をめぐる論争

株式会社の主権者は誰か（会社は誰のものか）という議論は、上記の株式の本質をめぐる議論の中にすでに内包されたものであるが、日本で自覚的に論じられるようになったのは比較的最近のことである。それは、日本経済の「バブル崩壊」後の自信喪失と、社会主義体制崩壊による米国型市場経済の国際標準化を経た後、米国型市場経済を支えた株主価値至上主義（＝株主主権論）の下での成果主義が「エンロン事件」「ワールドコム事件」等によって今度はその弊害を顕著に示すこととなった結果、「日本型経営」の再評価へと揺り戻しが起きたことによる。

日本型経営に見られる年功序列・終身雇用制は労働者参加・労使協調の表現形態であり、そこには従来は無意識的ではあったが株式会社の「ステークホルダー（利害関係者）としての従業員」との思想の萌芽が見られた。それが自覚的な議論、すなわち、シェアホルダー（株主）主権か、ステークホ

ルダー（主として従業員）主権かの議論となったのである。

　たしかに、法形式的には、会社の構成員（社員）は株主であるから株主が主権者である（株主によって構成される株主総会が株式会社の最終意思決定機関とされる）。しかし、実質論的には、従業員はその人的資源（知識や能力）を会社に対して投資して企業価値の増大に寄与しているし、年功序列・終身雇用制に基づく賃金体系は従業員から賃金後払いの形で出資を得ているとも言える。また、資本主義の発展段階論において、理論的に、20世紀後半から始まったポスト産業資本主義の時代では会社制度の役割は資本調達手段としてではなく人的資源（人間の知識や能力）を組織する制度へと変容し、かかる役割こそが利潤の源泉となっていると理解することができる。かかる理解は、米国型株主主権の失敗とあいまって、株主主権的な会社から共同体的な会社（従業員を中心とするステークホルダー主権論）への転換を予言する。

　さらに、新会社法が創設した合同会社は、有限責任の人的会社であり、人的資源を組織する制度として会社制度の活用の転換を示唆している。

3）会社の本質をめぐる論争

　新会社法は定款自治の範囲を大幅に拡大したが、これは会社法による規律を強行法規から任意法規（当事者の契約に委ねる）にシフトする考え方である。また、法人たる合同会社（LLC）と組合契約たる有限責任事業組合（LLP）の実質的相違はLLCにパススルー課税が認められないことだけでその他はほぼ同じと考えられるところから、制度（法人）と契約との接近が顕著である。ここには、1960年代の米国で発展した市場原理主義契約理論、すなわち会社を「契約の束」（nexus of contracts）ととらえる考え方の影響が濃厚である。

　従来の考え方は、組織法と行為法を峻別して組織法＝強行法規・行為法＝任意法規とし（組織法と行為法の理論）、会社法は組織法であって強行法規であるとする。しかし、契約理論によれば、会社法は一種の標準契約書式（任意法規）であって関係者の契約コストを節減するものに過ぎない。

この論争は容易に決着しないだろう。契約理論によっても、最適条件の契約が成立するための基礎条件の整備や契約コスト節減のための予測可能性確保のために強行法規を必要とする部分があり、会社法の全ての規律を任意法規化することはできないからである。しかし、契約理論は「企業の社会的責任論」（CSR）の理論的根拠になり得る。会社はそれを取り巻く利害関係者（ステークホルダー）の契約によって形成されると考えれば、多様なステークホルダーの利益を図るべき存在であり、株主利益の極大化は制限されるからである。

② **コーポレートガバナンス（CG：Corporate Governance）の構築における実践的展開**
　サステナビリティは他方で、コーポレートガバナンスのあり方をめぐって実践的な展開を見せている。
　すなわち、株主主権論が典型的展開を見せてきた米国においても、"企業（株式会社）も市民である"との意識は当然の前提として共有されている。たとえば、アメリカ法律家協会『コーポレートガバナンスの原理：分析と勧告』（1992年）において、その201条「会社の目的と行為」は、(a) 項「会社は、会社の利潤及び株主の利益を増進させるために事業活動を行うことを、その目的とすべきである」とした上で、(b) 項「会社は、その事業を行うにあたり、会社の利潤及び株主の利益を増進しない場合であっても、以下に掲げる場合についてはこれを行うことができる」として、「責任ある事業活動にとり適当であると合理的にみなされる倫理上の考慮を加えること」や、「公共の福祉、人道上、教育上、及び慈善の目的に合理的な額の資源を充てること」ができることを認めている。すなわち、株主主権論によっても、その局面においては、ステークホルダーの利益を積極的に考慮すべきであると考えるのである。

株式会社における規模の役割
　ところで、現代社会の株式会社の役割・機能を考察する際、上場企業を中心とする大規模・公開会社と中小規模・閉鎖会社を同列に論ずることは不可能であるが（株式会社の二極分解）、新会社法は株式会社の基本形を従来の

有限会社に置いて一律に規律する（株主を会社の主権者として株主総会を置き、株主から経営を委ねられるものとして取締役を置くという形を基本とする）。果たしてこれが現代社会における株式会社モデルたり得るのかは問題である。

　すなわち、公開株式会社の企業としての大規模性はそれ自体として社会・公益とのかかわりの大きさを意味するし、さらに、公開会社たる形態が証券市場（市民社会に開かれたマーケット）を活用する仕組みであることは公開会社が公益を担うものとしてそのあり方の強行法的な規律が要請されることを意味する。すなわち、公開会社の経営者には公益確保の強い責任が負わされるべきである。このような考え方の理論的根拠として、大規模・公開会社については、その主権者論（「会社は誰のものか」）として、証券市場に参加する市民＝投資家を主権者とする考え方が有力に主張される。このように、株式会社のサステナビリティの実践的展開として、大規模・公開会社と中小規模・閉鎖会社の社会的機能・役割を峻別して（それらに対する会社法自体から峻別すべきであるとする議論も有力である）コーポレートガバナンスを構築すべきであるとされる。

　このようなコーポレートガバナンス構築をめぐる実践的課題は、その前提として、株式会社とそのステークホルダーの関係をめぐる問題すなわちCSR経営やコンプライアンスの確立、さらに具体的には内部通報者保護の制度（公益通報者保護法）等個別制度との関係についての検討を強く促している。

③ 社会的責任論（CSR）との関係性

　企業の社会的責任論は地球環境の急激な悪化に対する強い危機意識から生まれた（地球環境のサステナビリティ）。すなわち、地球環境悪化の根本原因は企業活動にあり、地球環境のサステナビリティのために企業活動をコントロールしなければならないという考え方である。

　当初それは不祥事発生防止の観点でとらえられたが、その後、企業も一市民として健全な行動をとらなければならないとする企業行動論に発展し、より積極的な社会貢献活動の要請にまで及ぶ理論となった。

そして、この考え方は、健全行動・社会貢献活動を行う企業こそが市民生活を支える必要不可欠な存在として持続可能であるという企業のサステナビリティへと結節するのである。

◆企業の社会的責任とコーポレートガバナンス
① 企業の社会的責任
　1) CSR論の歴史的展開

　企業の社会的責任論は、上述のとおり、地球環境の悪化に対する危機意識から発生し、企業行動論を経て、今日では社会貢献活動の要請にまで及ぶ。かようなCSR論は以下の歴史的経緯をたどって展開し具体化している。

一株株主運動

　公害問題、労働問題、消費者被害問題等企業の不祥事の続発は企業経営者に対する市民の反発を呼び、市民運動として「一株株主運動」が1970年前後に展開した。株式会社が法理上「株主主権」のもとに経営される以上、ステークホルダーたる市民（従業員、地域住民、消費者等）は外部者として経営に対する発言権を持たないし、たとえ株主となっても資金力がない市民は資本多数決原理のもとで単独では会社経営に影響力を及ぼす株主たり得ない。しかし、市民を結集して対象株式会社の株式を一定程度取得すれば、株主提案権や質問権等の株主権を行使して、会社の経営内容を開示させ、株主総会で決議（支持）されないにしても会社の経営に一定の影響を与えることができる。

　一株株主運動は、株主主権のもとにおいても多様なステークホルダーが経営に対して一定の影響力を持つことができることを明らかにするとともに、会社は市民社会に対して責任ある行動をとることによって持続的な発展を図るべきであるという企業の社会的責任論を提起することになった。

社会的責任投資運動（SRI：Socially Responsible Investment）

　一株株主運動は、会社の不祥事告発型の市民運動であり、株主主権を前提とするものの資本多数決のもとで決議（支持）を得ることを直接の目標としたとは言えず、むしろマスコミ等外部の力を活用して会社を外側から追い詰

めることによって影響力を行使しようとするものだった。

　1970年前半に一株株主運動が一定の成果を得て収束した後に展開したのが「社会的責任投資運動」である。これは、会社の外側から経営に影響力を行使しようとするものではなく、株主主権のもとで会社の内側から、すなわち資本多数決のもとで多数派を形成して経営に影響力を及ぼそうとするものである。したがって、それは投資運用機関が市民的意向（企業活動を健全かつ社会貢献的にコントロールする）を集約して株主権を行使するスタイルをとる。この場合でも、株主総会で多数派を形成することができるとは限らない（むしろ少数派にとどまることが多い）が、会社の日常的な経営にとって大きなプレッシャーとなって経営姿勢を転換させる契機となる。つまり、長期保有株主として影響力を行使するスタイルをとって、もし経営者が好ましくない行動をとった場合には相当程度の保有比率に達する投資を引き揚げる（保有株式を売却する）から、経営者はその意向を無視することができない。

　SRIは、上記のような株主行動から、投資運用機関の投資先選定（スクリーニング：投資先の選定基準に、財務指標だけでなく、社会や環境に対する影響評価を加える）や、目的的な投資（コミュニティ投資ないしソーシャル・インベストメント：投資目的を社会貢献や貧困・紛争地域に対する経済支援に特定する）と、更なる展開を見せている。

2）CSRについての立法論

　CSRについて法律上一般規定を設けることが必要か否かについては対立がある。立法政策として、一般規定を設けてもa. 精神的・訓示的規定にとどまり法律的に無意味である、b. 経営者の行動規範とすべきプライオリティ（実現すべき価値の優先順位）を決める客観的基準が存在しない、c. かえって経営者の裁量権拡大をもたらす危険がある等の問題が指摘される。したがって、CSRに関する立法を行うとした場合、個別規定が全体として連動してCSRを促進する効果を挙げることに期待する方向性がとられるべきである。

　他方、CSRのISO（International Organization for Standardization）規格

化の動きがある（ISO/SR）。すなわち、CSRの国際標準を定め、そこにおいて、企業が遵守すべき多様なCSRの個別規定を定めていく運動である。すでにISO/SRのISO規格（ISO26000）が稼働を開始しようとしている。これは、CSRのソフトロー化を目指すものである。ソフトローとは、制定法（ハードロー）との関係において、判例と同列ないしそれに準じる法的効力を有する規範をいう。かかるソフトローによる規律は、自主規制機関のルールや社会的権威ある団体の推奨するルールなど、「認証規格」や「ガイドライン」と称されるが、CSRの論点だけでなく、自由主義＝市場原理主義社会における法規範のあり方に関する様々な論点において、その規範的効力が論じられていることに注目すべきである。

3）CSRとコンプライアンスとの関係

株式会社は、多様なステークホルダー（株主、投資家、従業員、地域住民、消費者、債権者、金融機関、取引先、中央政府、地域政府等）によって構成され、現代社会において「富」を生み出し、それを市民社会に配分する主体（公器）である。ここに、会社の両義的存在形態が明らかとなる。すなわち、会社は社会の一構成員（自由主義社会の一市民として活動することによって富を生み出す）であるとともに、かつ、会社自体が社会装置として機能する（富の再分配機能を担う）存在である。

会社のかかる両義的存在形態からCSRが論じられることは上述のとおりである。さらに、社会（装置）としての会社においては、その構成員（ステークホルダー）とのバリュー・シェアリング（価値観の共有）が問題となる。バリュー・シェアリングは、一般には組織内（一企業内）での価値観共有を重視する手法をいうが、会社の両義的存在形態はかかる議論を一企業内の問題にとどめることを許さない。そこから、多様なステークホルダーと共有する価値観の諸要素（合法性、倫理性、社会的要請）への対応、すなわちコンプライアンス体制の整備が迫られることになる。

② コーポレートガバナンス

　コーポレートガバナンス（CG）は「企業統治」と訳されることが多いが、この訳語はわかりにくい。CGは会社を経営する組織（機関構成）のあり方を指すとともに、かかる組織（機関）の運営すなわち会社経営それ自体をも意味する概念である。

　CGには２つの側面がある。１つは経営の健全性確保の要請であり、他は業績の確保・経営効率向上の要請である。

　"失われた20年"において、日本のCGの議論は業績の確保・経営効率の向上に力点が置かれ、経営の健全性確保は背後に押しやられた。しかし、米国の「エンロン事件」「ワールドコム事件」等に端を発する市場原理主義の激しい動揺に対処するため、日本版SOX法（企業の内部統制に関する法）を成立させるなど、経営の健全性確保の側面におけるCGの強化が図られ、また、前述のとおり数次に亘る商法改正を経て会社法が成立、そこでも業務執行機能と監視機能との分離を重視されるに至っている。

　このCGの２つの側面は車の両輪というべきであり、一方のみでは成り立たないと考えられる。株主主権を徹底して株主価値の増大こそ業績であり経営効率向上の目的であるとするなら、CGから健全経営の要請は導かれないだろうが、前述のとおり株主主権論においてもCG構築の実践において健全経営の確保を目的としている。

　健全経営の確保と経営効率の向上の両要請は、前述した会社の両義的存在形態からも不可分な要請である。

③ CSRとCGの交錯

　上述のとおり、一般的には、CGは経営の健全性と効率を問う概念であり、CSRは経営の健全性を問う概念である。それぞれ企業のサステナビリティ（持続可能性）から派生して、それを支える概念であり取り組みである。CGとCSRは経営の健全性を問う観点で交錯するが、CGでは経営者に対する監視・監督に重点があり、CSRでは経営者による企業の持続的発展を目指す取り組みに重点があって、サステナビリティの観点からはCGは消極的

（保守的）な、CSRは積極的（発展的）な意味を有する。

　また、前述のとおり、CSRはステークホルダー論やバリュー・シェアリングとの関係において、単なる数字上の利益だけではない業績の確保や経営効率向上の要請（CGの別の側面）とも強く結びつく。

　さらに、前述した会社の両義的存在形態から、CGにおいても、多様なステークホルダーとの間で共有する価値観の諸要素（合法性、倫理性、社会的要請）への対応、すなわちコンプライアンス体制の整備が迫られる。すなわち、CG＝よりよい企業経営の組織及び実践は、コンプライアンスを実現するための組織の創設及びそれを維持するための活動を構成するのである。

◆コンプライアンス
① **コンプライアンスの語源**
　コンプライアンス（compliance）は「法令遵守」と約されることが多いが、この訳語ではコンプライアンスの意味を誤解してしまう。

　complianceの語源であるcomply（従う）という言葉は、complete（完成する）とsupply（供給する）という2つの言葉が組み合わさってできた言葉で「完全なものになる」という意味である。したがって、コンプライアンスという言葉には、lawとかlegalといった意味は全く含まれていない。また、もともと米国で行われているコンプライアンスの議論のキーワードに、integrity（完全性、誠実性）という言葉があるが、この言葉の語源であるintegrateは〈統合する、完成する、完全なものにする〉という意味である。

　したがって、コンプライアンスは、無理に訳すより「コンプライアンス」のまま理解すべきであり、それは〈完全なものになろう、完成を目指そうという誠実な姿勢〉を意味する。

② **コンプライアンスはなぜ必要か**
　前述のとおり、株式会社は現代社会において「富」を生み出し、それを市民社会に配分する公器である。かかる意味で、会社は社会の一構成員（自由主義社会の一市民として活動することによって富を生み出す）であるととも

に、かつ、会社自体が社会として機能する（富の再分配機能を担う）両義的存在である。社会としての会社においては、多様なステークホルダーとのバリュー・シェアリング（価値観の共有）が必要であり、共有する価値観の諸要素（合法性、倫理性、社会的要請）への対応、すなわちコンプライアンスが必要となるのである。

　そして、前述したところから理解されるとおり、コンプライアンスの理念・概念はCSRの理念・概念と明確に区別できない。このことはコンプライアンスの本来の意味「完全なものになろう、完成を目指そうという誠実な姿勢」からも明らかである。したがって、コンプライアンスの必要性は、CSRの必要性で論じたことと同じである。

　さらに、会社の両義的存在形態から、市民社会を"大きな社会"というとすれば、会社はそれを構成する"小さな社会"ということができる。したがって、"大きな社会"の一構成員として法令を遵守しそれによって実現される価値をさらに推進することと、"小さな社会"内でのルールを確立しそれによって実現される価値をさらに推進すること（すなわち、企業文化の確立とそれに基づくルールの定立・推進）の双方向運動（いずれもコンプライアンスの運動である）が互いに影響しあうことによって、CSRが実現されるのである。

③ 内部統制システム

1）内部統制システムの意義と内容

　CGにおいて多様なステークホルダーとの間で共有する価値観（合法性、倫理性、社会的要請）への対応、すなわちコンプライアンス体制の整備が必要であることは前述した。すなわち、CGは、コンプライアンスを実現するための組織の創設及びそれを維持するための活動を構成する。コンプライアンスを法制化したのが内部統制システムである。

　CGは経営者のあり方を規律するのに対し、内部統制は経営者がその企業のあり方を規律するものである。すなわち、CGは規律の方向が経営者に対して向けられているのに対し、内部統制は規律の方向が企業の活動に対して

向けられている。この逆方向に向けられた規律が調和的に機能するときに効率性と健全性を兼ね備えたCGが実現する。

　上述のとおり、内部統制システムは、コンプライアンスを推進するための組織（システム）とそれを維持するための活動である。それは、法律によって"強制される"という文脈で理解しようとするとその把握は困難である。すなわち、内部統制システムは、新会社法（2005年）及び金融商品取引法（2006年）において法制化されたが、内部統制システムの構築義務はその法制化を端緒とするものではなく、それまですでにいくつもの裁判例において取締役等の善管注意義務の内容に含まれると解されていた。内部統制システムを構築しない限り取締役等は善管注意義務違反の責任を問われたのである（2000年「大和銀行事件」、2004年「ヤクルト本社事件」、2005年「雪印食品事件」、2006年「ダスキン事件」その他）。

　a. 会社法において

　会社法では、内部統制システムは「取締役（又は執行役）の職務の執行が法令及び定款に適合することを確保するための体制、その他株式会社の業務の適正を確保するために必要なものとして、法務省令で定める体制」とされ、会社法施行規則100条において以下の体制が定められている。

・取締役の職務執行にかかる情報の保存・管理
・損失の危険の管理（リスクマネジメント）
・取締役の職務執行の効率性の確保
・使用人の職務執行が法令・定款に適合することの確保
・企業集団における業務の適正の確保
　（監査役設置会社の場合には以下追加される）
・監査役の職務補助者を置く場合には当該使用人に関する事項
・当該使用人の取締役からの独立性の確保
・監査役への報告システム
・その他監査役監査が実効的に行われることの確保

　会社法は、内部統制システムの構築をきわめて重要なものとして位置づけて、取締役会設置会社において内部統制システムの構築を取締役会の専決事

項とするとともに、内部統制システムに関する事項を定めた場合にはその概要を事業報告書の記載事項とした。さらに、大会社（資本金5億円以上又は負債総額200億円以上）または委員会設置会社では、内部統制システム整備の決定を義務付けている。

b. 金融商品取引法において

金融商品取引法は、上場会社のルールとして内部統制報告制度を置いた。すなわち、「有価証券報告書などを提出しなければならない会社（上場会社）は、事業年度ごとに、当該会社の属する企業集団及びその会社にかかる財務計算に関する書類その他の情報の適正性を確保するために必要なものとして、内閣府令で定める体制について内部統制報告書を有価証券報告書と併せて提出する」とする（法24条の4の4）。

会社法は企業活動の全ての領域に及ぶのに対し、金融商品取引法は財務報告の信頼性の確保を中心に規律している。

4　会社の発展段階とIPOのプロセス

◧ 資本政策の必要性

① 意義

株式会社が長期的、安定的に成長（資金を調達して事業を拡大）していくために、株主構成や資本規模などをどのようにするか、いかに募集株式（新株・自己株式）、新株予約権及び新株予約権付社債を発行・処分していくか、すなわち、エクイティ・ファイナンスについての計画を策定することをいう。

② ダイリューション対策

ダイリューションとは支配力の希薄化のことである。資本多数決システムをとる株式会社では、議決権数の一定比率を保有しない限り会社経営の決定権（支配権）を維持できない。エクイティ・ファイナンスはその結果として新株発行（又はそれに準ずる行為）を伴うから、支配力の希薄化が起こる。したがって、エクイティ・ファイナンスにあたっては必要資金の確保と経営

権の確保を両立させることが重要な課題となる。
　結局のところ、この両立は少ない株数でより多くの資金を調達することで実現されるが、それは企業価値＝株主価値の増大を実現することによって果たされる。事業の成長や効果的な財務戦略により株価が上がれば、少数の株式で多額の資金調達が可能となるのである。

③ **安定株主の確保**
　また、ダイリューション対策においては安定株主の確保も重要課題であり、それは通常以下のような考え方で行われる。
1）公開・上場の時点でオーナー（創業メンバー）が発行済株式総数の3分の2～2分の1を保有するように留意する。その後は、企業の成長・発展に合わせてダイリューションを受け入れる。
2）オーナー及びその同族、非同族経営メンバー、従業員（持株会）等、ストックオプションの活用等、会社内部者に対して募集株式を割り当てる。但し、ストックオプションはオプションが行使されて第三者に売却されることがあるので注意が必要である。
3）将来的な支援が期待できる金融機関やベンチャーキャピタル（VC）に募集株式を割り当てることも考えられる。しかし、VCはキャピタル・ゲインを投資の終極目的としているので長期的な意味では安定株主ではない。
4）子会社やグループ会社を設立して募集株式を割り当てたり、取引先に対して募集株式を割り当てる。

④ **株式持合い**
　企業の成長は新規分野や関連分野への進出を伴うことがあり、その場合には必要とされる経営資源（人材、組織、資産等）の性格が異なることも多い。また、他社との提携関係構築のために合弁子会社を設立することもある。このような機会に、子会社やグループ会社間での株式持合いを実施して支配権の安定化を図ることができる。さらにこのことを発展させれば、子会社やグ

ループ会社の一部を上場させ、機能的・効率的な成長・発展（撤収や売却等を含む）や買収防衛を可能とする複合企業体を形成することも可能となる。

ただし、株式持合の場合、2社間では互いが相手の親会社になること等は制限されることに注意しなければならない。すなわち、A社がB社の発行済株式総数の50％超の株式を所有する場合、B社はA社の株式を取得することができず、A社がB社の発行済み株式総数の25％超の株式を所有する場合、B社が所有するA社株式の議決権行使は停止される（これは、買収防衛策としても機能する＝パックマン・ディフェンスの一類型）。この問題は、3社以上の間で株式を持ち合うことによって回避することが可能である。

◪ IPO（initial public offering）と上場
① 上場のメリット

上場とは、株式を一般の人々（市民）が市場（証券取引所＝マーケット）を通じて自由に売買できる状態にすることをいう。すなわち、上場することによって株式がマーケットにおいていつでも売買できる状態になり、株式に資産としての流動性が生じる。流動性が高い資産は価値＝株価が高くなる。

上場するためには一定基準を満たす必要がある（上場審査）し、また、上場を維持するためには、既存株主だけではなくこれから株式を取得しようとする市場参加者に向けて、会社法・金融商品取引法・証券取引所規則等のルールに従わなければならない。とくに、適時開示（タイムリー・ディスクロージャー）が重要である。上場審査をパスした上でこれらの規律に従わなければならない義務を課せられることの副産物として、上場により会社の信用力が格段に向上する、銀行融資が受けやすくなる、社債が発行しやすくなる、知名度が上がって営業等の企業活動や従業員募集が容易になること等である。もちろん、反面、適時開示には業務上の相応の負担がかかるし、また、ディスクローズされる情報を先に知る人（インサイダー）による株式売買が厳しく制限されるなど、負担ないし制約面にも考慮する必要がある。

② IPOの準備とプロセス

1）IPOと上場の関係

IPOとは株式を公開することであり、正確には上場とは別の概念である。すなわち、狭義では株式公開（それまでは限定された人だけが所有していた株式を、広く一般の人＝市民社会に対して売却すること）を意味する。広義では、上記の株式公開を第1段階として、第2段階の証券取引所への上場をも合わせて意味する。一般にIPOというときは広義のIPOを指す。

2）IPOに向けての準備

IPOは思いついてすぐにできるものではなく、周到な準備が必要である。ダイリューション対策、上場審査や上場維持のための社内体制整備や意識転換を予め進めなければならない。

a. コーポレートガバナンス、コンプライアンス制度の整備
　上場会社と非上場会社とでは、会社法や金融商品取引法等の制度適用が全く異なることに十分注意しなければならない。
b. グループ企業編成等の整備
c. タイムリー・ディスクロージャー制度の整備
d. 予算管理・計画経営体制（財務内容・体質の計画的決定）の確立
　経営者は、事業者的観点から投資家的観点に転換しなければならない。

3）IPO（広義）のステップ

a. 監査法人のショートレビューと監査意見
　ショートレビュー（短期調査）による概略審査が、上場準備のスタートである。さらに、上場のためには2期連続した無限定監査意見が必要である。
b. 引受証券会社（アンダーライター）を決め、審査・サポートを受ける。
　なお、証券会社は、アンダーライティング・セクション＝投資銀行部門と投資家向け売買セクションとがあり、その両者間の障壁のことをチャイニーズ・ウォールと呼ぶ。インサイダーとアウトサイダーとを峻別す

るためである。

c. 引受証券会社による公募価格の決定

上場の際には、「公募」（新株発行）と「売り出し」（創業者が所有する既存株式の売却）が通常同時並行で行われる。その際の価格決定はブックビルディング方式によって行うのが普通である。すなわち、先ず一定の価格幅をもって募集仮条件を決め、その募集仮条件を示して投資家に対する購入意欲のヒアリングを行った結果で公募価格を決定する。この公募価格に即して引受証券会社の引受価格が決定される。

d. 引受証券会社が公募価格で投資家に対して販売する。これが狭義のIPOである。

e. 証券取引所に上場し、即日マーケット取引が開始される。

一般に、狭義のIPOが完了した日の翌日が上場日になるようにアレンジされる。証券取引所で初めてつけられた株価を「初値」といい、一時期初値と公募価格との乖離の大きさが話題になった（IPOバブル）。

◆出口戦略（エグジット・ストラテジー）

① 所有と経営の分離

株式会社は、事業の遂行にあたって「所有と経営」を分離するシステムであり、資本主義（市場原理主義）社会はかかる理念型を実現するために運動している。すなわち、法形式上株式会社の所有者は株主であり、株主の信任を受けた取締役が経営責任を負って経営にあたるのであるが、株式会社は当初「創業オーナー（大株主）＝経営者」型株式会社として出生し、IPOによって一般市民（社会）が広くオーナーとなって信任に足る経営者を選任して経営するシステム、すなわち株式会社の理念型へと変身を開始するのである。

かかる意味において、「会社は株主のもの」という概念は「会社は市民社会のもの」と同義となり、営利を追求する法人としての存在意義（株式会社の両義的存在形態を思い出して欲しい）が市民社会から正当化される。株価が上がるということは、市民社会（＝マーケット）からその経営者による企業活動が是認されているということを意味し、その限りで株主価値の増大を

追求する経営が正当性を持つに至るのである。

② エグジットとは
1）エグジットの重要性

上述の株式会社の理念を実現することは、あらゆるオーナー経営者の使命であると捉えなければならない。株式会社は、未来に向かって永続することを目指す存在である（サステナビリティ）が、創業オーナー（大株主）は人間である以上いつかその生命を終えるのが宿命であって、その意味からも、少なくとも狭義のIPOは必然であり、上場は創業オーナー（大株主）のエグジットに向けた第一歩であるとさえ考えるべきである。

2）いかにエグジットするか（出口戦略）

出口戦略はケース・バイ・ケースで立てられる。しかし、その基本的な構想は以下のとおり共通する。
  a. 全ての起業はエグジットのために行うものである。

　　人はその意思によって生まれるわけではないが、起業は人の意思によって行われるものである。すなわち、起業は必ず目的を持って行われるものであって、それは最初は私的欲求の満足を目的とすることもあるだろうが、永続する企業を生み出し育てようとする努力は必ず私的欲求を超えて市民社会の豊かさを実現し文化の進歩に貢献する活動に転換する。それが株式会社の仕組みであり、IPOを目指す最大の目的である。そのことから、IPOによる創業者利益の獲得が正当化されるのである。
  b. IPOはエグジットの第1ステップである。すなわち、次に述べるエグジットのあり方を見据えて上場する。
  c. エグジットのあり方
  ・エグジットしない（いつまでも引退しない）。しかし、人である以上生命がある限りという限定があるので不可能である
  ・引退しても株式は手放さず（死後も相続させる）、後継経営者の指名権を保持し続ける

・株式を後継経営者に売却する
・株式を事業提携先等関係先に売却する
・株式を市場＝一般市民社会に対して売却する

　もし、株式市場の実態が上記株式会社の理想の実現を妨げているのであれば、それを是正するのは立法者や行政の役割である（経済社会に対して政治が果たすべき重要事項である）。しかし、株式市場の現在の実態に目を奪われて株式会社の理想実現を軽んじることは間違いである。

Chapter 10

アジア展開の三大拠点

1　中国は「経済強国世界No.1」を目指す

　現在の「中国」はたしかに単一国家だが、実態はさまざまな土地柄に応じた民俗性を、共産党という"王朝"が1つに束ねているに過ぎない。日本人が中国人を理解できない原因の1つは、この風土の広大さ、多様さを実感できず、平均的な「中国人」をイメージして、単一の視点で眺めがちな点にもあるだろう。

　中国は日本の約25倍の国土を持ち、人口は約10倍である。日本人はこの数字を知ってはいても、実際の巨大さを認識していない。温家宝首相は、かつてこう語った。

　「中国では、いかに小さな問題でも、13億をかけると大きな問題になる。いかに大きな量でも、13億で割ると小さな数字になってしまう。外国人には理解しにくいでしょうね」。

　たとえば人口13億人は、平均3人家族と推定すると4億3,000万家族ということになる。4億以上の"個性"と"価値観"が交錯する社会は変動も激しいだろう。

　また、中国の国内総生産（GDP：Gross Domestic Product）は約3兆3,800億ドルで世界第3位だが、これを13億で割ると、1人当たりは100位以下に転落してしまう。しかも、上海や北京などの大都市部住民の1人当た

り平均GDPは日本の3分の1ほどだが、その一方で、中部地域の平均的農村部では、日本の約23分の1である。

「ジニ係数」という所得格差を示す統計指標がある。0が完全平等社会で、1はたった1人の人間が社会の全所得を独占している状態を指すが、一般に0.4を上回ると民衆の不満が爆発し、社会の安定が保てなくなるという。国連開発計画（UNDP）の調べでは、2006年の中国のジニ係数は0.45に達し、全人口の20％の「新富裕層」が社会の富の半分を占有し、20％の貧困層が5％弱を分け合っている状態だという。格差が限界を超えているというのが、いまの中国社会の実情だ。

あるいは、中国の大学卒業者数は、いまや米国を抜いて世界一である。しかし進学率は別ものである。大学ばかりか、中小学校進学率も日本に比べてはるかに低い。人口の大多数を占める農村部の就学率が低いからである。

このように、中国では上も下も極端で幅が広く、問題の根が深い。こうした「広大」さと「多様さ」を把握せず、中国を一律に語るのは意味をなさないということになる。

◻︎縁やコネ、仲間意識を大事にする中国人

かつて中国の孫文が「中国人は散らばる砂である」と語ったように、中国人は利己主義、個人主義で、「私」を中心に発想する民族である。その反面、家族や同族をとても大事にする。このギャップも、日本人が中国人を理解できない一因であろう。

毛沢東は「文化大革命」で、この個人主義、利己主義を克服しようとしたが、最後は悲劇で終わった。その後、鄧小平が改革・開放政策を実行し、「豊かさこそ社会主義である」と、実質的な市場経済に舵を切った。この理由は、賢明にも中国人の利己主義的性格は直しがたいことを悟ったからである。

「豊かになれる人から先に豊かになりなさい」という鄧小平の「先富論」政策は、眠っていた中国人の拝金主義に火をつけた。中国人は根っから「商人」気質の民族で、改革・開放以後、あっという間に中国経済が発展したの

は、この商人の伝統がよみがえったからである。ちなみに日本人は「職人」民族であると、私は考えている。

　それはともかく、結果として、これが拝金主義の蔓延、官の腐敗、利己主義の復活、社会的倫理観の欠如を生み出した。「効率優先」の名の下で、一部の力を持つ人間が強引に富をかき集め、しかも、国家税制や社会保障などを通じた富の再分配が機能していない。たとえば一部の企業や政府機関が、特権を利用して高額の利潤を得たり、政治と結託した企業経営者や国家公務員が、不正な手段で大量の国有財産を懐に入れている。また「政策」という名のもとに強引に農民から土地を取り上げ、農民を筆頭に、経済成長のカヤの外に置き去りにされた膨大な貧困層を生み出してきたことも事実である。

　現在、中国共産党員の比率は全人口13億人の5％とされているが、国営、民営を含め、有力企業家の3分の1が共産党員である。いうまでもなく、彼らは共産党員の地位や特権を利用して経営者の地歩を固めた人たちで、経済的な実力だけでなく、政治的な発言力も持つ。いまの中国は、こうした共産党幹部が実質的な支配者である。

　胡錦濤政権は最近、所得格差是正の取り組みを強めている。だが現実には、改革は必ずしも順調とはいえない。こうした「厳しい格差社会」から人々を救っているのが、「血縁」「地縁」をベースにした「仲間」の支え合いという、中国の伝統的なセーフティーネットである。同郷出身であったり、生活基盤をともにしてきた人たちがお互いに助け合うのは、中国では当たり前である。これは単なるセーフティーネットの役割を超え、仲間の生活や起業を応援する行動が、経済的にも大きなパワーを生む。鄧小平が語った「先に富める人」には、「そうしたネットワークを持つ人」という意味も含まれているはずである。

◆中国経済は世界経済の「最後の砦」

　中国国家統計局が2009年に発表した実質国内総生産（GDP）伸び率は前年同期比8.9％増。1〜9月累計では同7.7％増となり、同国政府が目標に掲げる年8％成長が達成されてきた。だが、中国の数字の信憑性をめぐって複

数のエコノミストから疑問の声が上がる。「実際には9％を超えていたのではないか……」。

中国の統計の"クセ"は「景気情勢が厳しいときにはやや甘く、逆に順調な場合にはやや堅めの数字の出る傾向が強い」(某エコノミスト)。足元の中国経済は他国に先駆けて2009年11月、総額4兆元規模の景気刺激策に踏み切ったことなどが奏功し、いち早く持ち直しへと転じた感が強い。しかし、回復ピッチがあまりにも急だと、いわゆる「出口戦略」論が勢いを増す可能性もある。「成長率を低めに抑えて、そうした議論の沈静化を図ろうとしたのでは」と、金融市場関係者は深読みする。

人口は13億人と日本の10倍余りと前述したが、少子高齢化に伴う国内市場の成熟化という難題に直面する日本に限らず、世界の主要各国の企業がこぞって「生産基地から消費市場へ」という流れに乗ろうとしているのは当然ともいえる。

ただ、GDPに占める個人消費の割合は主要国に比べ低い。日本は5割超、米国に至っては7割程度に達している。これに対して中国は35％前後にすぎない。

個人消費よりも比重が高いのは総固定資本形成だ。全体の4割程度を占める。2009年11月に打ち出した4兆元規模の景気対策などを受けて、今年1〜3月期GDPに対する投資の寄与度は7％余りのプラスを記録した。一方、個人消費は4％のプラスにとどまっているのが現状だ。

このため、政府としては、投資から個人消費へ景気のリード役の交代を推し進めたいところだが、バトンタッチに際してネックになるのが雇用不安である。大和総研の肖敏捷シニアエコノミストは「投資主体の経済政策運営を続けざるをえないのは、雇用面からの圧力があるため」と話す。

雇用創出力の高い投資にある程度依存しなければ、膨大な数の労働人口の吸収は難しいというわけだ。

中国経済成長の背景には、また3つの危機要因がある。

1つ目は「輸出依存」経済である中国の対外輸出の落ち込みだ。

2つ目は、政府ばかりか民間も含めて「固定資産投資」の割合が高く、こ

れが大きな負担となってきたこと。

3つ目は、国内資本の蓄積が間に合わず、「外国資本」(外資)に頼っていた点である。2007年末時点で、中国には約30万の外資企業が存在するが、中国の工業生産額の27％、製造業従事者の10％以上、輸出の50％は、外資企業によるものである。要するに中国経済は「バランスが極端に悪い」のだ。

「輸出依存」経済

1つ目の「輸出依存」経済から説明しよう。中国は政府の音頭の下、2001年から2007年にかけて、GDPに占める輸出の割合を20％から36％へと急拡大させてきた。この間、世界全体における輸出割合も伸びてはいるが、輸出依存度を短期間に2倍にも増大させるという政策自体、やはり"危険な賭け"といわざるをえない。

「貿易立国」といわれる日本の輸出依存度が10％台後半であることを考えると、いかに中国経済が対外輸出に頼ってきたかが明らかである。したがって中国経済は、予想以上に「世界経済動向」の影響を受けやすい。

サブプライムローンに端を発する金融危機が、先進国、とくに欧米の消費を冷え込ませ、中国の輸出産業は大きな痛手をこうむっている。事実、輸出の急激な冷え込みで、中国の工業生産は、2008年12月、わずか5.7％しか伸びていないという数字もある。これは過去5年間の平均増加率16.5％の3分の1以下である。

社会資本に対し高率の「固定資産投資」

2つ目の、社会資本に対する「固定資産投資」の割合が異常に高いことについてみよう。要するにインフラ整備に膨大な費用がかかるということである。

「改革・開放」以前、中国の社会資本蓄積はお世辞にも満足できるものではなかった。固定資産投資には、道路網や橋、港湾、鉄道、空港、発電所など、膨大な政府投資が必要になる。また民間レベルでも、企業が不動産投資をして利益を稼ごうとする活動も社会資本蓄積に含まれる。

余談だが、中国で近年、不動産バブルが起こったのも、全体的に社会資本が充実していないためであり、だからこそ「いまなら不動産に投資すれば大儲けできる」という心理が働いたためだといえる。

3つ目として、「改革・開放」政策以降、中国が外国資本を積極的に呼び込み、工業力を醸成してきたのは誰もが知るところである。日本でも、一時、日本の繊維製品の大半は中国製だったし、百円ショップなどにも中国製品が氾濫している。しかし世界的な景気の後退と国内資産バブル崩壊で輸出に陰りが出始めるや、諸外国の投資も落ち込み始めた。

これら3つは、中国経済が内在的に抱えてきた問題であり、金融危機がなくても、いずれ問題が噴出したことは間違いない。中国経済の失速は、政策の失敗に外的な要因が加わった「内憂外患」による不況という見方が正しい。

◆ **GDP成長率は中国経済発展の鍵**

一説には、中国経済は9.0％という数字以上に悪化しているとの見方も強いが、それはともかく、2007年の13％から9％へと、一挙に4ポイントもの下落がもたらす衝撃は大きい。

しかも、中国は新規に大学を卒業して社会に巣立つ人間だけで500万人以上を数える。2009年初頭の段階では、このうちの約150万人が就職不能になりそうな有様だというが、これにいままでの未就職者や高卒学生を加えると、都市部だけで約900万人の新規労働力に対する職場を確保しなければならない。

さらに、農村から都市部に出稼ぎに来ている「農民工」（出稼ぎ労働者）の問題もある。彼らの総数は約2億3,000万人とされるが、地域によっては4人に1人が失業状態にあるという。失業者が大量に発生し、職を失い帰郷した農民工は2,000万人とも3,000万人ともいわれている。

中国は都市部と地方で戸籍が分かれていて、原則として移籍を認めていない。したがって都市で働き口にありつけない農民は故郷に帰るしかないのだが、現実には帰郷の費用も捻出できない人が大半で、都市で「行くあてもな

く働くあてもない流民」となりかねないのである。

　こうした彼らを吸収し、安定した職場を確保するためには、最低でも8％の経済成長が不可欠で、これが達成できなければ社会不安を招く。

　それを回避するためにはこの8％成長がぎりぎりといわれるのだが、実際にその数字を達成できるのか。

　「現実には不可能。せいぜい7％いけばいいほうだ」と指摘する中国のエコノミストもいる。

　世界経済の後退は、今後、ますます本格化すると予想されるだけに、中国政府が手をこまぬいていれば、2009年は7％の成長でさえ容易ではないかもしれない。中国経済は、限りなく"危険ライン"に接近中と断言できよう。

　いま中国の急務は、経済の構造転換である。いままでのように貿易と投資を頼りにした経済発展ではバランスが悪く、今回のように、ひとたび資金が流れ込まなくなれば、たちまち経済は苦境に陥るからである。

◆中国は本当はどこまで豊かなのか？

　国民の豊かさを計るには、GDPを指標にするのが一般的であり、とくに1人当たりGDPを見るのが重要になる。

　2008年3月の中国商務部の公布データによれば、2007年の1人当たりGDPは2,456ドル（約24万5,600円）となっている。

　これまでの世界経済の成長を考えると、1人当たりGDPが2,000ドルに到達するのを契機に国家の消費が急速成長段階に入るといわれ、また3,000ドルから1万ドルに達すると自動車、住宅などの需要が高まり、成熟社会になるといわれている。

　世界的に見て、2,456ドルという数字がどれくらいの位置にいるのかというと、2007年時点で中国は世界で104位、日本は22位、韓国は34位である。

　中国のGDP総額は世界第3位だが、中国はドイツの約15倍の人口を抱えるため、1人当たりに直すとこの水準になってしまう。1人当たりGDPの数値はまだ相当に低く、経済発展のレベルはまだ先進国と差がある。

　ただし中国の場合、都市部と農村部を一律に論じるわけにはいかない。

2,456ドルという数字は都市と農村を含めた全国平均である。大都市や沿岸地域の都市では平均3,000ドルを超え、北京、上海や深圳などの都市は1万ドル超、広州も8,000ドルに達している。反面、農村はこの平均値よりもかなり低いと考えざるをえない。

世界銀行の統計などを参考に考えると、中国の都市部は世界の「中進国」レベルに達し、農村部は「発展途上国」、貴州省や甘粛省、チベットや新疆ウイグル自治区などの内陸部は「貧困国」レベルと定義できる。

◆急成長した消費の今後は

中国は金融危機まで、消費における「年平均成長率」が13.1％で、世界でも消費市場が急成長した国である。これは主として大都市や沿岸部の都市住民がリードしており、こうした都市住民の旺盛な消費意欲によって、中国は世界最大の携帯電話やブロード・バンド市場となり、また世界第2位の自動車市場と目されてきた。観光や貴金属ジュエリー市場としても有望視されている。

2007年末の中国個人自動車保有量は3,534万台で、2002年の969万台から3.6倍に増加した。うち個人のマイカーは1,522万台となり、都市部では庶民でもマイカーが手に届くところにある。

2007年末の全国の携帯電話利用者は5億4,729万人で、2002年の2億660万台と比較して2倍半以上の伸びであるし、固定電話の普及率も100人当たり69台で02年33台の2倍に成長している。

ただし、住宅、自動車などは消費の伸びが大幅に鈍化しており、今後どこまで消費水準が回復するか、中国経済の先行きは、それにかかっている。

◆消費のスピードがますます落ちる

景気の後退、失業者の増加などの影響で、中国経済の一端を支えてきた一般消費者の旺盛な消費意欲が衰えるのは確実だといわれている。

ご存じのように中国市場はまだ発展段階で、今後の需要喚起は必至だし、中国政府の4兆元大型景気刺激策が、中国国民の消費意欲を刺激するとい

う期待があるのは事実だ。

　しかし、中国の最新の経済指標からは、とても好感材料は見あたらないという意見が大勢である。というのは、このところ中国の消費者物価指数は高い水準を維持していたが、金融危機以降の2008年11月以降はわずか2％程度と低水準で、今後はデフレに転じるとの見方もある。工業生産指数も低い伸び率にとどまり、連続して減退している。

　商業不動産の売上高は2008年1～11月期で19.8％減少。住宅の売上高は20.6％減少した。鉄鋼、自動車、電子機器、玩具、繊維などの製造業は軒並み膨大な在庫を抱え、価格の下落に直面している。

　とくに中国都市部の住民にとって、生活面での先行き不透明感は強い。中国の株式市場は通年で約65％下落し、多くの人が蓄えを失う結果となっているし、中国国家統計局によると、不動産価格は深圳などの都市で10％も下落している。北京や上海でも似たような状況にある。

　しかも、生活の安全網の基礎となる医療費と教育費は上昇懸念が強く、消費者心理は冷え込んでいる。中国国家統計局は2008年10月に「消費者信頼感指数」を発表したが、これが前年同月比で4ポイントも下落したのは無理もない。

　この背景には供給過剰の問題も大きい。企業が十分なマーケットリサーチを怠り、消費者が何を欲しがっているかを把握しないまま、企業が争って生産を拡大し続け、市場に製品があふれた結果である。そこで企業は値下げしても商品をさばこうとして、値下げ競争が起こっている。

　また、消費構造が二極化していることも根底にある。都市の裕福な消費層はあらかたの耐久消費財をすべて購入し、もはや「買うべきものがなくなった」。一方、貧しい農村部は、耐久消費財がほしくても収入不足のために手が出ない。こうした消費構造が消費の低迷を招き、モノやサービスが売れないから価格が下がるという構造をもたらしている。

　中国にはいまだ「中流」が存在しない社会であり、消費動向も贅沢品と安価な商品に分かれる。こうした構造を是正し、安定した購買層になる人々、つまり"中流層"を生み出さない限り、今後はデフレの危険がつきまとう。

◘ 中国の内需拡大と「和諧政策」

　胡錦濤政権は「内需拡大」を推進するため、都市と農村の格差解消を目標にしている。これを「和諧政策」と名づけ、清朝を崩壊させた「辛亥革命」、毛沢東の「新中国建国」に次ぐ「第三の革命」と位置づけている。その具体的な施策が「第11期5カ年計画」（2006～2010年）である。

　「第11期5カ年計画」の精神は、簡単にいえば「内需拡大」「産業構造のマッチング」「資源の節約と環境保護」「自主的で創造的な革新能力を増強」ということになる。

　具体的には、都市と農村の格差を解消して内需拡大をはかり、産業構造を輸出主導型から内需主導型に改めること。またハイテク産業、機械装備産業、エネルギー産業などを重点に産業を育成する。そのために産業をリードする人材を育成し、これらの総合的成果として"限りある資源"を有効活用し、地球環境に配慮することとなっている。

◘ 内需拡大4兆円の投資

　中国政府はこれと並行して、自国の景気回復に努めることが世界経済に役立つとして金融、財政政策を相次いで打ち出した。中央銀行は通算5回にわたって金利を下げ、金融引き締め策から一転し、金融緩和に懸命である。

　また中央政府による4兆元（約60兆円）の景気対策と各地方政府による18兆元の投資プランも浮上し、鉄道や道路の建設など基盤整備事業を筆頭に、農家への補助金引き上げ、医療衛生分野、人材育成、低所得者向け住宅など、公共投資拡大による景気浮揚策を打ち出している。

　大規模な公共事業を実施して雇用を創出し、社会不安を防ぎながら、経済発展の遅れた農村部の所得向上を目指すという主旨であり、これらを通じて、冷え込んだ景気を回復させ、同時に、従来の輸出主導から内需主導に構造転換することを目標にしたものである。

　中国の名目GDPの16％に匹敵する4兆元という巨大構想であるが、肝心の財源はどうするのか、中央政府が1兆1,800億元を拠出するという以外は曖昧なままで、実現性が早くも危ぶまれている。

◆ **内需拡大と中国国内の地域開発**

　内需拡大と地域間格差解消を目指す中国は、第11次中期計画を実施中だが、その施策の一環として大規模な「三大戦略プロジェクト」に着手している。それは、
　①東北振興、②中部勃興、③西部開発である。

① 東北振興

　③の「西部開発」と並んで胡錦濤政権の重点施策で、東北三省（黒竜江省、吉林省、遼寧省）の再開発計画である。

　東北三省は、ソ連との蜜月時代に重工業地区として重点開発が行なわれ、中国有数の"重厚長大"産業地域である。しかし、中国全国の4割に当たる国有企業が集中し、国有企業が工業生産額に果たす比率は、60～80％と高い。国有企業への依存度が高いということは経営の近代化、市場経済化が遅れ、世界市場との競争力が低いということになる。

　そのため、この地区の失業率は全国平均を大きく上回っており、貧困と失業対策が急務だ。そこで政府は「東北振興」に寄与するプロジェクトや企業改変に優遇措置を設けると同時に外資を積極的に導入し、地域再生を図っている。

② 中部勃興

　中部とは山西省、安徽省、河南省、江西省、湖南省、湖北省の6省から成る内陸部である。この地域の人口は約3億5,000万人。中国全体の26％強に当たる。しかし内陸という不利な地理的条件のため、対外貿易や外資の導入が遅れていて、1人当たりGDPは平均1,928ドルで、中国全体の平均をやや下回り、上海の4分の1の水準にある。

　いまのところ、この中部地域は「発展途上国」レベルにあるが、この地域には「黄山」「魯山」「龍門石窟」「少林寺」など内外に有名な観光地が点在する。しかし、交通の便が悪く、国際航空路も整備されていない。

　そこで、航空路や道路網などのインフラを整備して観光客を呼び込むと同

時に、沿岸部の企業を誘致する目論見である。インフラが整備されれば、人件費が安い中部地区は格好の企業拠点となるし、かつ科学技術に関するインフラは他地域より進んでいるともいわれ、研究開発拠点として有望という声もある。

③ 西部開発

　中国の西部には甘粛、陝西、貴州、四川、青海、雲南の６省、直轄市の重慶、寧夏回族自治区、チベット自治区、新疆ウイグル自治区が存在し、一部、内モンゴル自治区と広西チワン族自治区も含む。この地域は全国の３分の２の面積と、22.8％の人口を擁している。

　西部地区には豊富な鉱物資源があり、水力発電資源も含むエネルギー資源があり、観光資源にも恵まれている。

　このように西部地区は中国における"ニューフロンティア"であり、かつ内陸部の国境線に接していることから、「対外開放第２のゴールデン・ベルト」といわれている。

　そこで中国政府は西部開発に当たり、外国資本の投資奨励政策を実施し、外資の呼び込みに躍起となっている。

　また、豊富な資源の恩恵を内陸や沿岸部にもたらすプロジェクトも実施中である。

　①「西部の電力の東部地域への送電（西電東送）」
　②「西部の天然ガスの東部地域への輸送（西気東送）」
　③「南部の水の北部地域への導入（南水北調）」
がそれであり、西部の豊富な資源を有効活用するものだ。

　たとえば西部の水力、石炭資源を利用して送電網を建設し、電力を東部地域に送電する「西電東送」プロジェクト。現在、一部、南部の送電ルートである貴州＝広東の300万kWhの直流送電プロジェクトが完成している。

　また、西部から全長4,000キロのパイプラインを敷設して天然ガスを華北と東部都市に輸送する「西気東送」プロジェクトは年間輸送量が120億立方メートルに達する。

南部の長江の水を黄河に引いて北部の渇水を解消する目的の「南水北調」プロジェクトは、2010年第1期工事完成予定で、北部の水資源不足解消に期待が高まっている。

　さらに、2003年に貯水、通航、第一組ユニットの発電が実現した長江三峡ダムのプロジェクトでは、すべて稼働した段階で発電量は年平均847億kWhに達し、一組のユニットで100万都市の電力供給を満たせるという。

　また青海省からチベットを結ぶ総延長1,142キロの青海＝チベット鉄道は2006年に完成した。中国沿岸部とチベットまで鉄道で結ばれ、観光資源の拡充や産業基盤の確立に役立つことが期待されている。

2　韓国ビジネス ～韓流文化ビジネス～

◆きっかけは「冬ソナ」＝韓流ブームの火付け役

　2003年、韓国ドラマ「冬のソナタ」の日本上陸と共に突如巻き起こった空前の「冬ソナブーム」。それはペ・ヨンジュン演じるカン・ジュンサン（イ・ミニョン）に心奪われた日本の女性たちが巻き起こした「ヨン様ブーム」でもあった。

　あれから7年、各地方局ではいまだに「冬のソナタ」が幾度となく再放送され、高視聴率を上げているという。またアニメ化が決定したことで固定の「冬ソナ」ファンのみならずドラマを初めて視聴するいわば新しい「冬ソナ」ファン、「ヨン様」ファンが出現し、2009年9月に開催されたアニメ版「冬ソナ」の放送開始記念イベント「アニメ冬のソナタ～もうひとつの物語～」では全国各地から4万5,000人の「冬ソナ」ファン、「ヨン様」ファンがあの広い東京ドームを埋め尽くした。

　このように「冬のソナタ」がもたらした経済効果には計り知れないものがある。

　「冬ソナ」ブームをきっかけに日本で韓国の文化芸能情報がさまざまなメディアで取り上げられるようになり、すでにブームを迎えていた台湾・香港などで用いられていた「韓流」という言葉が日本中に浸透していくようにな

る。

　またある出版社が発行したムック本で、ペ・ヨンジュン、チャン・ドンゴン、イ・ビョンホン、ウォンビンという４人の韓国人俳優を取り上げ「韓流四天王」と称したことから韓国人俳優への注目が一気に高まっていった。
　それから多くの韓国人俳優が出演する映画やドラマが日本で放送され、劇中で流れる主題歌や挿入歌にまで注目が集まるようになる。

　韓流コンサートやイベントを行えば満員御礼、チケットを購入できなかったファンのためにと設けられた特設会場までもがいっぱいになり、１枚１万円で販売されたチケットにはその10倍となる10万円の高値がつくこともあった。人気の韓流スターがテレビや雑誌、ＣＭなどで引っ張りだこになり、イメージキャラクターをつとめる商品が飛ぶように売れるなど、韓流ブームは日本の景気回復にひと役買ったとされ、日本への韓国文化進出が後に世界進出の大きなきっかけとなる。

◆日本人女性をとりこにした韓流の魅力

　日本にもあった古き良き時代、それを思い起こさせるようなラブストーリーや家族愛が特徴の韓国ドラマの、スピーディーな展開から片時も目を離せないという女性たちが放送時間にテレビの前に座り込み、ドラマの世界へのめり込んでいった。
　そんな韓国ドラマにはまった多くの女性たちが想う韓流スターの真の魅力はどこにあるのだろうか。
　劇中の役柄に心奪われ韓流スターの素顔に迫ってみるが、そこにはオルチャン（美男子）・モムチャン（筋肉男子）だけではない真の男性美を感じさせる瞬間があった。劇中と変わらぬ素朴で自然な姿と笑顔、来日の際には空港で出迎えるファンに深々と頭を下げ、手を振りその歓声にしっかりと応えてくれる韓流スターたちの姿をテレビで見るだけで、思わず引き込まれていったという女性も少なくない。
　日本のファンを片時も忘れず、皆さまのお陰だと胸に手をあて感謝の気持

ちを述べる韓流スターの姿に恋心を抱き、そのストレートな表現や言葉一つひとつに感動を覚える。そして若いながらもしっかりと自分の意見を述べる考えの深さに共感し、礼儀を重んじる韓国人「男性」に惹かれていく。
　そんな男性に守られたい、この人のために尽くしたいとスターの人気をより高めトップスターの座へと押し上げていくファンたち。日本での人気が認められ韓国でも注目されるようになるスターも少なくない。

　また同じ趣味を持った仲間に出会えたことが最大の喜びというファンにとっては、仲間がふえるのも大好きな韓流スターが導いてくれたご縁であると感謝し、いつしかそんな仲間との時間が楽しくなり、コミュニティーができ、ロケ地巡りの韓国旅行へといっしょに旅立つ。
　このように、女性達の生活に「韓流」は大きなスパイスを加えたのである。
　そんな韓流スターへの感謝の意を込めて集まったファンたちのパワーなしでは、「韓流ブーム」は起こり得なかった。すなわち、韓流ファンは「韓流ブーム」もう一人の立役者なのである。

　そしてここでもうひとつ注目しなければならないのが韓国エンターテインメント業界のしかけである。
　その中でも最も注目すべき点が、デビューに当たり、初めから世界進出を目標に育てあげていくという戦略だ。そのため、どの韓流スターも下積みが長いのが特徴であり、演技、歌やダンスのレッスンをとことんまで積み重ねていくのである。

① 海外進出のため「語学」を磨く韓流スターたち
　韓国では、他国で活躍するためには言葉の壁を破り、その国の言葉を用いて活動することに重点をおいている。実はこれが海外進出の成功の鍵となったのだ。
　世界で通用するスキルを兼ね備えた者だけが大舞台に立つことを許され、そんなプロとしての心構えをデビュー前から教えて行くのだ。その積み重ね

がデビュー後の姿勢にも表れる。

　常に体当たりで臨む韓流スターたちは作品選びも慎重であり、日常生活から役にどっぷりと入り込んでいく。リアリティーに満ちた演技はきっとそこから生まれるのであろう。

　彼らにとっても全てがプロとしてのビジネス戦略なのである。

② **企業家に変身する韓流スターたち**
　そんなビジネス手法を学んだ多くの韓流スターたちが今度は企業家に変身する。

　2009年12月にコスメブランド「Tears」を、そして2010年の初めにコーヒー専門店「Tea'us」をオープンし社長となった俳優のクォン・サンウ。これまでに数々のコスメブランドの専属モデルをつとめながら、このビジネスに魅力を感じただけでなく「モムチャン」（筋肉男子）スターとして自身の健康とパワーをファンの皆様に分けてあげたいという気持ちから、美容ビジネスへの参入を決意したという。

　またコスメショップを単なる商品販売の空間としてではなく、「文化」空間として作り上げていくことにも多くの力を注いだ。

　「美しさを買う空間と休息の場としての空間を同じところに作りたかった」という彼のアイディアそのものが真の韓流スターとして、ビジネスマンとして認められるきっかけとなったのではないか。

　多くの韓流スターが、このように舞台上以外でも成功を収め、その実力をあますことなく発揮した。

③ **福祉活動にも余念がない韓流スターたち**
　韓流スターたちの福祉活動は国内に留まらず海外そしてこの日本にまで広がっている。2010年の4月に日本を訪問したペ・ヨンジュンは、日本の病院で未熟児のための治療機器が不足していることを知り、多くの方々に関心を持っていただくきっかけになればと未熟児治療機器を寄贈することを決めた。それだけでなく、横浜の病院を極秘訪問し未熟児とその父母に会い激励

したという。

　このように直接現地を訪ね現状を把握し、奉仕する韓流スターたち。そんな韓流スターの美しい姿そのものが、国境を越え深く長く愛される理由なのである。

◆ 韓流文化がもたらすビジネス効果

　いまやケーブルテレビのみならずBS、地上波でも数多く放送されるようになった韓国ドラマ。その展開の速さはなにもドラマのストーリーだけではない。

　ファンの声に耳を傾け、グッズやイベント、映画化やツアー企画などのファンの要望は即商品化するという、いわば韓国スタイルが受け入れられたことが「韓流ファン」の囲い込みに成功した要因ともいえよう。

　今までは、海外映画やドラマをテレビで放送する際には吹替えがメインだったが、特に韓国ものに関しては韓流スターの生の声が聞きたいという声が高まり、徐々に副音声や字幕での放送へと切り替わっていった。

　そんなファン達がこぞって足を運んだのが韓国語教室である。

　「大好きな韓流スターの言葉を聞き取れるようになりたい」、「韓国語で直接想いを伝えたい」と韓国語を学ぶ方が急増し、どこの韓国語教室も満員の状態が続いた。

　2003年秋、ある韓国語教室で開講していた「韓国語ドラマ講座」で取り上げたドラマは「冬のソナタ」。たまたまBSでの放送とバッティングしたことから問い合わせが殺到、クラスの枠を増やしても追いつかずキャンセル待ちが出る状態が続いたという。また各テレビ・ラジオ・雑誌などから取材依頼や記事の連載依頼が続出し、1カ月後には大きく伸びた売り上げを見て改めて「韓流」の威力を思い知らされたという。

① 拡大する韓国語通訳、映像字幕翻訳ビジネス

　そして韓国ドラマブームに伴い大忙しとなったのが、韓国語通訳や映像字幕翻訳業務である。しかし、韓国語専門家が少なかったため、すでに形が整

っていた英語の通訳翻訳の手法を参考にしながら韓国語のスタイルを作り上げていった。この頃から、ドラマを見るだけでは物足りず実際に訳してみたいと字幕翻訳者希望の女性がつめかけた。

　韓流ファンが増えれば増えるほどヒット作品の版権や放送権獲得戦争が激しく行われるようになる。その影響を受け映画やドラマのコンテンツ価格は徐々に高騰し、一時はあまりの高値に購入を控える動きがみえてきた。このような状況が、2006年頃に「韓流ブーム」が去ったとされる原因のひとつと考えられている。

② 「韓流大河ドラマブーム」が巻き起した韓国コスメブームへ
　ドラマ「冬のソナタ」の放送開始からちょうど1年後に当たる2004年秋にNHKで放送されたドラマ「チャングムの誓い」。
　歴史好きな中高年男性をはじめとする新たな韓流ファンが誕生した。
　「チャングムの誓い」の放送をきっかけに今まで女性がほとんどだった韓国料理教室で男性の姿が見られるようになり、薬やサプリメントに頼らない、体に良い食べ物で体質改善をと健康に気をつかう人達が集まってきた。
　また韓国宮廷料理が注目を浴びるようになってからゲストを招いた際のおもてなし料理として韓国料理をテーブルに並べることも増えてきた。
　その後、韓国での大河ドラマブームに合わせ日本でも「朱蒙」、「太王四神記」、「テジョヨン」など男性英雄を描いた作品が数多く放送されるにつれ韓流男性ファンが定着していった。
　最近では「明成皇后」、「張禧嬪」、「善徳女王」などの女性の英雄を描いた作品も増え、日本での「歴女ブーム」に合わせ「韓流歴女」たちが出現。
　歴史を描いたアクションものということもあり家族で楽しめる韓国ドラマの放送が増え、ファン層が一気に広がったことから、劇中のヒロインにもスポットが当たるようになる。
　美しく着飾ったアクセサリーや衣装はもちろん、磨き抜かれたその美貌に注目が集まった。どうすればあの美しい肌を手に入れることができるのだろ

う……という疑問から今度は韓国コスメに女性の話題が集中した。

　もともとは韓国へ行った旅行者達が見た目もよくリーズナブルなことからお土産として購入しはじめたことをきっかけに徐々に関心を集めていた韓国コスメだが、最近ではこれを使えば美しくなるといわんばかりに多くの女性たちが韓国コスメを買い求めるようになった。

　韓国の女優が来日すると聞けば韓流美人を生で見てみたいと多くの女性がイベント会場に足を運ぶようにもなる。

　日頃どんなお手入れをしているのですか？　お勧めのブランドコスメは？など美容に関する質問も多くなってきた。

　すでに日本進出している韓国コスメブランドはもちろんその他のコスメにも固定のファンが多いのが特徴の韓国美容市場。悩み別にアイテムが揃っていたり、ブランドによりコンセプトやこだわりがはっきりしていたりと女心をくすぐる要素がたくさん。この機会に多くの韓国企業が日本参入を目指して水面下で動いていることも確かである。

③ K-POPとコラボする日本企業

　そして昨年の後半から、じわじわと話題となっているのがK-POPである。

　第一の韓流ブームのきっかけがドラマだとすれば、第二の韓流ブームの火付け役はやはりK-POPであろう。

　現在、昨年韓国のK-POP界を揺るがした空前のガールズグループブームが日本にも渡ってきている。歌唱力やダンスレベルはもちろんトークや演技も巧みで、スタイル抜群のガールズグループが今現在日本では少ないことからその注目度が一気に高まった。ワンダーガールズ・少女時代・Brown Eyed・2NE1・4minute・AFTERSCHOOL・f(x)　などの実力派アイドルの出現で、日本側の音楽業界でもK-POPガールズグループを巡った争奪戦が起きている。

　その動きは音楽業界に留まらず、他社との差別化や不景気なこの時代になんとか巻き返しを図りたいとK-POPアーティストたちとのコラボレーショ

ンを図る動きが活発化している。たとえば、「ガスト×超新星&T-ara」など幅広い業界の企業とのコラボレーションが目立つようになった。

④ **地方活性化に一役買う韓国ドラマ**

韓国ドラマ「IRIS～アイリス～」のロケ地となった秋田県では、イメージアップや売上向上を期待する企業が韓流スターに求めたのと同じような現象が起きたのだ。

イ・ビョンホン、キム・テヒという韓国のトップスターが演じる甘いラブストーリーが話題となり、韓国での放送をきっかけに秋田県を訪れる韓国人観光客や日本のファンが急増し、その結果大きな経済効果をもたらすこととなった。それを知って秋田県のように町おこしにひと役買って欲しいと名乗り出たのが鳥取県である。韓国で「IRIS～アイリス～ シーズン2」の制作が予定されていることを知った鳥取県は制作側にロケの全面サポートを申し出たのである。

そしてこれをきっかけに日本の放送業界では、韓国ドラマ「IRIS～アイリス～」が日本の地上波ゴールデンタイムで初めて連続放送されるという展開となった。視聴率の低迷する日本の放送局が韓国ドラマに賭けたのであろう。

今や「韓流」はその枠を超え、社会や文化のみならず政治、経済にまで影響をもたらすものとなった。

◩ 今後の展望

「Visit Korea Year」となる2010～2012年は、日韓で文化を通じての人の交流が活発化されることが予測され、このような状況こそがまさに日韓文化のボーダレス時代となる節目を迎えているといえよう。

文化のボーダレスは政治や経済、そして社会全般にまで大きな影響を及ぼす。特に近年、これらのボーダレスは徐々に加速化している。日韓文化のさらなる飛躍の節目を迎えた今、個々の能力のコラボレーションが大きな実となり力となる。

「韓国人監督×日本人俳優」、「韓国コスメ×日本人モデル」というような日韓の国を超えた交流があらゆる分野で相乗効果を発揮しているのだ。

定着したはずの「韓流ブーム」が今、2度目となる「ブーム」を巻き起こそうとしている。

これからさらなる飛躍が期待される韓流文化ビジネスにおいて、韓国文化が日本そしてアジアの文化、経済の救世主となることを大いに期待したい。

参考文献
『韓流スターSTYLE VOL.13』廣済堂あかつき出版（2008）

3　インドビジネス

◆インドの概要
① 人口と産業、宗教、言語

インドは11億人を超える人口を有し、2050年には中国を抜いて約15億人と世界一の人口になるといわれている。また、8％から9％台の経済成長と急激な経済発展を遂げており、2035年にはGDPで日本を抜いて世界第3位の経済大国になると予想されている（図表10−1）。このようなことから、近年では長期の事業展開先として、日本はもとより世界中から高い注目を浴びている。

なかでもIT産業や金融をはじめとする第3次産業の成長が著しく、インド国内に新たな中間所得層を形成している。これはカースト制度に関係があるとされる。カーストでは世襲により職業が決まっているが、カーストの中にはIT産業のような新しい職業が存在しないため、あらゆるカーストの優秀な労働者が集中し、競争が生まれ、さらなる発展を遂げているのである。

宗教はヒンズー教が主であるが、仏教の発祥地であるとともにタージ・マハルに代表されるようなイスラム教の影響も濃く、加えてキリスト教、ジャ

図表 10-1 インドのGDP成長率年度別数値

年　度	成長率
2003年	8.4%
2004年	8.3%
2005年	9.2%
2006年	9.4%
2007年	9.2%
2008年	6.7%
2009年	7.2%（実績見込）
2010年	8.5%（予想）

イナ教、シーク教などさまざまな宗教が混在している。

　言語についても、ヒンズー語、ベンガル語、ウルドー語など多くの公用語がある。このように、インドは国土の広さと相まって異なる文化、習慣が集まる多様性を持つ国家であるという特徴がある。

② インドにおける経済活力増強の動き

　インドに進出しようとする外国企業に指摘されるのは、インフラの未整備、労働争議の多発、流通改革の遅れなどの多くの課題である。特にインフラの未整備が投資、事業遂行における最大のボトルネックとなっているとされている。そのようなボトルネックを解消しようとするインドの2つの取り組みを紹介する。

デリー＝ムンバイ間産業大動脈構想

　1990年代初頭からインド政府は内向きの政策から外向きへの政策へと経

済政策の転換を図り、国内完結、循環型の経済構造から輸出に重点を置く世界の工場としての経済構造への転換を目指している。

この実現のためには、国際競争力のある製造業の育成とインフラの整備が不可欠であるため、2007年にインド政府と日本政府が構想し、合意したのがデリー＝ムンバイ間産業大動脈構想である。

デリー＝ムンバイ間産業大動脈構想（Delhi Mumbai Industrial Corridor（以下「DMIC」という。））は、日本をはじめとした国々による対インド直接投資とインドから世界への輸出を促進するため、ニューデリーとムンバイ間の6州（ウッタル・プラデシュ州、ハリヤナ州、ラジャスタン州、グジャラート州、マディヤ・プラデシュ州、マハラシュトラ州）内の工業団地や港湾を貨物専用鉄道、道路などで結び、その地域を一大産業地域とするインドの産業インフラ開発プロジェクトのことである。DMICは2006年カマル・ナート商工大臣が来日した際に日本側から提案されたもので、現在では国際協力銀行等の協力も仰ぎ、日印が協力しながらプロジェクトを進めている最中である。現在、円借款を活用してデリーとムンバイの間1,700kmに貨物専用鉄道を建設する計画が進行している。この鉄道によって、沿線地域に充実したインフラを有する工業団地や物流基地を整備し、一大産業地域を形成しようとしており、総事業費は900億ドルと見積もられている。また、工業団地、物流拠点、都市交通システムなどのプロジェクトは民間資金により整備されるため、収益の見込めるプロジェクトの準備資金として日印共同で150億ドルのファンドが設置されている。

2007年の甘利経産相（当時）の会見における言葉をかりれば、このプロジェクトは「インドにおける産業革命」であり、DMICのインフラ整備はインドの技術やロケーションを今後の国家発展の速度に間に合わせるために必要な事業である。インドはまだ中国と比較してインフラ整備が遅れているため、DMICをきっかけにインフラ整備が推進されればインドは日本にとって有力な投資先となり、日印共に成長発展を望める有望な市場になると考えられる（図表10－2）。

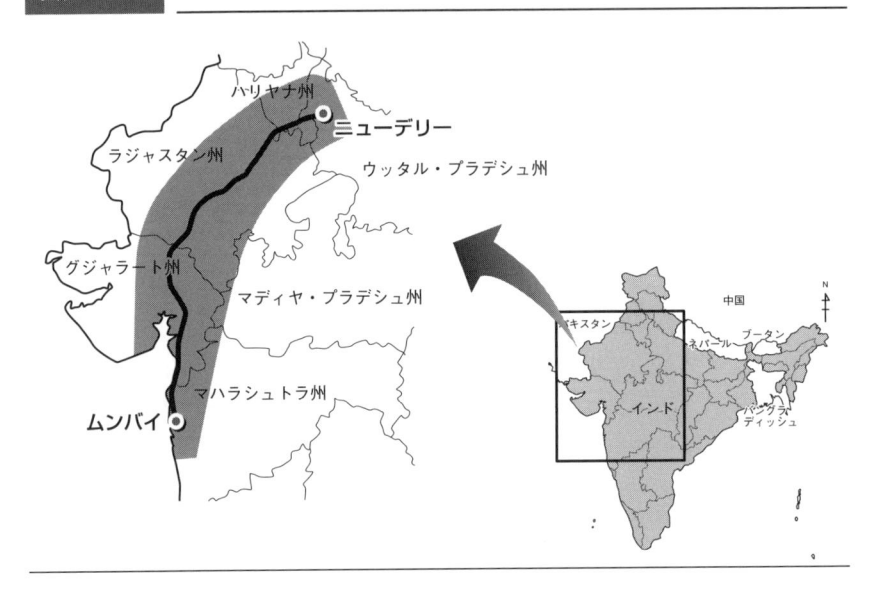

図表10−2　デリー＝ムンバイ間産業大動脈構想

経済特別区

　前述のとおり、インドで最も成功している産業はIT関係であり、就労人口は400万人規模まで拡大すると予想されている。しかし、IT産業だけではインド全体の経済を成長させていくこと、また多くの雇用を生み出すことは困難であり、そのためインド政府は雇用吸収力の高い第2次産業の強化に乗り出している。それにより、低所得者層の底上げを図り、持続的な経済成長を遂げようとしているのである。

　しかし、外資系企業の中には、インドは国内販売製品の生産には適しているが輸出拠点とするには生産コストが高く不適切であるという声が多いことも事実である。このような声に応え、輸出振興策の目玉と考えているのが経済特別区の開発である。

　経済特別区（Special Economic Zones：SEZ）とは、輸出・雇用振興を目的に免税などの各種優遇措置を適用する「みなし外国地域」のことを指す。
　2006年2月に発効したSEZ法およびSEZ規則は、SEZの開発企業および

入居企業に対して一定の要件を満たしていることを条件に、最大15年間の法人税減免、原材料・部品の輸入関税免税、さらに物品税、サービス税、中央売上税の免税措置など次のように規定している。

1）活動開始から最初の5年間は法人税が無税となる。
2）続く5年間は法人税が50％免除となる。
3）関税、物品税、サービス税、中央売上税が免税となる。
4）その対象は外資も含む。

SEZ入居企業は、生産開始から5年間を1ブロックとし以後継続的にブロック間の輸出入収支をプラスに保つ（輸出額が輸入額を上回る）ことが義務付けられている。なお、SEZからの国内販売に関する上限規制はなく、SEZ内企業は製品を全て国内向けに販売することも可能である。ただしSEZは「みなし外国」扱いのため、国内購入者（輸入者）は関税を支払う必要があり、SEZから国内販売（輸入）する際の関税率は一般のMFNレートを適用する。追加関税、特別追加関税についても通常の輸入と同様に適用されるが、課税エリアからの中古資本財調達に関しては全体の20％以下に抑えなければならないとされている。

2009年現在、SEZの計画が承認された件数が574件（201,845ha）、そのうち実施許可を受けた件数が151件（74,883ha）、稼働中の件数が105件（42,888ha）となっており、次のとおり巨額の投資とともに多くの雇用が創出され、輸出が急増するなど目覚ましい実績を残している（図表10－3）。

◆ **インドにおける今後の有望ビジネス**

インド市場の最大の魅力は拡大する消費市場にある。インド政府の予測では自動車は2010年には200万台規模となり、航空機は2020年までに900機の需要が見込まれている。しかし、インドは貧富の格差が大きい市場であり、単一の市場ではない。市場には高所得者層、上位中間所得者層、下位中間所

図表10−3 経済特別区の目覚ましい実績

区　分	計　数	備　考
投資額（2009年末累計ベース）	1兆2,839億ルピー	
雇用者数（2009年末累計ベース）	49万人	
輸出金額（2009年度末）	1兆5,209億ルピー	対前年度比127％増
〃　　（2008年度末）	9,969億ルピー	対前年度比 50％増

得者層、低所得者層、貧困層が混在する。現在、高所得者層、上・下位中間所得者層が拡大する消費財市場のメイン顧客となっているが、この層の人口は1億人程度と推測されている。またインドの英語人口は5,000万人とされており、この人口が層のコアとなっている。前述のとおりインド政府は雇用吸収力の高い第2次産業の強化に乗り出しており、それにより低所得者層の底上げが図られれば、消費財市場のターゲットとなってくるであろう。

　私見ではあるが、今後インドにおいて期待されるビジネスには以下のものが考えられる。

　①家電製品供給ビジネス
　②交通・港湾・上下水道等インフラ構築ビジネス
　③飲食料供給ビジネス
　④エネルギー供給ビジネス

⑤携帯端末・ネットワークビジネス
⑥医療サービス・薬剤供給ビジネス
⑦エチケットビジネス
これらについて、簡単に説明を加えよう。

① 家電製品供給ビジネス

　インドにおける家電製品市場は、韓国のサムスン、LGが強い力を持っている。日系家電メーカーのインド市場開拓が一歩出遅れた感は否めないが、近年日系家電メーカーに追い風となるような変化の兆しが出ている。そのひとつが、薄型テレビなどの高級品市場の需要が高まっている点で、もうひとつは、インドとASEANとの経済連携協定の進展である。特に、タイとはテレビ、冷蔵庫などでゼロ関税による貿易が実施されている。これによって、タイの日系企業がインドに輸出するという戦略が顕著になってきている。
　低所得者層の底上により、人々の食生活やライフスタイルが変化し、テレビや冷蔵庫のほか空調機器、洗濯機、電子レンジなど、日本では当たり前の家電製品がインドではこれから本格的に普及するであろう。

② 交通・港湾・上下水道等インフラ構築ビジネス

　前述の通り、インドではインフラ整備が喫緊の課題となっている。そのため、DMICを筆頭に外資による整備が進みつつある。したがって道路や鉄道、港湾の整備、そして上下水道などのインフラ整備に付随するビジネスはすべてが必要とされている。特に、現在ではインフラ整備に伴う建設機械の需要が高まっており、コマツなどの日系企業がインドにおいて現地生産を加速している。また、鉄道駅などにおけるサービスの提供や物品の販売等、今後の戦略によっては、新たな収入源を開拓できるチャンスがここには豊富に眠っているといえよう。

③ 飲食料供給ビジネス

　消費市場の拡大に伴い、食品メーカーがインド市場に力を入れ始めている。

飲食料品は単価が低いため、貧困層を含め販売ターゲットとなる層が厚いと考えられる。しかしインドはスパイスを大量に使う食品が多く、また宗教上の理由からベジタリアンも少なくないなどの特徴があり、食材に工夫が必要である。またインドの小売市場では店舗のほとんどが零細商店（小売店舗数の95％）であり、外資が小売業に直接参入するのは困難な情勢にある。

しかし、人々の生活が活発で豊かになれば、必ず食生活やライフスタイルが変化し、小売市場の改革も進まざるをえない。今までインドで食されなかったような食材、今まで一般家庭では普通ではなかったペットボトル飲料水等が求められるようになる日も近いだろう。

④ **エネルギー供給ビジネス**

インドの電力供給の中心は、石炭火力である。インドには石炭が豊富にある（埋蔵量は2,533億トンと世界の10％）ため、今後もその傾向に変わりはないと思われるが、一方、2008年10月に米印原子力協定が締結され、今後原子力発電の比率が高まるものと予測される。

人々や企業の活動を支えるのはエネルギーであるにもかかわらず、現在でもインド国内では全世帯の52％しか電気を使えない状況が続いている。しかし、インドの電力不足は発電設備の建設だけでは解決できない。電力不足を解消するためには、電気事業の中心である州電力局（インドの発電電力量の50％）及び州電力会社（販売電力量の90％）の事業効率を上げることが必要とされている。州電力部門は大幅な赤字を抱えており、その大きな原因が政策料金と送配電のロスの多さにあるといわれている。インドは政策的に産業用、工業用の電気料金を高く設定する一方で、農業、家庭用の電気料金を極めて安く設定しており、また、送電ロスが30％と高く、そのほとんどが盗電及び不払いによるものとされている。

このような事態を改善するため、電力市場の自由化、盗電の取り締まり、検針の徹底などの政策が打ち出されている。不足しがちな電力やガスなどは国家活動・国民活動を支えるエネルギーであり、また、今後需要が急増すると考えられることから、電力市場の自由化に伴う民間からの投資が期待され

ている。

⑤ 携帯端末・ネットワークビジネス

インドでは携帯電話市場の成長スピードが、世界で最も速い地域となっている。累計加入者数では中国に次いで2位であるが、増加数では中国を追い抜いて月500万から900万人ベースに達している。それでも普及率は20％に過ぎず、人口の7割を占める地方に至っては2％に過ぎない。

インドでいま話題になっているのは、3Gサービスである。インド市場には12のキャリアがひしめいており、競争は熾烈である。通話料金は世界最低レベルにまで下がり、それでも音声ARPUは下がり続けるばかりで、こうした状況がいつまでも続くわけではなく、収益確保のためにも3Gによるデータ収入に対する期待が高い。

インド政府は非公式ながらも2010年中に3G周波数のオークションを行う方針を明らかにしており、具体的な動きを見せるようになっている。

人々や企業の活動が活発になるに従い、コミュニケーションの増幅は避けられず、IT網の整備により無線通信、衛星通信利用ビジネスが盛んになると思われる。なお、私見ではあるが、インドでは携帯電話よりも、むしろ携帯端末が普及し、携帯端末を活用したネットワークビジネスが盛んになるに違いない。

⑥ 医療サービス・薬剤供給ビジネス

ここ数年間に、インドの都市部には近代的な私立病院が集積するようになっている。こうした私立病院にはX線CT、MRI、PETのような最先端の医療機器や設備が整っている。また、欧米の一流大学で研鑽を積んだ優秀な医師が多数在籍しており、その技術水準は高いものとされている。しかも、物価水準が低いため、これらの手術にかかる費用は欧米の数分の1程度とされている一方で、手術までの待機期間もほとんどないという状況である。さらに近年、美容整形のため、近隣のアジア諸国からの患者も多くなっている。

インドには、中国の漢方と並び称されるアーユルベーダという伝統医療が

あり、日本でも話題になっている。今後、アーユルベーダはその付加価値を高めつつ、西洋医学を取り入れ、ITも駆使した医療サービスの提供、十分な薬剤供給体制により、インドへのメディカルツーリズムを扱う旅行代理店も増えてくると思われる。

(参考) ....

アーユルベーダ

　アーユルベーダとは、世界三大医学の一つで、5千年以上も前からインドに伝わる伝統医学である。また、中国の漢方と同様、世界保健機関（WHO）によって公式に承認されており、印方とも呼ばれている。西洋医学が病気の症状を取り除く治療医学であるのに対し、アーユルベーダはより健康に長寿や若さを保つことを目的とした予防医学である。

　アーユルベーダでは、宇宙に存在するすべてが「空」「風」「火」「水」「地」の5つの要素によって構成されていると考えられている。また、この要素より形成されるドーシャと呼ばれる3つの「ヴァータ（VATA）」「ピッタ（PITTA）」「カファ（KAPHA）」という生命エネルギーの組み合わせによって、私たちの体質が決定するといわれている。健康で美しくあるための鍵は、自分の本来持っているドーシャの割合を知り、このバランスを保つことである。ドーシャのバランスは人によって異なり、また常に一定の割合ではなく微妙に変化している。また、生まれつき持っている優勢なドーシャがバランスを崩しやすいドーシャで、ドーシャバランスの乱れが様々な病気を引き起こすと考えられている。

....

⑦ エチケットビジネス

　インド独特の習慣やライフスタイルを保護することはもちろん重要ではあるが、グローバル化の潮流の最先端を行くインドでは、様々な外国文化や習慣を受け入れざるを得ない時代がすぐにやってくるはずである。そこで、エチケットと題した、おしなべて普遍的な人間関係論やコミュニケーション論、テーブルマナー等の実務が、ある一定の階級以上の社会人には要求されるよ

うになると思われる。インドには現在、日本のようなカルチャーセンターやカルチャースクールのようなものはないが、将来的にはそのようなもの、あるいは関連するテレビ番組、DVD、本などが必要になってくると思われる。

◆インドの未来像
　インド政府は、外国からの投資は必要といいながら、分野別には改善しているものの合弁会社における外資の比率を低くするなど投資を妨げる要因を作っている。また、100人以上の従業員がいる工場などでは1人を解雇するにも州政府の許可がいるなど製造業の振興を妨げる制度も残っている。
　しかし、インドは「ゆっくり、しかし着実に」という国である。現在でも、様々な規制緩和、外資の導入、公営企業の民営化など競争原理に基づく市場経済を整えつつあるため、このような要因や制度はいずれ解消されると思われる。
　いずれにしても前述のとおり、インドは25年後には日本を抜いて世界第3位の経済大国となっているであろう。

おわりに

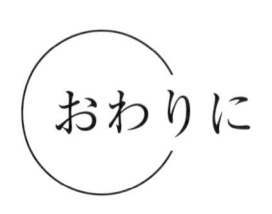

　本書をお読みいただいて、SBI大学院大学の教育理念と授業内容の概要が多少なりともご理解いただけたであろうか。
　本学では、企業経営者としての素養を教育の主眼としている。企業経営者としての素養とは、専門知識やスキルを身につける前に、顧客、株主、従業員、協力企業から尊敬される人間となっていただくことである。このために、本学のカリキュラムは、他にない以下のような特徴を備えている。
　第1に、中国古典などの優れた英知から学ぶ「経営人間学」である。ここでは、昨今政治でも企業経営でも改めて問い直されているリーダーシップの本質をぜひ学んでほしい。
　第2は、「戦略研究」である。事業戦略に取り組むには、実践的な例題をこなすことと同時に中国古典の兵法などから得られる多くの示唆についても学ぶ。
　第3は、「経営管理研究」である。ここでは、企業経営に必要な知識とスキルの基礎を学んでいただく。
　第4は、「起業研究」である。これは、本学の最も力を入れているところでもある。起業とは、全く新しい事業を起こすことであり、ベンチャー企業を創業することはもとより大組織においても求められている起業精神とその実践手法について学ぶ。
　本書では導入部分だけに留めているが、本学では「事業計画設計」の実践演習を重視している。そして、本書で紹介した大学院での教育・研究を通じて育成したい人材とは、北尾学長の方針に述べられているように、「確たる倫理的価値観と的確な判断力を伴った見識、さらには勇気ある実行力を具備した胆識ある人材」、「一組織の利益に貢献するだけではなく、広く経済・社

会に貢献しようとする高い志を有する人材」、「ビジネスにおける高い専門性（プロフェッショナリティー）を備えている人材」、および「国際的視野をもった人材」である。

　このようにSBI大学院大学が目指しているものは、e-Learningという最先端のテクノロジーを手段として用いるが、広い視野と豊富な経験を有する教授陣と、学に志す皆さんとの人間同士のふれあいを通じて得られるチャレンジ精神および知的好奇心を追求する過程で自然と磨かれる「人間力」である。学問を学び、本当の意味で社会のため、人々のため、世界のために皆さんと共に前進できることを、私たちが心から望んでいることをご理解いただければ望外の喜びである。

　最後に、多くの個性豊かな執筆陣の原稿を根気よくお読みいただき、統一性のある内容表現にご尽力いただいた東洋経済新報社の大貫英範氏をはじめ、編集スタッフの方々にこの場をおかりして感謝の意を述べさせていただきたい。

2010年6月

藤原　洋

執筆者紹介

北尾 吉孝（きたお よしたか）──────────編著 はじめに・第1章執筆

1951年兵庫県生まれ。74年慶應義塾大学経済学部卒、野村證券入社。78年英国ケンブリッジ大学経済学部卒。92年同社事業法人三部長となる。95年ソフトバンク常務取締役就任。現在はSBIホールディングス（株）代表取締役執行役員CEO。傘下にベンチャーキャピタルのSBIインベストメント、SBI証券、住信SBIネット銀行、SBI損保等を擁し、金融サービスを中心に幅広く事業展開する。また、公益財団法人SBI子ども希望財団理事及び2008年度開校のSBI大学院大学では学長も務める。
著書に『進化し続ける経営』『人物をつくる』『何のために働くのか』『君子を目指せ小人になるな』『安岡正篤ノート』『北尾吉孝の経営道場』『逆境を生き抜く名経営者、先哲の箴言』など多数。

守屋 洋（もりや ひろし）──────────第2章執筆

中国古典に精通する第一人者として、著述・講演に活躍。"象牙の塔"の学問でなく、現代社会の中で中国古典の知恵がどう生かされているのかを語り、難解になりがちな中国古典を、平易な語り口でわかりやすく説く。日本文藝家協会会員。日本ペンクラブ会員。
著書に『中国古典一日一言』『中国皇帝列伝』『完本 中国古典の人間学』『全訳・武経七書』『中国古典の名言名句三百選』『「孫子の兵法」がわかる本』『兵法三十六計』『中国古典 名著のすべてがわかる本』『諸葛孔明の兵法』『貞観政要』『中国古典の名言録』など多数。

藤原 洋（ふじわら ひろし）──────────第3章・おわりに執筆

京都大学理学部（宇宙物理学科専攻）卒業後、日本アイ・ビー・エム、日立エンジニアリング、アスキー、ベル通信研究所などでコンピュータ・ネットワークの研究開発、国際標準化作業で活躍後、株式会社インターネット総合研究所を設立。財団法人インターネット協会副理事長。慶應義塾大学環境情報学部特別招聘教授、慶應義塾大学大学院SDM研究科研究プロジェクト教授。工学博士（1996年、東京大学）。

猪股 真（いのまた まこと）──────────第4章執筆

許認可業種を得意とした経営と法律の双方に精通する専門家。現在は、株式公開やM&Aの支援等を通じた日本経済のGDP向上に注力、従来の行政書士や経営コンサルタントの枠を超えた活躍をしている。普段は、経営者の相談役、社長の右腕として、経営戦略やマーケティング戦略の策定のために全国を飛び回っており、執筆・講演・セミナー講師でも活躍。わかりやすい解説に定評がある。
著書に『[新会社法対応]自分でできる！ 有限会社から株式会社にする本』の他、共著として『病院経営者が知りたい個人情報保護法対策』『開業医が知りたい個人情報保護法対策』がある。

静間 俊和（しずま としかず）──────────第5章執筆

1971年立教大学経済学部（経営管理論専攻）卒業後、公認会計事務所に11年間勤務。1980年に税理士登録、1983年に独立開業、税務会計業務と株式会社マネジメントブレーンを設立し経営計画策定支援等財務コンサルティング業務を行う。その間、武蔵野商工会議所にて、マル経審査委員として中小企業の経営診断業務に携わる。法人会・商工会議所等にて「経営分析」「決算書の見方・活かし方」「財務2時間ドッグ」「キャッシュフロー経営」「経営計画策定」等のセミナー講師を行う。2006年には地域経済活性化のため「NPO法人むさしの経営支援パートナーズ」を設立し、ベンチャー企業、社会起業家、再生企業の支援にあたる。

湯川 抗（ゆかわ　こう）　　　　　　　　　　　　　　　　　　第6章執筆

富士通総研経済研究所主任研究員。上智大学卒業後、コロンビア大学大学院修了（MS）、東京大学工学系研究科博士課程修了（Ph.D.）。現在、玉川大学経営学部非常勤講師、東京大学先端科学技術研究センター客員研究員、国際大学GLOCOM客員研究員などを兼任。専門はインターネットベンチャー企業の経営分析。
著書に『情報系マイクロビジネス』『クラスター戦略』『進化するネットワーキング』などがある。

太齋 利幸（ださい　としゆき）　　　　　　　　　　　　　　　　第7章執筆

明治大学法学部卒業。亀有信用金庫、ソニー生命保険を経てコンサルティングセンター入社。管理者研修、アセスメント、FP、税務、財務など多岐にわたる講習、研修、コンサルティング活動を展開。スキル研修では論理的な業務改善の進め方や、業務効率化による組織改善研修、課題解決力向上研修など、コンサルタントとしての経験を踏まえた実践的な指導を行っている。宅地建物取引主任者、CFP、FP技能士1級の資格を持つ。
著書に『金融』『よくわかる経営分析入門』『資金繰りのすべてがわかる事典』がある。

和田 創（わだ　そう）　　　　　　　　　　　　　　　　　　　第8章執筆

和田創代表。「営業発の全社改革」一筋の教育系コンサルタント。「顧客第一・価値提供・利益重視」をキーワードにマーケティング改革・経営革新を断行し、業種や規模を問わず多くの優良企業を育てあげる。不毛のガンバリズムと決別、環境変化と経済合理性を踏まえた営業指導に対し、経営トップが絶大な信頼を寄せる。また、NPO法人営業実践大学理事長として営業の技術確立と地位向上に尽くすほか、SBI大学院大学講師として営業教育に当たる。年間の講演実績は200回に迫る。

中田 光一知（なかた　こういち）　　　　　　　　　　　　　　　第9章執筆

早稲田大学法学部卒業後、1989年に弁護士となる。1994年に中田総合法律事務所を開設。2003年に戦略法務研究会を設立、従来の企業法務の枠を超えた「戦略法務」を推進して企業経営支援に取り組むほか、ラジオ放送で番組を持つなど市民生活に「リーガルマインド」を浸透させることを目指して幅広く活躍。
著書に『病院経営者が知りたい個人情報保護法対策』『開業医が知りたい個人情報保護法対策』『この一冊で大丈夫あなたの会社に合った個人情報保護法対策』などがある。

孔 健（こう　けん）　　　　　　　　　　　　　　　　　　第10章第1節執筆

孔子の第75代直系子孫にあたる。1982年山東大学卒業後、上智大学大学院新聞学博士課程修了。中国政府グラフ誌『中国画報』を発行する中国画報社に勤務。1985年に来日し、現在、中国画報社駐日総代表、日中韓経済貿易促進協会理事長、中国山東日本経済貿易合作促進センター代表として活躍する傍ら、中国と日本を往来して、日中文化経済交流に尽力する。
著書に『孔子の経営学』『孔子の人間学』『中国人から見た日本人』『「論語」と日本企業』『孔子家の家訓』『日本人と中国人、どっちが「馬鹿」か』『日本人は永遠に中国人を理解できない』『日本人と中国人どっちが残酷で狡猾か』『痛快！　新論語学』『上海没落北京勃興──「胡錦濤新王朝」誕生す』ほか多数。

申 美花（シン　ミファ）　　　　　　　　　　　　　　　　　第10章第2節執筆

1986年文科省奨学生として来日。慶應義塾大学商学博士。立正大学経営学部非常勤講師、立教大学大学院21世紀社会デザイン研究科非常勤講師などを兼任。日本と韓国の企業対象に経営全般におけるコンサルティング事業にも長年の経験を有する。現在、SBI大学院大学准教授。著書は共著として『Live from Seoul』『日本企業の経営革新──事業再構築のマネジメント』など。

マルカス　　　　　　　　　　　　　　　　　　　　　　　　第10章第3節執筆

インド デリー生まれ。1975年インド国立デリー大学政経学部卒業後、日本大使館日本情報センターにて日本語コース首席卒業。1992年旅行会社「アサヒトラベルサービス（ATS）」を設立し、1998年「アサヒトラベルサービス（ATS）日本支社」を設立。その後2003年東京麻布台にインドレストラン「ブカラ」を開店し、レストラン業界に進出。
著書に『インド流！──マルカスが紹介するお釈迦さまの国』がある。

起業の教科書
2010年8月5日 発行

編著者　北尾 吉孝（きたお よしたか）
発行者　柴生田晴四

発行所　〒103-8345
　　　　東京都中央区日本橋本石町1-2-1　東洋経済新報社
　　　　電話 東洋経済コールセンター03(5605)7021　　振替00130-5-6518
　　　　印刷・製本　ベクトル印刷

本書の全部または一部の複写・複製・転訳載および磁気または光記録媒体への入力等を禁じます。これらの許諾については小社までご照会ください。
Ⓒ2010〈検印省略〉落丁・乱丁本はお取替えいたします。
Printed in Japan　ISBN 978-4-492-50211-2　http://www.toyokeizai.net/

SBI大学院大学のご紹介

学校法人SBI大学が運営するビジネススクール「SBI大学院大学」は「新産業クリエーター」を標榜するSBIグループが全面支援をして、高い意欲と志を有する人々に広く門戸を開放し、互いに学び合い、鍛え合う場を提供しています。

私たちのビジネススクールの特徴とは

1. 起業に必要なインターネット時代の経営学・経済学を始め、財務、経理、法務等々を単に知識としてではなく、実践力として学ぶことができます。
2. 学長のみならず、経験豊富なビジネスの実務家教員が即戦力として役に立つ実学を提供します。
3. 優秀な成績を収めて修了した方が起業をする場合には、SBIグループが資金面に加え、全面的に支援いたします。

e-ラーニングで働きながらMBAを取得

当大学院大学では、最先端のe-ラーニングシステムにて授業を提供しています。インターネットとパソコンがあれば、場所や時間の制約を受けることなくどこででも受講が可能です。また、教員への質疑応答により深い学びが得られます。

働きながらビジネスセンスを磨き、最短2年間の履修によりMBAの取得が可能です。

大学名称	SBI大学院大学
学長	北尾 吉孝
研究科・専攻	経営管理研究科・アントレプレナー専攻
修了後の学位・称号	MBA：経営管理修士（専門職）
入学定員	正科生80名（春期生・秋期生の2回募集）
URL	http://www.sbi-u.ac.jp/

SBI大学院大学　〒231-0011 神奈川県横浜市中区太田町2-23 横浜メディア・ビジネスセンター6F
SBI大学院大学 事務局（TEL：045-342-4605）